Karl Jaspers

Notizen zu Martin Heidegger

Herausgegeben von
Hans Saner

W0382102

Piper
München Zürich

Von Karl Jaspers liegen in der Serie Piper außerdem vor:
Chiffren der Transzendenz (7)
Einführung in die Philosophie (13)
Kleine Schule des philosophischen Denkens (54)
Vernunft und Existenz (57)
Der philosophische Glaube (69)
Kant (124)
Die maßgebenden Menschen (126)
Augustin (143)
Plato (147)
Philosophische Autobiographie (150)
Spinoza (172)
Die Frage der Entmythologisierung (mit R. Bultmann) (207)
Die Atombombe und die Zukunft des Menschen (237)
Wahrheit und Bewährung (268)
Nietzsche und das Christentum (278)
Vom Ursprung und Ziel der Geschichte (298)
Schelling (341)
Denkwege (385)
Psychologie der Weltanschauungen (393)
Der Arzt im technischen Zeitalter (441)
Nikolaus Cusanus (660)
Die Schuldfrage (698)
Max Weber (799)
Wohin treibt die Bundesrepublik? (849)

Über Karl Jaspers liegen in der Serie Piper vor:
Jeanne Hersch, Karl Jaspers (195)
Karl Jaspers – Arzt, Philosoph, politischer Denker (679)

ISBN 3-492-11048-7
Neuausgabe 1989
3., durchgesehene Auflage, 8.–13. Tausend August 1989
(1. Auflage, 1.–6. Tausend dieser Ausgabe)
© R. Piper & Co. Verlag, München 1978
Umschlag: Federico Luci,
Umschlagfotos: Claire Roessiger, Basel (Jaspers),
Ullstein-Bilderdienst, Berlin (Heidegger)
Gesamtherstellung: Clausen & Bosse, Leck
Printed in Germany

Inhalt

Vorwort

Schulen hat es in der Geschichte des Denkens immer wieder gegeben; aber große Freundschaften inter pares waren selten. Vielleicht hat Jaspers in den zwanziger Jahren geglaubt und später zuweilen noch gehofft, zwischen ihm und Heidegger könnte eine solche Freundschaft heranwachsen. Die »Notizen zu Martin Heidegger« sind der Abgesang dieser Hoffnung: ein »Leierlied« über mehr als drei Jahrzehnte.

Diese Notizen, an die 300 Blätter aus den Jahren 1928–1964, lagen bei Jaspers' Tod auf seinem Schreibtisch. Obwohl er seit nahezu fünf Jahren nicht mehr an ihnen gearbeitet hatte, waren sie griffbereit, als ob das »Gespräch« jederzeit wieder aufgenommen werden könnte. Es war auch tatsächlich bis in die letzte Lebenszeit fortgeführt worden. Heidegger, der am Zerwürfnis selber litt, hatte verschiedentlich Hannah Arendt gefragt, ob sich nicht etwas wie eine »Alterslösung« für diese Beziehung finden ließe. Ich erinnere mich an viele Gespräche mit Jaspers darüber, bis in die letzten Monate seines Lebens. Jeder Versuch der Vermittlung einer Aussöhnung scheiterte entweder am Veto seiner Frau – sie war Jüdin – oder dann an der eigenen Einsicht, daß der Weg einer privaten, vergessenden und verzeihenden Versöhnung beiden unangemessen sei. Japsers hatte über zwei Jahrzehnte auf ein Wort Heideggers gewartet, durch das dieser, sein Versagen eingestehend, sich *öffentlich* ebenso kompromißlos vom Faschismus distanzierte, wie er sich einmal zu ihm bekannt hatte. Als er durch Hannah Arendt hörte, daß Heidegger sich dieser Schuldigkeit bis zum Tod entziehen werde – er wußte durch sie vom Spiegel-Interview –, sah er keine Brücke mehr zwischen ihnen.

Um das Ausmaß von Jaspers' Enttäuschung zu verstehen, muß man die Geschichte ihrer Beziehung und die der damit verbundenen Hoffnungen vergegenwärtigen:

Jaspers hatte nie Philosophie studiert. Als er sich, über die Psychiatrie und die Psychologie, in dieses Fach gleichsam einschlich, fühlte er sich unter seinen Kollegen keineswegs heimisch. Zwar gab es einzelne, wie etwa Georg Simmel, die er achtete, und auch eine ganze Richtung, die Phänomenologie, die ihm imponierte, weil ihre Methode für die Wissenschaften fruchtbar gemacht werden konnte. Aber im allgemeinen schien ihm ein künstliches und gehaltloses Bemühen an den Lehrstühlen für Philosophie vorzuherrschen: die Pflege der sauberen Form mit dem Anspruch auf strenge Wissenschaft. Gemessen an den Denkern, die ihn am stärksten bewegten: Kierkegaard, Nietzsche und Max Weber, hielt er nahezu den ganzen universitären Betrieb der Philosophie für die wohl entbehrlichste Form der Gelehrsamkeit. Denn dieses Denken schien ihm ohne Gegenstand und ohne existentielle Relevanz zu sein. Die Universitätsphilosophie hatte in ihm ihre Legitimation verloren. Also mußte die Philosophie an der Universität eine neue finden. Das schien ihm nur möglich zu sein über eine Erneuerung, die sich die Gehalte der großen Denker ursprünglich aneignete. Philosophie sollte aus dem Erdenken bloßer Konstrukte zurückfinden zu Weltorientierung, Existenzerhellung und Metaphysik.

Unter allen Fachgenossen fand er nur einen, der die Notwendigkeit einer radikalen Erneuerung ebenfalls sah: Martin Heidegger. Als Jaspers nach dem Ersten Weltkrieg von ihm hörte, war Heidegger in der Öffentlichkeit ein noch unbekannter Mann, »und doch schon Ursprung einer Fama um ihn« (Philosophische Autobiographie, München 1977, = P. A.; p. 92). Jaspers seinerseits hatte sich durch die »Allgemeine Psychopathologie« (1913), die übrigen Schriften zur Psychiatrie und 1919 auch durch die »Psychologie der Weltanschauungen« einen Namen gemacht, wenn auch in anderen Fachgebieten.

Die beiden sahen sich, so berichtet Jaspers (P. A., p. 92), »im Frühjahr 1920« in Freiburg zum ersten Mal. Es war vielleicht am 8. April. Jedenfalls wurde Husserls Geburtstag gefeiert. Jaspers kannte weder Heideggers Dissertation (»Die Lehre vom Urteil im Psychologismus«, 1914) noch seine Habilitationsschrift (»Die Kategorien- und Bedeutungslehre des Duns Scotus«, 1916). Sein erster Eindruck wurde ganz von der Person bestimmt. Die »eindringliche knappe Weise« (P. A., p. 93) des Sprechens fiel auf. Er besuchte Heidegger in »seiner Klause« und lud ihn nach Heidelberg ein. Heidegger dagegen wußte, mit wem er es literarisch zu tun hatte. Seit 1919 studierte er die »Psychologie der Weltanschauungen« und schrieb an einer Rezension. Er erwiderte den Besuch offenbar schon wenige Tage danach, wie dies eine Postkarte vom 21.4.1920 bezeugt. Es war der Anfang einer ganzen Reihe von Besuchen in Heidelberg, die meist mehrere Tage dauerten. Der letzte fand Ende Juni 1933 statt. Jaspers, durch seine Krankheit am Reisen gehindert, besuchte Heidegger nach 1920 nie wieder.

Anscheinend waren es drei Momente, die Jaspers an der Bekanntschaft mit dem jungen Heidegger faszinierten: Erstens lebte Heidegger in einer ähnlichen Stimmung der Revolte gegen die Professoren-Philosophie wie Jaspers selber. Auch er suchte einen anderen Ernst der Sache und eine andere Intensität des Lehrens. Zweitens schien beiden, daß sie aus einer ähnlichen Grundsituation an der Neubelebung der Philosophie überhaupt arbeiteten: ihr Denken sollte die Kategorien der Existenz, die teilweise bei Augustinus, Luther, Pascal, Kierkegaard und Nietzsche bedacht waren, neu zur Geltung bringen. Und drittens konnte man endlich mit einem Menschen nicht bloß *über* Philosophie reden, sondern ein philosophisches Gespräch führen. Jaspers' Hang zum Enthusiasmus hat vermutlich vorerst die Differenzen innerhalb dieser Gemeinsamkeit überflogen. Das Beschwingende war, im anderen ganz das bejahen zu dürfen, was man selber noch suchte. So war für ihn Heidegger vielleicht eine Weile die Inkarnation der Philosophie in unserer Zeit, jedenfalls aber die Inkarnation »dieses Etwas, was sonst nur in der Vergangenheit vorkam und das unerläßlich zum Philosophieren ist« (P. A., p. 95). Mit ihm als »Bundesgenossen« schien die Erneuerung des Denkens greifbar nahe zu sein.

In dieser Stimmung war wohl zeitweise die sonst eher erträumte Freundschaft Wirklichkeit. Beide Denker waren dann offen, nahmen voneinander Anregungen und Hinweise auf und sprachen sich auch in der gegenseitigen Kritik rückhaltlos aus. Für ihr gegenwärtiges und künftiges Denken gab es die Gewißheit, daß wenigstens *einer* verstehen würde.

Aber gerade in diesem Bereich scheint die erste beiderseitige Enttäuschung eingetreten zu sein. Im Juni 1921 schickte Heidegger ein Typoskript seiner Besprechung der »Psychologie der Weltanschauungen« an Jaspers und je eine Kopie an Rickert und Husserl. Heidegger hatte zuvor Jaspers gesagt, daß er in diesem Buch ein Werk der Erneuerung des Denkens sehe. Nun folgte eine kalte, sehr sachliche Kritik, die zu einer Umarbeitung des ganzen Buches riet, freilich um das eigentlich Neue, nämlich den Grundgedanken der Grenzsituation, zum Leitgedanken schlechthin zu machen. Heidegger meinte wohl mit dem Vorschlag zu dieser Systematisierung, den Autor besser verstanden zu haben, als dieser sich selber verstand. Jaspers fühlte sich indes unverstanden, ja er hielt die Kritik zum Teil für »ungerecht« und schrieb dies Heidegger in einem Brief vom 1.8.1921. Nach späteren Zeugnissen will er sie damals nur »flüchtig« (P. A., p. 95) und teilweise (vgl. »Zu Jaspers' Heidegger-Lektüre« im Anhang zu Nr. 210) gelesen haben. Nach dem erwähnten Brief hatte er sie »genau gelesen« und war von ihr »innerlich wirklich berührt«. Es scheint, daß sie zwischen den beiden nie erörtert worden ist. Vermutlich war das mit ein Grund, daß Heidegger sie zu Lebzeiten von Jaspers nicht veröffentlichte.

Etwas wie Mißstimmung und Kränkung dürfte in beiden vorüberge-

hend aufgetreten sein und wohl auch die ersten Zweifel an der »Kampfgenossenschaft«. – Jaspers sah natürlich genau, daß Heidegger das Buch gründlich studiert hatte (P. A., p. 95) und der einzige Fachgenosse war, »der wußte, was mir nicht gelungen war« (Briefentwurf 24. 12. 31). Aber er hielt möglicherweise das starke Herausstellen des Mißlungenen in dieser Situation für einen Bruch der Solidarität. Er war nicht unempfindlich gegenüber Kritik und nicht unabhängig von Zustimmung. Daß Heidegger scheinbar in das Lager von Rickert trat, der, den künftigen Feind witternd, im LOGOS (IX/1920) eine scharfe, stellenweise höhnische Kritik veröffentlicht hatte, muß Jaspers getroffen haben. Denn Rickert war für ihn gerade der Repräsentant der depravierten Professoren-Philosophie, gegen welche die Erneuerung ja gerichtet war. – Andrerseits dürfte Heidegger enttäuscht gewesen sein, daß Jaspers sein direktes und hartes Zugreifen nicht als Akt der Solidarität verstehen konnte. Denn als solcher und als Zwiegespräch über das künftige Denken war es zweifellos gemeint. Die Kritik enthielt denn auch, gleichsam als positive Basis, einige Leitgedanken der späteren Fundamentalontologie. Jaspers schien dieses Neue des anderen nicht zu interessieren. Ebenso unbeteiligt blieb er, als Heidegger, erstmals 1922, ihm aus einem Manuskript, wahrscheinlich aus einer Vorstufe zu »Sein und Zeit«, vorlas: »Es war mir unverständlich« (P. A., p. 98). Es fällt schwer zu denken, daß er verstehen wollte und nicht konnte. – Er selber hat jedenfalls in späteren Jahren sein Verhalten in diesen Zusammenhängen als Versagen beurteilt, und zwar nicht allein in einer intellektuellen Dimension.
Zugleich signalisierten Eindrücke des menschlichen »Nichtstimmens« (Nr. 159) die Differenz. 1923 schenkte Jaspers Heidegger ein Exemplar seiner »Idee der Universität«. Heidegger soll damals – so berichtete Löwith – gesagt haben, dieses Buch sei »das Belangloseste unter allen Belanglosigkeiten heute« (P. A., p. 97). »Jaspers und ich können doch nicht Kampfgenossen sein« (ibid.). Jaspers war erstaunt, weil Heidegger in seinen Briefen gerne von der »Kampfgenossenschaft« schrieb. Auch kränkte ihn, daß Heidegger seine kritischen Einwände nicht zuerst ihm vorlegte und daß er überhaupt Dritten gegenüber so abschätzig von ihm sprach. Er stellte ihn deshalb bei einem Besuch im September zur Rede. Heidegger bestritt die Aussage mit Bestimmtheit, und Jaspers erklärte darauf das Ganze für »nichtexistent und erledigt« (P. A., p. 97). Heidegger muß von dieser Großzügigkeit überrascht und bewegt gewesen sein. Denn in der Folge schrieb er, der schüchterne und im Persönlichen zurückhaltende Mann, den Satz: »Seit dem

Sept. 23 lebe ich mit Ihnen aus der Voraussetzung, daß Sie mein Freund sind. Das ist der alles tragende Glaube in der Liebe« (17.4.24). Die Zuträgereien ähnlicher Art aber brachen nicht ab. Jaspers sah über sie hinweg. Nach Heideggers Fall in den Faschismus bekamen diese Unstimmigkeiten jedoch ihren Stellenwert. Der Eindruck fixierte sich, daß Heidegger ein Freund sei, »der einen verriet, wenn man abwesend war, der aber in Augenblicken, die als solche folgenlos blieben, unvergeßlich nah war« (P. A., p. 97).

Durch die neuen Publikationen hätte eine Vertiefung der Beziehung eintreten können. Heidegger hatte, seit die beiden einander kannten, nichts publiziert und Jaspers nur Schriften, die aus seiner Zeit als Psychiater und Psychologe stammten. Beide hatten in den intensivsten Jahren ihrer Bekanntschaft an ihren Hauptwerken gearbeitet. Als »Sein und Zeit« erschien, war Jaspers' »Philosophie« in den Grundzügen entworfen. Heidegger sagte damals beiläufig, nur zwei könnten sein Buch überhaupt verstehen: er, Jaspers, und Bultmann (vgl. Nr. 210). Damit sprach er vielleicht indirekt die Erwartung aus, daß Jaspers ihm nun den gleichen Dienst erweise, den er vor Jahren beim Erscheinen der »Psychologie der Weltanschauungen« geleistet hatte, daß er also das Buch gründlich studiere und einer Kritik unterziehe.

Jaspers leistete ihm diesen Dienst nicht. Zwar besprach er einzelne Abschnitte von »Sein und Zeit« bereits 1928 im Seminar, so vor allem Heideggers Kritik von Hegels Zeitbegriff (vgl. Nr. 1–4), und er ließ bei dieser Gelegenheit von Hans Jonas auch ein großes Referat über Heidegger halten; aber zu einem gründlichen Studium des ganzen Werkes konnte er sich damals nicht durchringen und später nie mehr. Er hat »Sein und Zeit« zu großen Teilen, aber bloß fragmentarisch gelesen.

Dafür mag es einen äußeren Grund gegeben haben: Jaspers reservierte damals all seine Kräfte, die wegen seiner Krankheit immer begrenzt waren, für die Ausarbeitung der »Philosophie«. Vielleicht entzog er sich auch bewußt jeder zeitgenössischen Beeinflussung. Der innere Grund wird aber im Unvermögen gelegen haben, an Heideggers Denken wirklich Anteil zu nehmen. Es sprach ihn bloß in einzelnen Analysen an, etwa in der des »Man« oder im »Sein zum Tode«; aber der strenge, konstruktive Duktus des Werkes, das formal Glanzvolle und sprachlich Durchgearbeitete interessierten ihn nur mäßig. Es kam ihm vor wie eine Neuauflage all dessen, was er selber überwinden wollte: wie ein Stück »wissenschaftlicher« Philosophie mit dem üblichen Trend zum System, zur objektivierten Lehre und zur Verabsolutierung bei existentieller Zweideutigkeit der Gehalte. Je weiter er in der Ausarbeitung seiner »Philosophie« gelangte und je mehr Publikationen er von Heidegger kennenlernte, desto klarer trat ihm die Differenz in den zentralen Punkten vor Augen. Schon vor 1933 war sein Verdikt gegen Heideggers Denken hart und umfassend: »Kommunikationslos – weltlos – gottlos« (Nr. 7). Ob er es ihm jemals in dieser Härte mitteilte, wissen wir nicht. Seine Zweifel wird er ihm nicht verschwiegen haben.

Für Heidegger muß all das ziemlich niederschmetternd gewesen sein. Möglich, daß er in der Folge davon seltener nach Heidelberg zu Besuch kam. Vielleicht aber vergaß er es über dem großen Erfolg, der sich einstellte. Jedenfalls reagierte er in keinem Augenblick sonstwie gekränkt. Im Gegenteil: die ruhige Gewißheit, ein wesentliches Werk geschaffen zu haben, schien ihn für die Anerkennung von Jaspers freizumachen.

Nachdem ihm dieser nämlich gegen Ende 1931 die »Philosophie« und die »Geistige Situation der Zeit« geschickt hatte, bekam er von Heidegger einen fast enthusiastischen, aber gerade im globalen Lob vielleicht distanzierenden Brief: »Wesentlich bleibt, daß endlich in der Philosophie heute mit Ihrem Werk etwas *Unumgängliches* und *Ganzes* da ist. Sie sprechen aus der klaren und entschiedenen Haltung des Siegers und aus dem Reichtum des existentiell Erprobten« (20.12.31). Jaspers gefiel zwar jenes »aus der... Haltung des Siegers« gar nicht; aber er war erneut voller Hoffnung, »daß zwischen uns noch etwas geschehen wird« (Entwurf 24.12.31). Nun, da beide Werke vorlagen, kam ihm der Gedanke, eine wechselseitige Auseinandersetzung zu wagen, »die zum ersten Mal in die philosophische Welt statt der Polemik die kommunikative Kritik brächte« (ibid.). Er dachte daran, daß er »Sein und Zeit« und Heidegger die »Philosophie« so einer Kritik unterziehen könnte, daß sich in der Zerstörung des Werk-Charakters der Werke (ihrer formalen Besonderheit) das Entscheidende, das er nun wieder für ein Gemeinsames hielt, nur deutlicher zeigte. In der Bewegung des Hin und Her sollte ein dialogisches Werk entstehen, das sie gemeinsam der Öffentlichkeit vorlegten. Der Plan einer wechselseitigen Kritik, zu der die »Notizen« die einseitigen Materialien sind, ist demnach von Jaspers auf dem Höhepunkt ihrer philosophischen Arbeit gefaßt worden. Dieses Werk sollte die philosophische Konkretion ihrer Freundschaft werden, der öffentliche Erweis ihrer Kampfgenossenschaft und wohl auch das gemeinsame Dokument einer getrennt schon begonnenen Erneuerung der Philosophie.

Die Dinge entwickelten sich anders – für Jaspers auf eine ganz und gar unfaßbare Weise:

Am 18. März 1933 kam Heidegger, nach einer längeren Unterbrechung, wieder nach Heidelberg zu Besuch. Hitler war seit Ende Januar Reichskanzler. Die NSDAP hatte in den Wahlen vom 5. März zwar einen großen Sprung gemacht, aber die absolute Mehrheit nicht erreicht. Da Jaspers von Heideggers politischen Ambitionen nichts wußte, wurde über Politik gar nicht gesprochen. Man hörte Gregorianische Kirchenmusik, sprach über Philosophie und über das Schicksal der Universität. Heidegger soll schneller als geplant abgereist sein, auf den Lippen das Wort: »Man muß sich einschalten« (P. A., p. 100). Jaspers hörte vermutlich mit »zur Rettung der Universität«. Als Heidegger bald darauf schrieb, wie er immer mehr spüre, »daß wir in eine neue Wirklichkeit hineinwachsen«, und daß nun alles daran hänge, »ob wir der Philosophie die rechte Einsatzstelle vorbereiten u. ihr zum Wort verhelfen«, legte das Jaspers vermutlich im Sinn des alten Projekts einer Erneuerung des Denkens aus. Er hatte auch gar keinen Grund, daran zu zweifeln, denn Heidegger selber drückte im Hinblick auf ihr Denken die Überzeugung aus, »daß sich ... von beiden Seiten her auf ganz verschiedenen Wegen eine Verständigung vorbereitet« (3.4.33).

Ende Juni des gleichen Jahres war Heidegger zum letzten Mal zu Gast. Er war nun gefeierter Rektor, Parteigenosse und Promotor der Faschistisierung der deutschen Universität. Die Studentenschaft Heidelberg hatte ihn zu einem Vortrag »Die Universität im neuen Reich« eingeladen. Was Rang und Namen hatte, war dabei. Er trug das Programm einer nationalsozialistischen Erneuerung der Universität vor. Die Zeit seines Polit- und Macht-Rausches war angebrochen, in der er zu Jaspers selbst von der internationalen Verbindung des Judentums sprach und von Hitlers »wunderbaren Händen« (P. A., p. 101).

Jaspers konnte das vielleicht nicht sogleich ernst nehmen und schon gar nicht verstehen. Er wußte wenig vom Nationalsozialismus und hielt das Treiben in Deutschland noch eine Weile für eine schlechte Operette. Heidegger mag ihm vorgekommen sein wie ein Knabe, der seine Finger ins Rad der Weltgeschichte stecken möchte. Er mißtraute ihm zwar fortan, aber versuchte doch, ihn nicht zu verlieren. Als Heidegger ihm die weit gemäßigtere Freiburger Rektoratsrede schickte, bedankte sich Jaspers überaus höflich. Er lobte die Rede als das »bisher einzige Dokument eines gegenwärtigen akademischen Willens ..., das bleiben wird« (23. 8. 33), und tönte die Kritik nur behutsam an: »Mein

Vertrauen zu Ihrem Philosophieren, das ich seit dem Frühjahr und unseren damaligen Gesprächen in neuer Stärke habe, wird nicht gestört durch Eigenschaften dieser Rede, die zeitgemäß sind, durch etwas darin, das mich ein wenig forciert anmutet, und durch Sätze, die mir auch wohl einen hohlen Klang zu haben scheinen. Alles in allem bin ich nur froh, daß jemand so sprechen kann, daß er an die echten Grenzen und Ursprünge rührt« (ibid.).

Wir wissen nicht, wodurch und ab wann Jaspers das Jahr 1933 als das »radikale Offenbarwerden der Trennung« (Nr. 159) zwischen ihnen deutete. Jedenfalls haben wir keine Zeugnisse aus der Zeit, die belegen, daß er sogleich Heideggers Schritt in den Nationalsozialismus in dieser Strenge ausgelegt hätte. Als am 22. August die vorläufige Universitätsverfassung des Landes Baden, die als erste die universitären Strukturen an das Führerprinzip anglich, in den Heidelberger Zeitungen in vollem Wortlaut zu lesen war, fühlte er zwar den »Schmerz der Pietät« über das Ende »einer großen Zeit der Universität«; aber er hieß nach der ersten Lektüre die Verfassung dennoch gut, allerdings mit der Einschränkung, daß bei solcher Machtbefugnis ein Rektor auch haften müsse »für Fehler, sei es des Charakters oder der Einsicht, bei seinen Handlungen« (23.8.33). Wahrscheinlich wurde ihm erst mit dem Röhm-Putsch, Ende Juni 1934, ganz klar, daß Deutschland in die Hände von Verbrechern gefallen war. Eine spürbare Distanzierung von Heidegger, auf dem Hintergrund des politischen Geschehens, klingt jedenfalls in einem Briefentwurf vom 16. Mai 1936 an: »Daß ich... schweige, werden Sie verstehen und billigen. Meine Seele ist verstummt...«

Die Operette war unversehens zu einem Trauerspiel geworden. Im Nachhinein bekamen die Handlungen Heideggers ein anderes Gewicht. Er stand nun da, nicht mehr bloß als spielender Knabe, sondern als Verführer, nicht mehr als möglicher Erneuerer der Universität, sondern als einer ihrer Zerstörer, nicht mehr als der Freund aus dem Wesen der Philosophie, sondern als der Feind aus dem Grund der »Mächte« und nicht mehr als möglicher Kampfgenosse, sondern als der einzige unter den Freunden, der verriet. Je »erfolgreicher« der Nationalsozialismus aber wurde, desto schwerer wog diese Hypothek. Der Niedergang der Universität, die Zerstörung der Wissenschaft, die fatale Heilsgewißheit, das schiefe Pathos des Pseudorevolutionären, die Barbarisierung der Politik, die Unwahrhaftigkeit von Grund auf – all das mußte nun ebenfalls in Heidegger gesehen werden, und zwar »gleichsam bis in den Anfang zurück« (Nr. 159). Wahrscheinlich war das noch über lange Zeit mehr Hypothese als Diagnose, und sie wurde gesetzt, um falsifiziert zu werden. Aber nichts wirkte der Annahme zwingend entgegen – es sei denn die Erinnerung. Und so begann jener für Jaspers selber schmerzliche Prozeß der Ent-Deckung Heideggers, den er doch, bis ins Alter, gerne rückgängig gemacht hätte. Der Umschwung im persönlichen Bereich war vermutlich 1935 erfolgt. Jaspers bekam damals von Marianne Weber die Abschrift eines Gutachtens über Eduard Baumgarten zu lesen, das Heidegger 1933 an den Göttinger Dozentenbund gerichtet hatte. In dieser Abschrift – Baumgarten selber hatte sie im Büro des Dozentenbundführers vorgenommen –, standen die Sätze:

»Dr. Baumgarten kommt verwandtschaftlich und seiner geistigen Haltung nach aus dem liberal-demokratischen Heidelberger Intellektuellenkreis um Max Weber. Während seines hiesigen Aufenthaltes war er alles andere als Nationalsozialist...

Nachdem Baumgarten bei mir gescheitert war, verkehrte er sehr lebhaft mit dem früher in Göttingen tätig gewesenen und nunmehr hier entlassenen Juden Fränkel. Ich vermute, daß Baumgarten sich auf diesem Weg in Göttingen untergebracht hat, woraus sich auch seine jetzigen dortigen Beziehungen erklären mögen.

Ich halte zur Zeit seine Aufnahme in die S. A. für ebenso unmöglich wie die in die Dozentenschaft.«

In der Folge wurde Baumgarten – er war Privatdozent – entlassen, weil er als »Judengenosse« galt. Nach einer eidesstattlichen Erklärung, daß er Prof. Fränkel nie in seinem Leben gesehen habe, wurde die Entlassung rückgängig gemacht.

Dieses Gutachten war einer der Punkte, über den Jaspers nicht hinwegkam. Den Hieb auf den »liberal-demokratischen Heidelberger Intellektuellenkreis um Max Weber«, der ja auch ihn und vor allem ihn treffen mußte, hätte er als eine der Treulosigkeiten wahrscheinlich verschmerzt. Daß aber Heidegger, den er nie für einen Antisemiten hielt, im allgemeinen Gerede der Zeit bereit war, u. U. mit antisemitischen Floskeln Gegner zu diskreditieren – und das konnte für das Opfer das vorläufige Ende der Karriere bedeuten –, gehörte »zu den einschneidendsten Erfahrungen meines Lebens« (6.2.49).

Da Jaspers nur eine Abschrift dieses Gutachtens zu Gesicht bekam, hätte er auch an der Echtheit und damit an der ganzen Geschichte zweifeln können. Er glaubte Baumgarten. Das bedeutet nichts anderes, als daß er, auf dem Hintergrund der Erfahrungen, Heidegger dieses Vorgehen zutraute. Für die persönliche Beziehung war indes diese

subjektive Zumutung entscheidender als die Frage nach der objektiven Richtigkeit des Wortlauts.
Warum hat er nicht einfach, wie in früheren Jahren, Heidegger zur Rede gestellt? – Wir wissen es aus einem seiner Briefe an Heidegger, den er nie abgeschickt hat: »Ich habe es nicht getan aus Mißtrauen gegen jeden, der sich in dem Terrorstaat mir nicht positiv als wirklicher Freund erwiesen hatte. Ich folgte dem caute Spinozas und dem Rate Platos: in solchen Zeiten sich unterzustellen wie bei einem Regensturm... Ich habe... Ihnen gegenüber seit 1933 gelitten, bis, wie es im Gang der Zeiten zu geschehen pflegt, dieses Leiden schon in den dreißiger Jahren unter der Wucht viel schrecklicherer Dinge fast verschwand. Nur ferne Erinnerung blieb und ein gelegentliches, immer erneutes Verwundern« (1.3.1948).
Aus der Zeit dieses Leidens gibt es praktisch keine Notizen. Wir kennen den Grund nicht. Jaspers hat in jenen Jahren einige Aufsätze Heideggers gelesen, und er hat in der Neufassung der »Allgemeinen Psychopathologie«, die 1942 abgeschlossen war, aber erst nach Kriegsende erscheinen konnte (1946), Heideggers Fundamentalontologie als »*philosophischen* Irrweg« (p. 649) bezeichnet. Auch dürfte in der gesamten Denkarbeit jener Jahre Heidegger oft vor Augen gestanden haben als abschreckendes Beispiel eines Denkers, der sich nicht klar geworden ist über seine Grundoperationen und der, in der Folge des fehlenden Methodenbewußtseins, auch in den existentiellen Vollzügen zweideutig wird. Die Kritik verlief indirekt. – Heidegger seinerseits hat all die Jahre hindurch Jaspers geduldig seine Schriften geschickt, obwohl er ohne Echo blieb. Es war wohl seine indirekte Werbung.
In der Nachkriegszeit spielte das Gutachten Baumgarten noch einmal eine erhebliche Rolle:
Daß Heidegger nach 1936 keine Briefe mehr schrieb und auch kein Wort fand, als Jaspers abgesetzt wurde (1937), mochte für Jaspers noch verstehbar sein. Aber nach der Befreiung wartete er auf ein klärendes Wort. Als Heidegger sich nicht meldete, schickte er ihm im Herbst 45 die erste Nummer der »WANDLUNG«, in der Hoffnung auf eine »rückhaltlose Aussprache« (Entwurf 1.3.48). Heidegger blieb stumm und bestätigte nicht einmal den Empfang. Statt dessen regte er eine Freiburger Universitätskommission, den sogenannten »Bereinigungsausschuß«, gegen Ende 1945 an, bei Jaspers ein Gutachten über ihn einzuholen. Er war wegen seiner politischen Vergangenheit in große Schwierigkeiten geraten, mußte zeitweise die Konfiskation seines Hauses und seiner Bibliothek befürchten und war von der französi-

schen Militärregierung »zur Disposition gestellt«. Wahrscheinlich erhoffte er sich die Errettung aus diesen Schwierigkeiten durch ein freundliches Wort von Jaspers und die Wiederaufnahme der regelmäßigen Arbeit an der Universität. Im Namen des Bereinigungsausschusses gelangte Friedrich Oehlkers am 15. Dezember an Jaspers, bat ihn um »eine allgemeine Charakterisierung« der politischen Vergangenheit Heideggers und übermittelte ihm auch dessen Bitte, daß er sich zum Vorwurf äußere, er, Heidegger, sei Antisemit gewesen.

Jaspers schrieb nicht ein Gefälligkeitsgutachten. Zwar betonte er, daß Heidegger »eine bedeutende Potenz« »in der Handhabung spekulativer Werkzeuge« sei. Es sei daher »dringend zu wünschen und zu fordern, daß er in der Lage bleibe, zu arbeiten und zu schreiben, was er vermag«. Im übrigen aber ging er mit ihm hart ins Gericht. Er zitierte jenen Passus aus dem Baumgarten-Gutachten Heideggers über »den Juden Fraenkel«, sagte aber auch, daß Heidegger sich gegenüber seinem jüdischen Assistenten Werner Brock »einwandfrei« verhalten habe. Er sei in den zwanziger Jahren kein Antisemit gewesen, sei es aber 1933 »in gewissen Zusammenhängen« geworden. »...seine Sprechweise und seine Handlungen haben eine gewisse Verwandtschaft mit nationalsozialistischen Erscheinungen, die seinen Irrtum begreiflich machen. Er und Baeumler und Carl Schmitt sind die unter sich sehr verschiedenen Professoren, die versucht haben, geistig an die Spitze der nationalsozialistischen Bewegung zu kommen. Vergeblich. Sie haben wirkliches geistiges Können eingesetzt, zum Unheil des Rufes der deutschen Philosophie. Daher kommt ein Zug von Tragik des Bösen, den ich mit Ihnen wahrnehme.« Solange in Heidegger »nicht eine echte Wiedergeburt erfolgt« sei, »die sichtbar im Werk ist, kann m. E. ein solcher Lehrer nicht vor die heute innerlich fast widerstandslose Jugend gestellt werden«. Er schlage deshalb vor, daß Heidegger eine persönliche Pension zur Verfügung gestellt werde, damit er seine philosophische Arbeit fortführen könne, daß er vom Lehramt aber »für einige Jahre« suspendiert werde. (22.12.45 an F. Oehlkers.)

Jaspers erteilte damals der Kommission die Erlaubnis, Teile des Gutachtens Heidegger zu zeigen. Dazu gehörte zwar der Passus über den Antisemitismus, aber nicht die übrige harte Charakterisierung von Heideggers Denken und politischem Handeln. Vermutlich bekam Heidegger den ganzen Text zu lesen. Er beantragte in der Folge seine Emeritierung unter vorläufigem Verzicht auf die Lehrtätigkeit. So jedenfalls berichtete Gerhard Ritter (28.1.1946), der Mitglied der Freiburger Bereinigungskommission war, Jaspers und fügte hinzu: »Die jetzige Lösung, falls sie von der Militärregierung angenommen wird, entspricht sowohl unseren Vorschlägen wie offenbar auch Ihren Ansichten.«

Als sich die Wiedereinsetzung Heideggers in alle Rechte verzögerte, trat Jaspers mehrmals für ihn ein. Der erste Versuch 1947 in der »Neuen Zeitung« wurde nicht abgedruckt. 1949 gelangte er an den Freiburger Rektor, Prof. Gerd Tellenbach. Die Verdienste Heideggers stellte er dabei – das war mit Tellenbach so verabredet – in ein möglichst günstiges Licht: »Herr Professor Martin Heidegger ist durch seine Leistungen in der Philosophie als einer der bedeutendsten Philosophen der Gegenwart in der ganzen Welt anerkannt. In Deutschland ist niemand, der ihn überträfe. Sein fast verborgenes, mit den tiefsten Fragen in Fühlung stehendes, in seinen Schriften nur indirekt erkennbares Philosophieren macht ihn vielleicht heute in einer philosophisch armen Welt zu einer einzigartigen Gestalt.

Es ist für Europa und für Deutschland eine Pflicht, die aus der Bejahung geistigen Rangs und geistigen Könnens folgt, dafür zu sorgen, daß ein Mann wie Heidegger ruhig arbeiten, sein Werk fortsetzen und zum Druck bringen kann« (5.6.49).

Es dauerte noch zwei Jahre, bis es so weit war.

Einige Monate zuvor hatte Jaspers auch Heidegger geschrieben, um nicht weiterhin »gegeneinander zu schweigen«. Er ging von der Voraussetzung aus, daß Heideggers Verhalten während den politischen Umwälzungen nicht primär auf der Ebene moralischer Erörterungen liege, und hielt das Faktum in Rechnung, daß Heidegger selber eine Art Opfer geworden war. Deshalb wollte er auf jedes Nachrechnen verzichten. In dieser noblen Offenheit hoffte er auf ein Zwiegespräch, in dem beide alles, auch das moralische Versagen – und Jaspers nahm sich davon nicht aus –, zur Sprache bringen könnten. Es muß noch einmal eine Zeit gewesen sein, in der beiden schien, daß etwas in ihrer Beziehung, allen Enttäuschungen zum Trotz, unangetastet geblieben sei. Beide sprachen wieder vom »alten Plan« einer öffentlichen Auseinandersetzung, beide ein wenig elegisch und skeptisch distanziert, als wäre die Rede von einem schönen Traum. Jaspers glaubte nun deutlicher als bisher zu sehen, wie eine solche Auseinandersetzung verlaufen müßte. Sie sollte nichts mit einem üblichen Professorenstreit zu tun haben, sondern in der Sache, im Personellen und in der literarischen Form ein Prozeß der Kommunikation sein. Ihm schien deshalb, das Angemessenste wäre wohl, einen philosophischen Briefwechsel zu führen, »in der Absicht..., bis in die letzten erreichbaren Gründe hin-

ein miteinander zu sprechen, und dieses dann ohne nachträgliche Umarbeitung zu veröffentlichen« (14.1.1950). Das ist der Grund, weshalb einige Passagen der »Notizen« Briefform haben. Heidegger stimmte zu, daß dieses Vorgehen wohl das einzig Mögliche wäre. »Aber es bleibt die alte Geschichte: je einfacher die Sachen werden, um so schwieriger wird es, sie gemäß zu denken und zu sagen« (8.4.1950).
In dieser etwas wehmütigen Euphorie hofften beide, einander wieder zu sehen. Jaspers plante für den Herbst 1950 einen Besuch in Freiburg. Man sah sich nicht – vielleicht weil Heidegger inzwischen seine politische Beichte abgelegt hatte. Das fast Unvermeidliche geschah: Jaspers hatte Manches ganz anders erlebt und auch anders in Erinnerung. Auch schien ihm, Heidegger erfasse nicht die Tiefe seines damaligen Versagens, und deshalb gehe in ihm nicht eine wirkliche Wandlung vor, sondern bloß ein Spiel mit Projektionen und Überdeckungen. Und so kehrte der Zweifel an Heidegger genau in jenem Augenblick verschärft zurück, in dem Heidegger versuchte, ihn nach Kräften abzubauen. Der Briefwechsel stagnierte nun wieder. Jaspers zog die resignierende Bilanz: »Zwischen uns geht es nur ganz oder gar nicht...« (3.4.53).
Nun, da es mit ihnen nicht zu gehen schien, intensivierte er das seit 1949 wieder aufgenommene Studium Heideggers. Äußeren Anlaß dazu mag die »Philosophische Autobiographie« gegeben haben. Für sie schrieb er 1954/55 ein Kapitel über Heidegger. Obwohl es in Stimmung und Formulierung konziliant war, veröffentlichte er es, auf Rat seiner Frau und einiger Freunde, nicht. Denn ihnen schien, selbst die zurückhaltende und objektive Schilderung der Nazizeit müsse für Heidegger »tödlich verletzend« (Nr. 120) sein. Jaspers wollte diesen endgültigen Abbruch nicht. In seiner Polemik gegen Bultmann (Die Frage der Entmythologisierung, München 1954) ging er indes öffentlich auf Heideggers *Denken* ein und unterzog es einer harten, aber vertretbaren Kritik (a.a.O., pp. 12ff., 49f.). Vielleicht führte er dieses Gespräch mit Bultmann bereits stellvertretend für jenes mit Heidegger.
Einen nie geklärten Punkt der neuen Verärgerung bildete in der folgenden Zeit ein Passus aus Heideggers Schrift für Ernst Jünger »Über ›Die Linie‹«. Jaspers las sie in der Ausgabe von 1956 (= »Zur Seinsfrage«). Der strittige Passus lautet: »Wer heute das metaphysische Fragen im Ganzen seiner Art und Geschichte deutlicher zu durchschauen und zu befolgen meint, sollte, wo er sich doch so überlegen gern in hellen Räumen bewegt, eines Tages darüber nachdenken, woher er denn das Licht zu einem klareren Sehen genommen hat. Das Groteske ist kaum mehr zu überbieten, daß man meine Denkversuche als Zertrümme-

rung der Metaphysik ausruft und sich gleichzeitig mit Hilfe jener Versuche auf Denkwegen und in Vorstellungen aufhält, die man jener angeblichen Zertrümmerung entnommen... hat« (p. 36). Jaspers war eine Weile unsicher, ob Heidegger damit auf Löwith anspiele. Aber er glaubte schließlich, daß der Plagiat-Vorwurf ihm gelte (vgl. Nr. 109, 122, 172): »Es ist nach den gewählten sprachlichen Wendungen leider kein Zweifel, daß ich gemeint bin« (Nr. 172). Ob nun zu Recht oder eingeredet – er war gekränkt: »Hier beginnt eine Häßlichkeit, auf die ich mich nicht weiter einlasse« (ibid). Er sah darin einen neuen Verrat an ihrer Beziehung, und zwar bis auf ihre frühesten Tage zurück.

Zwar hatte man ihm selber gelegentlich vorgeworfen, so etwa Paul Hühnerfeld in seiner Rezension des Buches »Vom Ursprung und Ziel der Geschichte« (vgl. Nr. 150 und Anm. 150) oder Habermas in der Rezension der 3. Auflage der »Philosophie« (vgl. Nr. 133), er greife auf eine ihm unwürdige Weise Heidegger anonym an. Aber er konnte erwidern, daß er nur eine bestimmte Denkweise idealtypisch schildere, die er keineswegs geradezu mit Heideggers Denken identifiziere, und daß es somit Sache der Rezensenten sei, wenn sie Heidegger ganz unter diesen Typus subsumierten. Heideggers Vorwurf dagegen hatte nichts mehr mit einer idealtypischen Beschreibung zu tun. Er war, falls er wirklich auf Jaspers abzielte, eine etwas eitle und an der Wahrheit vorbeigehende Verdächtigung. Ziemlich sicher dachte Jaspers mit an sie, als er Heidegger schrieb: »Seit 1933 ist zwischen uns eine Wüste gelegt, die mit dem nachher Geschehenen und Gesagten immer unpassierbarer zu werden schien« (22.9.59).

Als Heidegger wieder einige Jahre danach Jaspers zum 80. Geburtstag einen feierlichen Brief aus der »fernen Nähe« schrieb, antwortete Jaspers, im ersten Impuls, aus »weiter Ferne«. Er meinte damit nicht die zwischen ihnen liegende Distanz, sondern die ferne Zeit von 1923, als sie den menschlichen Ort der Freundschaft gefunden zu haben glaubten. Die Unruhe bleibe, so sagte er, daß »gegen allen Anschein« das Gespräch zwischen ihnen noch möglich werde. Aber er schickte den Brief gar nicht erst ab, sondern schrieb einen sachlicheren, der zwar jene Möglichkeiten noch erwähnte, aber gleich hinzufügte: »Das wird wohl kaum noch geschehen« (25.3.63). Ein dialogisches Stück Philosophie geriet zum monologischen Abgesang einer verlorenen Hoffnung.

Man muß diese Geschichte einer erträumten und vielleicht auch möglichen, aber zum Teil durch widrige Zeitumstände, zum Teil durch persönliches Versagen, zum Teil durch eine zu große philosophische

Differenz verpaßten Freundschaft kennen, um die »Notizen« richtig einzuschätzen. Sie sind nicht zu lesen als einseitige Abrechnung mit einem Zeitgenossen, sondern als der über Jahrzehnte anhaltende Versuch, auf ein Gespräch hin »das Äußerste zu wagen« – alle Konzilianz und Konvention preiszugeben, um, ganz rückhaltlos, das auszusprechen, was man in Bezug auf den Andern für wahr hielt, aber doch dem Korrektiv seiner Gegenrede aussetzen wollte.

Nun, da dieses Korrektiv und bereits eine einigermaßen abschließende Formulierung der Jaspers'schen Kritik fehlt, muß man sich fragen, womit eine Publikation der »Notizen« überhaupt zu rechtfertigen sei – trotz der oft verletzenden Härten, der vielen Wiederholungen und noch anderer Mängel.

Wir haben uns für eine Publikation entschlossen, aus der Überzeugung, daß in den »Notizen« wirklich das steht, was Jaspers über Heidegger gedacht hat, und daß es in ihnen am rückhaltlosesten *so* steht, *wie* er es gedacht hat: nicht abgelöst von der erträumten Hoffnung, nicht von den Enttäuschungen und nicht von der komplexen Person Heideggers. Aber auch nicht gefiltert durch Konvention und Formung. Die Spontaneität dieser Aufzeichnungen bürgt für eine Wahrheit, die zwar nicht die objektive der Analyse, aber die subjektive der Redlichkeit ist.

Es kommt hinzu – und das bewegt uns zu einer Neuausgabe –, daß seit der Publikation von Farias' Werk »Heidegger et le Nazisme« vorerst in Frankreich und mittlerweile nahezu weltweit eine leidenschaftliche Auseinandersetzung um Heideggers politische Existenz und deren Verbindung mit seinem Denken in Gang gekommen ist. In ihr wird das Buch von Jaspers kaum je erwähnt, obwohl es bisher der einzig ernstzunehmende Versuch ist, Heideggers Denken einer polyaspektiven Kritik zu unterziehen, in deren Mitte immer die politisch-existentielle Denkerpersönlichkeit steht.

Welches sind die Aspekte dieser Kritik?

1. Der frühe Heidegger war von seiner Schulung her »dem Denkertypus nach« (Nr. 163) ein wissenschaftlicher Schulphilosoph, der von Jugend an auch schulbildend wirkte. Die damit verbundene Auffassung von Philosophie als strenger Wissenschaft konnte er nur in der Preisgabe aller Wissenschaft überwinden, wodurch sein Denken sich jeder intellektuellen Kontrolle entzog. Der Weg zur Verkündigung war damit frei.

2. Symptomatisch für diese Wissenschaftlichkeit war in Heideggers Jugend eine konventionelle »Betonung der Bedeutung des Begriffs«

(Nr. 176), in der die Sprache sich um sich selber kümmert und darin zur Artistik wird. Sie löst sich von den Sachen ab, führt in »zahllose Künstlichkeiten« (Nr. 224), »sonderbare Wortfiguren« (Nr. 190) und in gelegentliche »Gewaltsamkeiten« (Nr. 224). Darin erhebt sie den Anspruch, »das Haus des Seins und die Behausung des Menschenwesens« (Heidegger) zu sein. Die Zwiesprache mit der Dichtung wird ihr zur neuen Philosophie. Nun tritt die Sprachgebärde an die Stelle der Einsicht, und der Tiefsinn beginnt zu raunen. Eine fatale Ästhetisierung breitet sich von ihr über das Denken aus. Sie liebt die Pose der Macht, aber streift jede Verbindlichkeit des Sagens ab.

3. Eng verbunden mit der sprachlichen Artistik ist von Anfang an eine Kunst der Durchformung eines Gedankens zum *Werk*. Sie gibt dem jeweiligen Werk eine dem Kunstwerk vergleichbare Qualität und hebt es dadurch »aus dem sonstigen Leben« (Nr. 119) heraus. Die Trennung von Werk als Objekt und Denker als Subjekt wird möglich, und in ihr nimmt das Subjekt sich zurück. Es ist von jeder Bewährungspflicht der Philosophie im eigenen Leben entbunden. Jaspers sagt deshalb mit Schärfe, daß Heidegger »jede *echte* Veranwortung« (Nr. 80) fehle. – Im übrigen ist die Wahrheitsfrage »nicht beantwortet durch Sorgfalt oder Konstruktionen, nicht durch irgendeine Schönheit, nicht durch Sprachlichkeit« (Nr. 97) und nicht durch das formale Gelingen eines Werks.

4. Heideggers Fundamentalontologie verrät auf Schritt und Tritt ein brüchiges methodologisches Bewußtsein. Es unterscheidet nicht zwischen a) Sachverhaltsaussagen im Bereich des Daseins, b) umgreifenden strukturalen Daseinsaussagen und c) existentiellen Hinweisen, sondern behandelt diese höchst disparaten Denkebenen auf gleiche wissenschaftliche Weise. Die spätere explizite »Verwerfung des methodologischen Bewußtseins« (Nr. 194) als Instrument wissenschaftlichen Denkens machte alles nur noch unklarer. Existenzialien, Kategorien, dichterische Wendungen, Metaphern, Symbole, Signa der Existenz, Chiffren: Alles scheint auf der gleichen Ebene zu liegen und zerstört in der bloß noch gewahrten Werkdisziplin die Disziplin des Differenzierens der Wahrheitsebenen. Deshalb muß die Frage erhoben werden: »Wo findet Heidegger den Grund der Wahrheit in seiner Argumentation?« (Nr. 108). Die Antwort fällt negativ aus: Ihm fehlt ein explizites, kontrollierbares Grundwissen. Er »wird sich nicht logisch seiner selbst klar bewußt« (Nr. 20). Er ist vordergründig klar, aber fundamental unklar.

5. Heidegger hat nach der Kehre die Unerläßlichkeit der modernen

Wissenschaften für das Philosophieren bestritten. Er wollte an ihnen vorbeigehen, ohne sie zu verachten. Damit gab er, so meinte Jaspers zu sehen, eine »Bedingung der Menschenwürde« (Nr. 47) preis, die im *Sinn* von Wissenschaft liegt: daß nämlich der Mensch nicht den anonymen Mächten – den Dämonien, dem Geschick, der Magie – preisgegeben ist und nur noch vernimmt, was er nicht ändern kann. Wer an der Wissenschaft vorbeigeht, »spricht genötigt« (Nr. 47) dämonisch von ihr und von der Technik. Er überwindet sie nicht, sondern liefert sich ihnen aus.

6. Mit der radikalen Preisgabe der Wissenschaften wollte Heidegger auch das sie erst ermöglichende Denken verlassen: die Philosophie als logisch gegründete Metaphysik, die von Platon bis Nietzsche den Geist des Abendlandes bestimmt hatte. Nicht Wissenschaft, nicht Philosophie, nicht Metaphysik, nicht Weltanschauung – unvergleichbar mit allem bisherigen Denken – beanspruchte *sein* Denken, etwas völlig Neues zumindest anzuzeigen, das dereinst kommen wird. Für Jaspers wurde Heidegger so, aber lediglich im Anspruch, zu einem Typus »des epochalen Philosophierens« (Nr. 40) in »welthistorischer Perspektive« (Nr. 117). Wenn man aber nachfragte, was Heidegger mit dem Neuen seines Denkens denn meine, so blieb nichts Greifbares. Es war nicht mehr als ein »ahnungsvolles Vorwegnehmen, Andeuten, Versprechen« (Nr. 21), ein »Vorbereiten des Vorbereitens« (Nr. 40), das anzog durch seine Rätselhaftigkeit, existentiell aber auflöste, alle »nächsten Aufgaben« (Nr. 207) verließ und sich in hybriden Konstruktionen von Totalitäten erging: in einer Geschichtsanschauung »als Seins- und Geschickwissen« (Nr. 176) und in einer Auslegung der Philosophie als kontinuierlicher Verfallsgeschichte der Metaphysik. Der Hybris des epochalen Bewußtseins aber erwuchs eine alte Philosophen-Attitüde: »als Einsamer« (Nr. 69), den wenige oder keiner verstehen können (Nr. 176), gleichsam trotzig »gegen die Zeit zu stehen« (Nr. 69).

7. Zwei Charakterisierungen von Heideggers Philosophie wiederholt Jaspers immer wieder: Dieses Denken ist eine moderne Form der Gnosis – und: Es ist eine Form der Magie. Zuweilen werden die beiden Momente auch vereint. Dann heißt es etwa: »Die ›Sachhaltigkeit‹« dieses Denkens sei »ein gnostischer Zauber« (Nr. 187). Gnosis war für Jaspers schon Heideggers existenziale Analytik, sofern sie das Umgreifende des Daseins quasiwissenschaftlich objektiviert, seine Strukturen herauspräpariert, die Existenzialien dann dogmatisiert und überall den Sprung zwischen Dasein und Existenz einebnet. Aber sie ist noch gleichsam eine nüchterne Gnosis. – Ganz und gar von einer magischen

Gnosis umfangen ist indes ein Denken, das sich anheischig macht, »aus dem Sein selbst zu denken« (Nr. 38) und »das Wesen des Zeitalters aus der in ihm waltenden Wahrheit des Seins zu begreifen« (Heidegger). Dieses Denken muß in einen Irrationalismus der Verkündigung münden, in dem die Philosophie zu einer Politik des Geheimnisses wird und das Geheimnis zu einer Macht, die überwältigt und die Vernunft des Nachfolgenden erdrückt: Er huldigt und verliert die Kraft der Abwehr.

8. Akribische Artistik, »metaphysisch gegründete Unverbindlichkeit« (Nr. 110), Gegenwartsflucht, Selbst- und Situationsvergessenheit bei gnostischem Seinswissen, der Zauber des Unkontrollierbaren, die Attitüde epochaler Einsamkeit, der nihilistische Destruktionswille und in allem ein magischer und hybrider Führungswille und eine »Grundhaltung des Diktatorischen« (Nr. 21): Das waren für Jaspers letztlich »die im Gegner wirksamen« (Nr. 206) geistigen Mächte, die als »feindselig und unwahr begriffen« (ibid.) werden müssen. Von ihnen her hätte er vermutlich den negativen Idealtypus eines Denkers konstruiert, dessen gnostischer Zauber geradewegs in den Nationalsozialismus führt. Er ließ denn auch keinen Zweifel daran übrig, daß es »der gleiche Boden« war, »auf dem der Nationalsozialismus gewachsen ist« (Nr. 105). Deshalb gälte es »zu zeigen, wie die Grundverfassung dieses Philosophierens in der Praxis zur totalen Herrschaft führen muß« (Nr. 166). Sofern dieser Machtwille in Heideggers Denken blieb, blieb auch er »über 34 hinaus ›philosophischer‹ Nationalsozialist« (Nr. 166).

Zugleich hätte er allerdings gewußt, daß der so gekennzeichnete Typus Heidegger auch verfehlt, und er hätte dies etwa so ausgedrückt: » Der Versuch, an diesem Idealtypus Heidegger zu messen, zeigt sofort, daß das, was Heidegger... dort ist, wo er *echt* spricht, ausfällt, – denn wo etwas... mit dem Stigma der Ursprünglichkeit« gesagt wird, »muß im Menschen« und im Denken »etwas sein, das diesem entspricht. Und dies ist in jenem Idealtypus nicht berührt und nicht zu ahnen« (Nr. 149). Er hätte insofern seine Kritik wieder in die Schwebe gebracht und die Frage, mit der er ohnehin an kein Ende kommen konnte, neu gestellt: was denn dieser »erregendste Denker« (Nr. 17) unter den Zeitgenossen wirklich sei.

Ob Jaspers jemals Heidegger seine auch bei dieser Milderung so schonungslose Kritik vorgelegt hätte, bleibt eine Frage. Ich halte es für wahrscheinlich, gerade weil er sich, wie seine Frau sagte, zuweilen »psychologisch über das einem Menschen Mögliche« (Nr. 120) irrte. Ob Heidegger (oder irgendwer sonst) eine derartige Kritik hätte akzeptieren können, ist eine andere Frage. Ich halte es für unwahrscheinlich. Insofern hätte vielleicht der ursprüngliche Plan der Auseinandersetzung, der ja immer an diese Schonungslosigkeit gebunden war, gar nie ausgeführt werden können.

Im übrigen handelt dieses Buch immer von Zweien, auch wenn in ihm nur einer spricht. Denn dieser setzt auch sich selber und sein Denken im Sprechen aus, und es bleibt kein Triumph.

Ein Wort noch zu den Prinzipien der Edition: Wir haben in die Texte nur eingegriffen, wo ein offensichtlicher Fehler vorlag, so z. B. wenn ein Wort fehlte oder eines wiederholt wurde. Das von uns eingesetzte Wort wurde jeweils in eckige Klammer gesetzt, das herausgenommene in den Anmerkungen verzeichnet. Im besonderen haben wir keine Streichungen vorgenommen. Wo ein Wort nicht *eindeutig* gelesen werden konnte (die Handschrift war stellenweise sehr schwer lesbar), ist die gedruckte Version mit einem Fragezeichen in eckiger Klammer versehen und die Variante als Anmerkung angeführt. Die Rechtschreibung wurde durchgehend modernisiert, die Zeichensetzung dagegen meist in der Jaspers'schen Eigenart belassen. Der Schriftspiegel des Manuskripts wurde immer dann übernommen, wenn er in irgendeiner Form Träger einer Aussage war. Die Reihenfolge der Blätter hält sich im großen und ganzen an die von Jaspers hinterlassene, mußte aber umgekehrt werden (die letzten Eintragungen lagen zu oberst). Die Nummern der Abschnitte wurden (chronologisch) von uns gesetzt.

Ich habe schließlich für Mithilfe zu danken: Frau Dr. Herta Polheim; sie hat vor Jahren die Manuskript-Blätter für eine erste Abschrift entziffert und große Teile davon mehrmals überprüft. – Frau Liselotte Müller; sie hat das Schluß-Manuskript hergestellt und zusammen mit Herrn Dr. Raphael Bielander Fahnen und Umbruch vergleichend gelesen. – Frau Dr. Heidi Bohnet; sie hat das Manuskript für den Druck eingerichtet und das Buch verlegerisch betreut.

Ein besonderer Dank sei zugleich ausgesprochen:

– der Karl Jaspers-Stiftung, Basel;

– dem Schweizerischen Nationalfonds zur Förderung der wissenschaftlichen Forschung;

– der Fritz Thyssen Stiftung, Köln.

Sie haben im Rahmen einer geplanten Edition von Jaspers' Nachlaß die Arbeit an diesem Band unterstützt.

Basel, im Februar 1978/Januar 1989 Hans Saner

Teil I

1928/38

Heidegger

Sternberger[1] 2. 3. 1928

S. 1 »Ursprung« und »Ansatz«
»Entrückung«.

Gut: Die Zerlegung im Blick auf Ursprünge.
Die Unstimmigkeiten.
(Ich: Geschichtlichkeit und Historie).
Keines von beiden: Geschichtsphilosoph. Totalität
(von Anfang bis Ende: Kant
von Anfang bis Gegenwart als Ende: Hegel).

Zu fragen: Überlastung des Zeitbegriffs. Die Verschlungenheit von Daseinserhellung, Existenzerhellung und Metaphysik bei Heidegger.

Heidegger und ich als selbstverständlich genommen:
Ich z. B. S. 2: Erfassen. Situation. Unvertretbar. (Dilthey!)
»Gegenwart«: nicht als Ganzheit zu betrachten und verstehen
Sicheinsetzen, Eingreifen, Erfassen in konkreter Situation.
S. 3: »Bestand«
4: Gegenwartsfeindlichkeit
10: »signum« 11 »leere Hülse«
Heidegger S. 3: »entwerfend«
16: Uhr-Zeit.

Wirkliche Teilnahme an unserem noch nicht fertigen Philosophieren.

2

Heidegger (Ref. Dr. Jonas)[1]

Sein nur mit dem Phänomen der Zeit begriffen werden kann. Herauslösung des Zeitbegriffs nicht möglich.

{ Ontologisch: Sinn, der faktisch fungiert, vorausgesetzt ist. ens als transcendens
{ Ontisch: alles Seiende, über das es sich erhebt [?]

{ ursprünglich
{ abkünftig: eigenes Recht, aber Sinn nur in Rückbezogenheit nicht fakt. zu fassen.

»ursprünglicher Zeitbegriff«.

Sein weist auf Seinsverständnis, dieses das Sein menschlichen Daseins: Thema: »zeitliche Seinsweise des menschlichen Daseins«. Ursprüngliche Strukturen:
Wesen des Daseins seine Existenz: Sein, dem es in seinem Sein um sein Sein geht.
Kierk.[2]: zu sich als zu[3] seiner Möglichkeit verhalten.
»je meiniges«: Eigentlichkeit und Uneigentlichkeit.
Sich nicht zu eigen Sein im Verfallen.
In der Welt Sein (ist ein »Existenzial«)
Existenzialien – Kategorien
(Sein des Daseins – Sein der Weltdinge)
Weltlichkeit der Welt: Bedeutsamkeit
Verweisungszusammenhang. Verwendbarkeit.
Zweck: das Dasein selber.

I { Verstehen des Zeugzusammenhangs.
(nicht Form des Zugehens auf, sondern Existenziale: wie begegnet als Bedeutsamkeitszusammenhang.)
Möglichkeit (nicht Kategorie, sondern Existenziale: »Seinkönnen«). Entwurf Dasein entwirft sich Möglichkeiten: im Besorgen der Umwelt und im Verhältnis zu sich selbst.

2 Nicht beliebige Möglichkeiten. Sondern entgegengebracht weil immer Dasein schon ist in einer Welt. Angewiesensein.
Faktizität: ist immer schon in faktischer Konstellation als möglicher Raum für Entwürfe.
»Geworfenheit« (apriorische Passivität) Vorgegebenheit.
»sich überantwortete, geworfene Möglichkeit«
Befindlichkeit. Stimmung. Bekundet sich das Angewiesensein »sich zu übernehmen hat«.

3 Sein bei der Welt. Möglichkeit des Verfallens. Von der Welt benommen. Sich selbst nicht mehr sehen.
»Man«.

Entwerfen: Sich vorwegsein. Nicht im Jetztpunkt vorhanden.
Sorge: Einheit der verschiedenen Strukturmomente des Daseins.
Sein ist Interesse am eigenen Seinkönnen.

Sich vorweg	Schon sein in	Sein bei
Zukunft	Gewesenheit	Gegenwart Verfallen

3

Ephraim[1]

Hegel leugnet den Standpunkt der Endlichkeit im Dasein. Ihm ist Zeit als Vorstellung – subjektiv (7a S. 57)[2]
Vergangenheit in der Erinnerung. Zukunft in der Furcht und Hoffnung. (Hätte bei Hegel seinen Platz in der Lehre vom subj. Geist)

Heidegger: Analyse des Daseins.
Hegel: warum das Dasein so ist.
Hegel hatte in der Jugend den Standpunkt der Sorge, Angst usw. Seine Philosophie grade Überwindung dieses Standpunkts als endlichen und unwahren. Hegel schafft die metaphysische Bewältigung.

Heidegger: sind entscheidend nicht Feststellungen, sondern ein Sichbekennen. Nicht richtig oder falsch, sondern Gedankenentscheidung eines Seins über sich, wie er sich zu verstehen glaubt.

Existentieller Sinn bei Hegel: besonders klar: Geschichtsphilos. S. 88[3].

Hegel will die Zeit zeitlos begreifen. Heideggers Vorwurf: Hegel nehme Zeit als Behälter[4], ist falsch:
Hegel (7a S. 55): »Der Process der wirklichen Dinge selbst macht die Zeit.«[5]
Heideggers Vorwurf: Hegel mache die Zeit formal ähnlich dem Geist und lasse durch die Ähnlichkeit Zeit und Geist fallen, ist schief, weil nicht auf den Sinn von Hegels Gedanken dringend.
Heideggers Vorwurf: Hegels Zeitdenken sei am Jetztdenken, der Jetztfolge, orientiert, greift nur ein Moment heraus.

Es ist Hegels universale Methode des Begriffs, die hier wiederkehrt. Hegel leitet Zeit aus der Notwendigkeit des Begriffs im Anderssein ab. Heidegger faßt Zeit primär als »sich vorwegsein» und als »Schon sein in einer Welt«.

Heideggers Antithese:
Zeit als Struktur eines bewegten Ganzen von Gewesenheit und Zukunft. – Zeit als Jetztfolge vorgestellt in einer Linie: »vulgärer Zeitbegriff«.

Hegel: Nicht der Geist fällt in die Zeit, sondern seine Momente als endliche.
Die Zeit ist Negation des Bestehens des Endlichen.

Zu fragen:
Wozwischen wird entschieden bei Hegel und bei Heidegger?
Hegel: zwischen Zeit als Endlichkeit und absolutem Sein (oder zwischen Positivismus und Aufschwung zum eigentlichen Sein)
Heidegger: zwischen Zeit als vulgärer Jetztfolge und Zeit als existentiellem Phänomen (oder zwischen objektivem Naturwissen und giltigem Existenzwissen).

Zeit bei Hegel: ein Mittelglied aus dem Sein vor der Zeit zum Sein in getilgter Zeit.
Zeit bei Heidegger: Zeit Horizont des Seins.

4

1. Übersicht[1] über das vorige Mal: Heidegger und Hegel.
Immanentes Zeitdenken – Transzendierendes Zeitdenken.
Zeit Horizont des Seins – Mittelglied.
Abkünftigkeit als Verfallen – Abkünftigkeit im dialektischen Selbstoffenbarungsprozeß.
Analyse des Daseins – Warum das Dasein so ist.
Wozwischen wird bei beiden entschieden?

2. Übersicht bei Hegels Zeitdenken.
Referat über Zeit S. 8 ff.[2]

3. Zugänglichmachen durch Analyse der möglichen Zeitbegriffe. Die Weisen des Vollzugs im Denken dieser Zeitbegriffe. Wo steht Heidegger? (in lebendiger und existentialer Zeit, ohne sie zu scheiden). Wo steht Hegel? (in transzendenter Zeit, von der her er die anderen Zeitbegriffe zum Teil durchleuchtet, ohne ihnen Eigenständigkeit zu lassen).
Unser Standpunkt: Keine Rundung. Im Denken universale Standpunktsverschieblichkeit – weil allein in möglicher Existenz Absolutheit ist.

4. Anfragen: Metzger. Rosenbacher.[3]

5. Wiederholung: Fragen: Was heißt Gegenwart? Jetzt? ewige Gegenwart?
Verhältnis von Zeit zum Begriff zum Selbst?
Dauer und Ewigkeit?
Werden in Natur und Werden in Geschichte?
Sinn des Untergangs?
der Erinnerung?
Sinn der Zukunft?[4]

5

Heidegger[1]

Zeitschrift f. Theologie und Kirche 1930. Heft 5[2]
Grisebach, Interpretation oder Destruktion?
Deutsche Vierteljahrsschrift f. Lit. Wiss. Geistesgesch. 1930[3].

Brecht: Ausdrücke »Sorge, Zeitlichkeit, Endlichkeit, Angst . . .« sind »formale Anzeigen«: den Seinssinn der in ihnen gemeinten Erscheinungen zu fassen. »Verwechslung formaler Kategorien mit konkreten, sogenannten weltanschaulichen oder ethischen Verkündigungen«: ontologische Kategorien werden ontisch, existentiale Entwicklungen existentiell mißverstanden[4].

6

Heidegger

Hält für »richtig«, was er als Existenzanalyse gibt. Es wird schon Lehre. Man sieht Anwendung bei Becker[1].
Macht keinerlei Unterscheidung von »Forschung« und »Philosophie«.
Phänomenologie ist ihm »Untersuchung« mit Resultaten, ob es nun die »eidetische« Husserls oder seine »hermeneutische« ist.
Kein Unterschied von Daseinserhellung und Existenzerhellung.
Der Versuch, wie Kant, Hegel, Aristoteles – eine Interpretation des Seins aus einer Wurzel konstruktiv zu geben. Diese Konstruktionen hatten Symbolcharakter – waren als solche wahr, waren nie Resultate und zwingend. Heideggers Symbolcharakter ist nun: Entschlossenheit, die bittere Spannung des Durchhaltens.
Ganz ungeschichtlich nimmt er im Grunde alle vergangenen Philosophien auf die eine Ebene des Wahren. Trotz seiner Zeitlichkeit hier zeitlos (faktisch, nicht ausdrücklich).
Was als geschichtlich für uns wahr, weil uns Wurzel und Moment ist,

kann so nicht gegenwärtig gemacht werden. Daher Künstlichkeit und Gewaltsamkeit.
Die Stärke: »Man«, »Sein zum Tode«.
Aber verabsolutiert.

7

Heidegger

Unfreiheit durch Mangel an Ironie.
Wissen als Forschen von »Sachen selbst«.
Zweideutigkeit: Mit Plato und Aristoteles im Kampf
»Sachen selbst«
»Existenz«
Die abschätzende Bemerkung über Kierkegaard[1].

---

1. Die Straffheit, Prägnanz. Der Zusammenhang des Ganzen »System«.
2. Kommunikationslos – weltlos – gottlos.
3. Zweideutigkeit.

Heidegger bringt Verstehen, Entwurf, Zukunft zusammen. Aber ich verstehe grade das Vergangene: in diesem das Verstehbare und Unverständliche. In die Zukunft lebe ich, die Entwürfe sind getragen.

8

Heidegger

Verschüttet durch das Gradezu der Eigentlichkeit doch das Eigentliche selbst, das wirklich existentiell ist:

in Kommunikation. Die unendliche und garnicht objektivierbare Aufgabe. Das Freundseinkönnen. Liebe.
Statt dessen die Förderung eines unbekümmerten »Muts zu sich selbst«.
Es schließt sich faktisch ein ontologisches System.
Eine Methode des »Ableitens«. Was somit ist, wird als »abkünftig« begriffen. Aber, wovon es abkünftig ist, das ist:

das Eigentliche
Seinsstruktur der Sorge
Entschlossenheit
Sein zum Tode
Sinn der Sorge: Seinsganzheit des Daseins.

Grundnerv von allem:

Das Problem des Verfallens, der Ableitung, der Abkünftigkeit.
Dies wahr in psychol.-existentieller Beziehung, aber auch da auf vielfältige Weise.
Aber von Heidegger einseitig verabsolutiert, wie die Zeit.
Heidegger leugnet eigentlich giltigen Bestand, das Richtige – und behandelt die eigene Ontologie als giltige Wahrheit. Im Verfallen des »Man« geht Produktivität und Herabsetzung, Wahrheit und Verfallen durcheinander.

9

Zu: Seinsbegriffe[1]

Heidegger (Sein und Zeit ...) hat die Frage nach dem Sinn von Sein neu gestellt und in systematischer Explikation eine Antwort durchgeführt. Die hinreißende Intensität seines Denkens verschlingt in Eines, was uns getrennt bleibt. Die Existenzerhellung, die auf dem Grunde der seit Kierkegaard sich entfaltenden Existenzphilosophie versucht wird, ist durch den monistischen Systemgedanken zugleich verdeckt. Durch das phänomenologische Bekenntnis und den traditionellen Anspruch an »Begrifflichkeit« schlechthin im Sinne von »Untersuchung«,

»Forschung« behält die philosophische Haltung eine Zweideutigkeit. Sie ist zwingende Daseins- oder Bewußtseinserhellung, die für jedermann einsichtig ist, und gibt sich so. Aber darin ist Existenzerhellung als Erweckung, ist der Abfallgedanke. Die Analyse der Existenz schränkt sich ein auf reine Immanenz. Der Tod ist die Grenze. Aber er wird faktisch transzendiert, vor allem mit dem Abfallgedanken. Also: reine Wissenschaft und unübertragbare uns erweckende Philosophie, daher möglich, daß diese atheistische Wissenschaft im thomistischen Sinn von anderer Seite (niemals von Heidegger selbst) als Unterbau für eine Offenbarungstheologie verwandt werden könnte. Ferner: Daseinserhellung und Existenzerhellung, und daher beides nicht entschieden. Schließlich Existenzerhellung und Transzendieren. Als Philosophie entweder gebunden in der Dichtheit und Wissenschaftlichkeit, oder noch in der Vorhalle, von der der nächste Schritt erst erfolgen wird, ist dieses Denken fordernd: an ihm wird zur Klarheit, was unter Sein verstanden werden kann, ob man mit ihm geht oder gegen es begreift.

Positivität und Dichtheit machen trotz ungewohnter Sprache leicht im philosophischen Sinne. Es wird entdeckt, enthüllt – nur ist die Frage, was man eigentlich hat. Denn die Eigentlichkeit, von der der Abfall gedacht wird, bleibt schlechthin dunkel. Ein Gehalt wird auch indirekt nicht zum Ausdruck gebracht. Es ist die Form der Explikation, die unerbittliche eine Systematik, die das Ganze zusammenhält und das Sein zu erfassen scheint, welche überzeugt.
Daher der Solipsismus, der offenbar garnicht gemeint und gewollt ist, faktisch in Erscheinung tritt. Die Existenz wird zwar »je« eine genannt, aber Kommunikation der Existenzen wird nicht zum Problem. Es ist immer der Eine, um den allein es sich handelt, und bei den gegebenen Ansätzen kann der Andere nur als der Andere für den Einen noch hinzukommen. Die Existenz wird trotz Geworfenheit als schlechthin eigenständig gedacht. Ihre Eigentlichkeit hat etwas Isoliertes. Daß die Kommunikation nur als das Gerede des »Man«, Menschen untereinander nur als Gesellschaft vorkommen, ist Symptom jener monistischen Eintönigkeit.

Heideggers Philosophie bis jetzt
gottlos und weltlos.

faktisch solipsistisch.
Gradlinig und blind in der Akzentuation der »Entschlossenheit«.

Ohne Liebe. Daher auch im Stil unliebenswürdig.
Nur »Entschlossenheit«, nicht Glaube, Liebe, Phantasie.
Ein neuer Positivismus.
Spannung der welt- und gottlosen Existenz in sich selbst zu ungeheurer Intensität. Disziplin, verzweifelte Entschlossenheit. Unbedingte, aber leere Energie.

10

Heidegger

Gibt es *die* Zeit?
Gibt es »Abkünftigkeit« aus einem Eigentlichen?

Unterscheidung von Dasein und Existenz,
Dasein und Freiheit
Bewußtsein überhaupt und geschichtlichem Bewußtsein.

Sinn des mitteilenden Sprechens:
Aufweisen von Beständen,
Erwecken, Ansprechen:
Vollzug im Transzendieren.

Unterschiede von Lehre und Vollzug
»Leichnam des Verstandes« und wirkliches Denken.

Fragen für das nächste Mal?
Was heißt Gegenwart? Jetzt? ewige Gegenwart?
Verhältnis von Zeit und Begriff und Selbst?
Dauer und Ewigkeit?
Werden in Natur und in Geschichte?
Sinn des Untergangs? Endlichkeit der Erinnerung?
Sein der Zukunft?[1]

11

Schema Heidegger

Sorge

Sich vorweg sein	Schon in einer Welt sein	Sein bei
Verstehen		
Entwurf	Geworfenheit	
Existenz	Faktizität	
Zukunft	Gewesenheit	Gegenwart
		Situation
Entschlossenheit	Befindlichkeit	Verfallen
	Angst	

12

Heidegger: (Was ist Metaphysik?)[1]

1. Logik als Letztes oder andere Quelle: 12. 26.
Jedoch: was heißt: das Nichts ist ursprünglicher als die Verneinung? (»Erweis der These«: 22)[2] Jedoch: garnicht ist »erwiesen«
Ableitung des Logischen aus existentiellem Verhalten ist sinnlos. Die Vermengung für beide Seiten verwirrend. Die Ableitung wird auch nur behauptet, nicht ausgeführt. Dieser Ableitungsgedanke: reflexive Kategorie, Formalisierung . . .
setzt jedoch das Sein der Form, das Abgeleitete voraus – die Entleerung ist existentiell relevant –, aber Entleerung ist nicht Ableitung.
Rolle der »Logik«. In der Tat nicht das Letzte – aber Frage: was ist logisch, was »ursprüngliches Fragen«? Ableitung des Warum (S. 27): einzige hier versuchte Ableitung[3].

2. Das Nichts als eines. Weisen des Nichtens: 22[2].
Jedoch: was das eine? – Gerade die Möglichkeit der verneinenden Aussage; – nicht ein Existentielles:
in dem das Nichtsein des Selbstseins
des Daseins
heterogen ist.

Die Weisen setzten die Gattung voraus oder das Eine – dieses bei Hegel sinnvoll: die Transzendenz allen Seins in der Offenbarkeit für Logik = Metaphysik.
Bei Heidegger widersinnig: weil Existenz grade zerstörend. (Bei ihm zu befragen: was ist das »Seiende im Ganzen« 14/15). Daher die Grunderfahrung des Nichts bei Heidegger zweideutig und unklar. Andeutung seines Spürens, – dann Durcheinander: Angst: 16ff. 23. 18 (Geschehen des Daseins)

3. Frage: Analyse einer Stimmung. Ist diese Analyse existentiell – darin Appell – oder psychologisch, oder konstruktiv ohne betroffen machende Relevanz?

Döring [?]: Geschehen – nicht Begriff des Verstandes.
Bei H. das Nichts klar, weil Erfahrung von Dasein.
Taut [?][4]: Heideggers Nichts: Hegels schlechte Unendlichkeit
Hegels Unruhe. Heidegg. Beruhigung. Rückfall.

4. »Nichtung« ... S. 19 »Wesen des Nichts« läßt sich nicht in Vernichtung und Verneinung aufrechnen, »bringt das Dasein erst vor das Seiende ...«[5]
Jedoch: Welches Nichts? vor welchem Sein?
Im völlig Unbestimmten ist es:
entweder Musik der Transzendenz. – Hegel.
oder Analyse einer Stimmung ...
oder Appell an Freiheit ...
S. 19 klarer als der formale Gedanke, der ein spezifisches denkendes Tun ist – und nicht ursprünglich Angst:
Ich versuche das Nichts zu denken ... es bleibt etwas ... wie auch immer ich das Nichts denke, ich kehre darin zum Sein zurück ... es kann nicht nichts sein ...
Definitorisch: nichts ist; immer nichts eines Seins, etwas Zweites (Werder [?][4]: mehr), es hat als das andere Mögliche die hervortreibende Macht (Hegels Negativität), durch die das Sein akzentuiert Sein wird – aber mit einem Moment, das das Nichts in es hineinschwingt.

Frage, wie weit in analysierbaren Stimmungen der Gehalt existentieller Relevanz steckt, wie weit nicht. Sie sind noch nicht als solche das Offenbarende, sondern gerade als Erlebnisse das Relativierbare (Erwa-

chen, Erinnerung . . .)
Medium der existentiell relevanten Mitteilung.

Daher: Das Durcheinander von Psychol., Logik, Metaph. an sich kein Einwand: es ist die »Sprache« des Philosophierens. Aber es wird Einwand, wenn das Geringste vor der echten Kritik nicht standhält.

a) wird Musik des Transzendierens rein gehört? (Gedankenvollzüge, die im Tun offenbaren, nicht beweisen, nicht beschreiben)

b) wird reiner Appell an Freiheit erfahren?

c) wird reine Analyse einer Erfahrung gegeben, welche auf einer Ebene bleibt und aussagt, was darin sich zeigt?

Der Mißklang des Heterogenen, die Sprünge zu einem Anderen, als ob es das gleiche wäre: Sprünge im existentiellen Erfahren:
z. B. 1. S. 19/20[6]: Nichten: Ermöglichung der Offenbarkeit des Seienden (theoretisch artikulierend) – Erweiterung:
Da-Sein – Hineingehaltenheit in das Nichts – (dies ist schon etwas anderes: darin klingt Tod an) – wieder ganz neu: Selbstsein und Freiheit. Jedesmal ist das Nichts ein Anderes:
1) Nichtsein 2) Tod 3) Nichtigkeit

2. S. 7 *Wir* fragen, hier und jetzt, für uns – jedoch der ganze Vortrag objektivierend – das Wir verschwindet. Begrenzung auf Universität (»Gemeinschaft«) und dann Dasein als Wissenschaft – dann: technische Organisation

3. S. 16/17 Angst wovor: »eigentlich« nichts[7]. Unklare Stimmung – wenn dies gesagt wird, gerade in ihrer offenbarenden Wahrheit geleugnet. Heideggers Wortspiel irritierend.
Angst zwar gegen Ängstlichkeit – aber bleibt unklar: Stimmung und Freiheit.

Was heißt (S. 20): Das Nichts . . . nicht Gegenbegriff des Seins . . . gehört ursprünglich zum Wesen des Seins selbst[8]? »Die Durchdrungenheit des Daseins vom nichtenden Verhalten . . .« (S. 23)[9] Dazu: S. 18 »in eins mit dem Seienden im Ganzen«[10].

Dies ganz Hegel, aber ohne Hegel. Die Einheit des Sinns des Nichtens durchaus unklar. Eher willkürlich. Bei Hegel im Element des Begriffs:

als Offenbarkeit des absoluten Geistes, geglaubte Chiffre. Erfülltes Seinsbewußtsein. – Bei Heidegger wie zufällig, und im Gegensatz zum Existentiellen. Wechsel objektivierender (Hegelscher) und appellierender (existenzphilosoph.) Denkweise:

z. B. S. 24 »so abgründig gräbt im Dasein die Verendlichung . . .«[11] (objektivierend, falsche Pathetik) – Verwegenheit, Heiterkeit, letzte Größe in (existentiell)

S. 26 Kontrastierung zu Hegel falsch – Hegel wörtlich als Satz genommen, gegen Hegels Sinn[12].

S. 28 wo ist der »Ernst« der Metaphysik?
Verwechslung von Philosophie als Werk und Philosophie als geschichtl. Wirklichkeit des Einzelnen.

S. 28/29 Der »Einsatz« sehr fragwürdig beschrieben.
»Götzen« hier plötzlich, unmotiviert.
Die Grundfrage: Schelling. – Jedoch hier garnicht im Sinn getroffen[13].

Im Ganzen:

Durchgehend ein das Eigentliche suchendes Philosophieren – es klingt an, einen Augenblick, es verschwindet sofort –, Heidegger weiß, worum es sich handelt, – vielleicht der Einzige heute unter den offiziellen Philosophen. Frage, ob er es in der Hand behält.
Nein, er vermengt, nicht so sehr logisch, nicht tumultuarisch, sondern existentiell.
Dies verdeckt durch die Macht der Form.
Eine wahre Filigranarbeit. Die jeweils [?] in jeden Absatz hinein, Verknotung zurück und vorwärts. Sprachlich eigene Sätze – überraschend – herbeizwingend. Diese Form zunächst als Form notwendiges Ziel jedes aussagenden Philosophierens. Aber sie ist nicht letzter Maßstab und kann Täuschung werden.
Die »Strenge«; die Überlieferung als »Wissenschaft«; die Phänomenologie. Das Nichtwagen in die Uferlosigkeit. Die letzte Klammer für das, was als Gehalt durchbrechen möchte.
Dieser Gehalt herauszulösen aus der Spielerei, die stets Dasein und Existenz, Sein und Freiheit durcheinanderbringt, eins im andern aussagen will – und behandelt als Gegenstand des Wissens, als zu analysie-

rende Offenbarkeit in Stimmung, als Vollzug des Daseins, als Geschehnis.
Der schiefe Klang vieler Wendungen ... (z. B. »letzte Größe des Daseins zu bewahren« 23 u. das folgende)[14]
Schiefheit durch den Ort: das plötzlich ganz andere, auf einer Ebene, auf der garnicht die Rede war.
In aller Filigranarbeit und dem kontinuierlichen Aufbau wie Zusammenstellung von disiecta membra[15]. (Schellings Frage am Schluß, Platozitat, etc.)

S. 7 Unbegründete und unrichtige Vorauss.: »umgreift jede metaphysische Frage immer das Ganze der Problematik der Metaphysik«. Weil sie überhaupt kein Ganzes wird.
Dagegen wahr: das Darinstehen des Fragenden, jedoch als: wer fragt?! nicht schon als Dasein[16].

Es hat keinen rechten Sinn, zu fragen, ob es das Nichts gibt, weil es die Verneinung gibt, oder umgekehrt – allgemein, ob Sein ist, weil Denken ist, oder Denken, weil Sein ist.
Denn wir sind hier an der Grenze, wo ein »durch ein anderes« nicht mehr gefragt werden kann, es sei denn daß die Frage und Antwort ein Ausdruck des Transzendierens, nicht ein Erforschen, sondern ein Ergrübeln in vertretender Symbolik bedeutet.
So: Denken und Sein ist dasselbe: (philosophischer Grenzgedanke)
Paläontologie gibt es nur, weil es Fossilien gibt (empirische Feststellung der Wissenschaftsgeschichte).
Für uns ist, was im Denken Gegenständlichkeit gewinnt (Grenzgedanke und psychol. Feststellung zugleich).

13

Rüdiger: Verschiedene Antithesen Sein – Nichts[1].
Psychologie: Sache der Psychopathologie
Hier tritt nur das Unbestimmte auf.

Bestimmen – Unbestimmen [?] vgl. auch
sein – nichts.
Heisenberg Unsicherheitsrelation[2].
Das Nichts ist aufgenommen in die Naturwiss.

Mann: Jacobi-Zitat.

Homann: Stimmung Heidegg. nicht subjektive Situation.
Eigenartiges im Unterschied zur
psychol. Subjekt. Stimmung

v. Borch [?]: Heidegg. schneidet subj. vom Thema ab.
Subjektiv oder allgemeingültig

Gass: »Rückfall« kann man nicht sagen.

14

ca. 1932[1]

Heidegger hat in der Cassirer-Kritik[2] seine philosophischen Begriffe anthropologisch angewandt; er leitet überall ab. Das gibt diesen Begriffen eine Zweideutigkeit: Heidegger berührt mit ihnen philosophisch die Grenzen, vollzieht ein echtes Transzendieren, um im nächsten Augenblick mit den Begriffen wie mit einem ontologischen Wissen zu operieren. Es ist die seiner Philosophie vielfach anhaftende Zweideutigkeit, die nicht die notwendige Zweideutigkeit echter Tiefe ist, sondern die unnotwendige vor der Entschiedenheit. Es ist als ob Heidegger in seinen publizierten Werken philosophisch immer noch vor dem Entschluß stände, welche Unentschiedenheit nur durch gewaltsame Entscheidungen der Formulierung und Haltung verdeckt wird. Sein Denken zeigt sich noch nicht unter der »stillen Weihe des Entschlusses«, sondern in der Gebärde sich zeigender Entschlossenheit.

Zur Kritik Heideggers[1]

Er steht im Inhalt durchaus in der ungewußten Tradition der neueren Philos.

Äußerlich: Die Zitate in Sein und Zeit –
Die Widmungen an Rickert, Husserl, Scheler[2] –

Dann der Typus: Ganz von vorn anfangen, jetzt beginnt erst die wahre Philos.

1. Dieses war enthusiastische Wirklichkeit gesteigerter Persönlichkeit in der Renaissancephilos.
2. Es war Stil und Sinn bei Descartes
3. Es wurde Tragödie bei Kant (der wirklich unerhört Neues, einen Anfang brachte – und diesen Anfang als »Wissenschaft« mißverstehen mußte im Sinn der Tradition der neuen wissenschaftl. Philos.)
4. Es wurde nachfolgendes Satyrspiel bei Husserl
5. Es ist nihilistische Hybris bei Heidegger.

Teil II

1948/50

16

Zu Heidegger[1]

Aber[2]: die moralischen, juristischen Maßstäbe, die Schemata der Wissenschaften verlassen, wenn man sehen will.
Die spezifische Bedeutung mit dem Wesen des philosophierenden Menschen verknüpft. Nicht einfach Schlüsse zu ziehen, aber zusammen und ineins zu erblicken, wenn man wirklich verstehen will: das Wesen des Ganzen, Sinn und Grund, – nicht bloß einen einzelnen Gedankeninhalt.

17

Heidegger

Bewundernswerte Formung – raffiniert – schlagend, wesentlich – überraschend – immer mehr ästhetisch – Gebärde –

Grundhaltung: vor dem Nichts. Hier das Echteste und Wahrste seines Hauptwerkes. Aus einer tiefen Erfahrung der Grenzen. – Das Andere: aus dem Umgreifenden durch die Artikulation der Möglichkeit des Nichts gerade immer wieder das Sein entgegenkommen sehen –

Die alten Texte werden unter seiner Hand sprechend – zwar ist es so, als ob er mit einem falschen Schlüssel aufschließe, aber zufällig öffnet sich auch mit ihm das Schloß – es ist, als ob man durch eine Hintertür in den Tempel geführt werde, man erhält kein wahres Bild des Raums, aber man ist doch darin – er übersetzt willkürlich:

alles Große steht im Sturm[1]:

1. er steht nicht da
2. das Bild ist Gebärde und Pathetik, nicht Wahrheit –
   »das ist Kruppzeug [?], das steht im Sturm« –

Das Erhellen des Daseins, des Alltags, des Nächsten im Äußerlichen – das Spürbarwerden der Grenze, des »Eigentlichen« – aber ein Zueinander und eine unnotwendige Verwechselbarkeit: als ob eine abgründige

Unklugheit in allem scharfsinnigen Unterscheiden die wesentlichen Unterschiede existentiell verfehle.

Man weiß nicht, mit wem man es zu tun hat.
Etwas unerhört Fremdes, zu dem ich Kommunikation gesucht habe und immer suchen werde, wenn es mir ermöglicht wird – Das Selbstverständlichste ist dort wie nicht vorhanden. Das dort Selbstverständliche mir nicht faßlich.

Entscheidend: ich fühle nicht, was und wie er liebt –
seine Leidenschaft überzeugt mich nicht –
dann ist er plötzlich auf die natürlichste Weise mit Klugheit, Aufgeschlossenheit, weitestem Horizont, Gutmütigkeit und bon sens da – ist das derselbe?

Unter den Zeitgenossen der erregendste Denker – durch nichts –

18

Heidegger[1]

Seine Seele zappelt wie ein Fisch in dem Drahtgeflecht seiner Konstruktionen –
Die Kühle dieser Seele hat die Wucht, dies Drahtgeflecht zu schlagen und zu verbiegen – im Denken und in der Gebärde seines Tuns –

19

Heidegger[1]

Vertiefung der phänom. Methode durch die Tat – nicht mehr Gegenstände des Bewußtseins, –

sondern »Dasein« in der Welt, – im Bewußtsein die Richtung auf das nur allein Bewußtsein, des Seins selbst –
Erweis durch Analysen der Grundphänomene wie: Sorge, Sein zum Tode, in der Welt sein, Entwurf, –
Vorhandensein, Zuhandensein – »Man« – Eigentlichkeit
Eine Gegenwärtigkeit im erhellten Unmittelbaren in kraftvoller Sprache, prägnanten Beschreibungen, die wie ein Beschwören des Daseins wirken –
Was in dieser Kunst des entwickelnden Formulierens Grundhaltung – die eigentliche Philosophie – ist, was geglaubt und geliebt wird – bleibt unklar, vieldeutig – eine Haltung der »Wissenschaftlichkeit« der Philosophie von Husserl her, – ein Zusehen, ein sachliches Entwerfen, als ob der Denker selbst neutral sein könnte –
Frage, was für eine Denkungsart –
im Philosophieren: anstatt mit einer Sache –
anstatt mit einem Selbstsein –,
welche Weise der Verläßlichkeit? –
Die Grundoperation selber nicht zu entschiedenem Bewußtsein gebracht –
Es ist als ob man nicht diskutieren, eigentlich diskutieren könnte
schlechte Einsamkeit, äußerl. Kommunikation, –

Heidegger

Was mag seine Grundoperation sein?
Es ist manchmal, als ob er Stahlkonstruktionen baue, in die der Hörer unmenschlich hineingezwungen werde –
es ist etwas Zwingendes, Polemisches, Herrscherliches, Anspruchsvolles in dieser Denkungsart –
dann etwas Geheimnisvolles, als ob er ahnen lasse, gewaltige Umwendungen ankündige, dann aber leer lasse, –
sein philosophischer Umgang mit Dichtungen und Texten – überraschend: wo man selber vorher verstanden hatte, oft handgreiflich falsch verstanden, der Grundsinn verfehlt, aber eine manche bezaubernde Verstehensmöglichkeit vorgebracht, an die niemand gedacht hatte –
eine Berührung mit echten spekulativen Gedanken, – er scheint zu merken, was noch niemand sah, – aber er läßt alsbald im Stich, –
man ist immer im Stolpern ins Absurde –

Ich habe von ihm kaum etwas lernen können, – außer dem, daß das Faktum solchen von mir eigentlich nicht innerlich, mit Herz und Wesen, verstandenen Philosophierens heute da ist.
Gemeinschaft im Überwinden der überkommenen professoralen Lehrphilosophie –
Entfernt zum gesteigert entschiedenen Ergreifen von Vernunft und Liebe und Hören auf die Sprache der Chiffrenwelt –
Was uns Irrtum scheint, beflügelt uns, wenn der Irrtum kraftvoll auftritt:
hier die Vieldeutigkeit im Sinne nicht des Schwebens, sondern der Grundtendenzen –
die Ungewißheit solcher eigengegründeter Philosophie,
man weiß nicht, woran man ist, – Analogie der Philosophie und der Lebenswirklichkeit –

20

Heidegger, Was ist Metaphysik

5. Aufl.[1], verweisen S. 12

»Dann wird das vom Seienden als solchem gestellte und darum vorstellende und dadurch erhellende Denken abgelöst durch ein vom Sein selbst ereignetes und darum dem Sein höriges Denken« –

Sein und Seiendes – Philosophie und Metaphysik –
»Vorstellen« –

Grundgedanke Schellings, bei diesem als Aufgabe anders, wie in der Ausführung –

Bei Heidegger anders als früher (in dieser Einleitung)

1. Behandlung des eigenen Werkes »Sein und Zeit« – früher: nicht lesen, drum herum gehen – jetzt wie ein kanonisches Buch, zur Interpretation, zur Abwehr gegen Mißverstandenes.

2. Darüber reden, statt gerade zu philosophieren.

Heideggers Impetus geht in die rechte Richtung, aber

1. es bleibt bloße Richtung, wird nicht zum Gehalt eines Philosophierens
2. wird nicht logisch seiner selbst klar bewußt – bleibt in Worten wie »Vorstellen« im Unterschied von »Andenken«
3. hat eine hybride Selbstauffassung, verkennt, was gerade auf diesem Wege schon versucht ist, – besonders Schelling.

21

Heidegger 1949[1]

Ein Sprach- und Formgebilde, das anspricht wie ein Kunstwerk, – Vergleich mit Rilke, –
Dies Ansprechen bringt ästhetische Befriedigung, – steht abgesondert vom wirklichen Leben, – besticht in der Schärfe der Formulierung, bei Gehaltlosigkeit und Unverbindlichkeit (die dem Modernen erwünscht zugleich und schwer erträglich ist), durch ein ahnungsvolles Vorwegnehmen, Andeuten, Versprechen.
Es kommt noch, so ist die Stimmung. Es ist schon da, so die Befriedigung.
Die Absonderung vom Leben hat zur Folge den Mangel an existentieller Erfüllung, – das Bewußtsein der Leere kann steigen, –
der Umschlag in das Konkrete, das blinde Zugreifen, – Hat Heideggers leidenschaftliches Bekenntnis zum N. S. eine philosophische Bedeutung oder nicht?
Ist es bloßer Irrtum, eine Schwäche, ein Verführtsein durch Macht- und Wirkungschancen?
oder liegt hier ein tiefzeigendes Symptom, eine sachliche Gehörigkeit für diese Philosophie? Dazu:

1. Die Grundhaltung des Diktatorischen, Verkündenden – ohne Dogma doch Gehorsam fordernd – Intoleranz

2. Die Blindheit im Realen. Das kaum glaubliche Maß von Unwissenheit in Politik, Wirtschaft, Medizin, Wissenschaften, überhaupt in allen Realitäten. Hier der Grund einer Täuschung. H. wußte nicht und sah nicht, was der N. S. war.
(Hitler: diese Hände, – auf Bildung kommt es nicht an, –[2])

3. Geschichtsphilosophische Absolutismen: letzter Versuch, im krachenden Gebälk zu retten. – Seitdem: das Zeitalter verloren, Verwünschung[3] von Jahrhunderten. Immer, wenn auch nicht durchgearbeitet, Totalwissen, als Haltung.

4. Ablehnung des N. S. seit 1934 (wegen eigenem Versagen in den Augen der N. S. und Beiseitegeschobensein) – noch 1937 für Hitlergruß der Studenten – entschieden erst gegen Kriegsende –
Aber Ablehnung, wenn auch unentschieden, wohl bald. Mitmachen von Antisemitismus[4] – bei Zögern und Abwehr, weil gegen seinen Geschmack und die Reste der humanist. Überl.[5] Die durchgehende Zweideutigkeit – die Unoffenheit, die Unaufrichtigkeit – liegt sie in der ganzen Philosophie?

Heidegger

Die Bedeutung der Form, der Sprache, – der Ausarbeitung. Gebärde. Formulierung, – aber dann mehr: die Form eines durchgehenden Entwicklungszusammenhangs der Begriffe in Sein und Zeit. –
Die Einzigkeit seines Entwurfs in unserer Zeit – homo unius libri –
Seitdem Interpretation seiner selbst –
Die neuen Schriften haben bisher nirgends eine entsprechende Ausarbeitung zur Folge.
Geht es sachlich nicht weiter? Liegt es in der Natur dieses kunstvollen Gebildes, nicht fortgesetzt werden zu können? Seitdem nur Aphorismen, Raunen, – Versprechen, –
Ist sein eigener angegebener Grund für die Nichtfortsetzung von Sein und Zeit[6] von totaler Bedeutung für sein Schaffen?

Ihm fehlt die echte Peripetie, Durchdringung und Wiedergeburt:

nach dem einmaligen Akt von 1911[7] nie mehr –
Daher keine wirkliche Aufhellung, – keine Baufestigkeit, – kein sich selbst überwinden als ständiger Prozeß –
Hier das Leben in der verwirrenden Praxis – dort das kunstvolle Gebilde, – beides Nebeneinander –

Keine Wandlung wie bei Hofmannsthal –
Keine radikale Selbstbesinnung, sondern nur Seinsbesinnung – charakteristisch die Abwehr von Existenzphilosophie zugunsten von Ontologie
Das Nebeneinander zweier Sphären, – dadurch bei aller Redlichkeit im Augenblick, im Ergriffensein und Mitgerissenwerden doch im Ganzen eine unaufhebbare Zweideutigkeit – ein Dasein der Verschleierungen; der abgründigen Unwahrhaftigkeit.

Heidegger

Die philosophische Bedeutung:
1. Form und Disziplin in Problemen, die bis dahin nur aphoristisch, dichterisch, behandelt waren.
2. Ein bestimmter Entwurf, goldschmiedhaft ziseliert, und architektonisch konstruiert, – ein Stahlgerüst mit feinstem Schmuck.
3. Ein zeitgemäßes – trotz gegenteiligen Behauptens – menschenzentriertes, nihilistisches, atheistisches Denken – das umschlägt ins Gegenteil: menschenfremdes Seinsdenken.
4. die faktische Wirkung, bei einem Teil der Fachphilosophen, auch bei Literaten, – wo er wirkt, da stets ein eigentümlicher Enthusiasmus.

Heidegger polemisch

gegen Metaphysik und Theologie
gegen Humanismus –
Etwas Verneinendes, Zerstörendes, – das auch dem N. S. verwandt –
gegen Universitäten

Keine Wiedergeburt und keine Wandlung, aber vergessend ganz andere Meinungen, z. B. in der Judenfrage (in Marburg: nach Judesein garnicht zu fragen, – dann Anpassung und im Einzelfall Mitmachen des N. S., – in anderen Fällen auch wieder nicht).

Heidegger

»Geschichte des Seins« – »Geschick« des Seins –
was ist das?
Warum: Sagen?
Warum Sein und Gottheit nicht identisch?
Der hohe Anspruch: in den Totalurteilen über die abendländische Geschichte der Philosophie –
der Beurteilung der Herrschaft von essentia = existentia, – platonischer Begriff und dgl.
Das Versprechen des Neuen, – aber zugleich in der Form bescheiden: nur vorbereiten –
Steht dahinter eine gnostische Geschichte: der Mensch vom Sein geworfen, um Wächter des Seins, Hirte des Seins zu sein?

Verspricht eine »Lichtung des Seins«, ein künftiges Denken des Seins, – z. B. Humanism. S. 26[1].
Absonderlich über Technik: Humanism. S. 27ff.[2]

Ob die »Wahrheit des Seins«, von der alles Heil kommen soll, nicht am Ende, da sie in dieser Philosophie leer bleibt, erfüllt wird durch eine handgreifliche Autorität des »Objektiven« –?
»Was ist Metaphysik« – das ist in der Rede nicht beantwortet, – ich meine das, was überwunden werden soll.

Vom »Sein« sagt H. doch nur, daß es in der Sprache wohnt, – und dann all die Gleichnisse:
»Lichtung« – »Wächter«, – »Hirte« des Seins etc.

Was ist ursprüngliches Seinsbewußtsein, was Hinaufsteigung von psychologischen und ethischen und ästh.[3] Phänomenen? z. B. Verfallenheit, »Man«, etc.

Heidegger

Eine Bezogenheit vor allem auf das Sein, dadurch gewichtig, bedeutend, im größten Horizont, gesteigert, – aber ahnungsvoll, oder in begrifflicher Spekulation, oder in Sprachlichkeit und dichterisch-analoger Bildhaftigkeit –

Die Bewährung des Denkens nicht in mystischer Kontemplation, sondern wie aus dieser heraus in konkreter Geschichtlichkeit gelebt, gehandelt, gemeistert, – erkannt und gesehen wird.

Die ständige Übersetzung in das Geheimnisvolle – zu analysieren: was ist der anschauliche Ausgangspunkt? wo ist rein gesehen? wo wird durch »in Geheimniszustand versetzen« (Novalis) gemogelt?

Frage: welche methodische Kontrolle?
»sparsames Reden«, – strenge Besinnlichkeit u. a. genügt nicht, – das sind ästhetische Maßstäbe.

Die Neigung, die überlieferten Kategorien abzuschaffen, wie z. B. »Metaphysik« –
ihnen geschichtliche Wahrheit und Notwendigkeit lassend, aber zu wessen Gunsten?: neu sind keine Denk-Kategorien, sondern Bilder, Gleichnisse, Aufnahme dichterischer Wendungen, Spiele der Sprache –

Die merkwürdigen Umdrehungen:
Human. S. 43: »Haus des Seins«[1] nicht Bild, sondern daraus wird eines Tages gedacht, was Haus und Wohnen sind.
Das »Nicht« der Negation im Satz entspringt dem Nichten des Seins (so schon in »Was ist Metaphysik«[2])
νόμος – νέμειν (Human. S. 44)[3]

Bei Schelling in großem Stil zu studieren, was an Verkehrungen bei Heidegger wiederkehrt (Human. S. 32!)[4] es hilft kaum, daß Heidegger abweist: das »Gerede über die Wahrheit des Seins und über die Seinsgeschichte«[5] –
(Wenn er die Durchführung wagt, muß es doch Gnosis werden wie bei Schelling).

24

Die merkwürdigen Koinzidenzen zwischen H. [und] mir im einzelnen – wenn sie nicht aus Gesprächen zwischen uns und aus gemeinsamen Quellen stammen: bis zu Formulierungen, in dem konkreten Interesse für gewisse Züge des Zeitalters –

Zeichen einer gemeinsamen »Sache«?
Und dann die so ferne und fremde Grundhaltung – schwer ohne Schematik zu formulieren:

Heidegger: Totalisierend, – gnostisch, – so weit gespannte Horizonte, daß sie zerfallen, – Verlust des Bezugs zur konkreten Gegenwärtigkeit, zur Existenz, zum Ethos, – freischweben in einem existentiell gespannten ästhetischen Raum –

bei mir etwa das Gegenteil von allem –

25

Heidegger

Keine Unterscheidungen! – Das ist das Trübende der Gedanken bei ihm, – man ist immer im Absoluten, aber so daß eines fürs andere steht –
vergleichbar dem sive bei Spinoza. – Aber zu fragen, wie weit Wahrheit in den Koinzidenzen steckt – durch das »vorher« – nach dem erst die Unterschiede entspringen –
und was dieses vorher heißt.

Praxis des Denkens: vgl. Human. 45[1].

Die absolute Hochschätzung der Sprache (vgl. Human. Stelle vorher[2]), eine Metaphysik der Sprache, –
dagegen gerade umgekehrt: die Sprache dem Absoluten stets noch unangemessen, – angemessen unserer Gegenwärtigkeit.

Folge solcher Auffassung: Sprachbildung statt Sacheinsicht.
Verwechslung von Folge der Einsicht und der Bewegung in der Sprache, – und Artistik der Sprache.
Sachkundiger und Sprachkünstler –
und wie beides zusammen kommt, –
und sich trennt[3].

26

Heidegger

Kierkegaard und Nietzsche: Redlichkeit
Heute von gleicher Bedeutung –
aber diese mit

Aufrichtigkeit und
Verläßlichkeit.

Aber[1] Seinswissen, das Offenbarwerden des Seins *zeigt sich im Menschen* durch das, was er nun tut, wie er sich verhält, – wohl ist das vor allen Gegensätzen, Spaltungen des Seins selbst alles, – aber für uns spricht es weniger durch das Gedachte als solches, als Inhalt, – sondern durch unsere Freiheit selber, durch unser denkendes Tun –

Die Zweideutigkeit des Davonlaufens: »Einsamkeit« –
Radikale Negierung des Zeitalters –
Umschlag in extreme Gegenteile[2].

27

Heidegger[1]

Der negative Entschluß – der Ernst des Nichts – der Appell an das Eigentliche, aber punktuell, die große Wahrheit der Leere, des Zusam-

menbruchs – und die Gestalt der Professorenphilosophie: Wissenschaft, nicht W. A.[2], das allgemeine, das vorbereitende – die Begrifflichkeit als solche, auch wo sie nicht mehr sprechend ist. Die heimliche Ratlosigkeit in der Zucht sprachlich sichtbarer Form; Methode nachahmbar, weil äußerlich. Zweideutig – immer auch noch anders zu verstehen.
Wenn keine Größe, so doch Ursprünglichkeit in der Erziehung durch Aristoteles und die Scholastik und unter dem Antriebe von Kierkegaard und Nietzsche, und in der professoralen Tradition von Natorp, Dilthey, Husserl.
Seine Bücher nacheinander gewidmet: Rickert, Husserl, Scheler[3]:

Stärke seiner historischen Interpretation. Der produktive Kommentator. Nicht historische Erkenntnis, sondern fähig, die Ursprünge fühlbar zu machen.
Es fehlt: Gehalt und aus der stillen Verborgenheit kommende Haltung.
Wahre Ratlosigkeit.

Heidegger Forts.

Der starke Sinn für Form.
Die Wahrheit des Rhetorischen – und die Abgleitung in leere Gebärde.
Die magische Anziehungskraft – und die ratlose Enttäuschung.
Noch unentschieden, was das eigentlich ist.
Wahrheit der Anknüpfung bei den Vorsokratikern, bei Anfang und bei Ursprung der Philosophie.
Ein Zug der Kulturverneinung, des Ressentiments gegen Humanismus jeder Gestalt. Ohne Bezug zur Bildungstradition. Ohne Scheu und Pietät vor lebendigem menschl. Bezug – bei großer Neigung, das Verehrungswürdige zu finden: Burckhardt[4], Dilthey – Sein Irren: bzgl. Kierkegaards
sein Zitieren Sprangers[5] etc.

Das Werk (nicht der Mensch): kommunikationslos, weltlos, gottlos.

Wählt[1] Heidegger eine Ausdrucksform, die an die bereitwillige Suggerierbarkeit von Literaten sich wendet, etwas Außerordentliches, Weltgeschichtliches, ein Ereignis wahrzunehmen?
Bloch 1914 in einer Abendsitzung: Eben hat der Weltgeist einen Schritt getan[2].
Die Weise, wie man von sich selbst, seiner Absicht, seinem geistigem Tun spricht:
Die Besprechung des Bremer Vortrags 1949[3]:

> er habe vor 19 Jahren im gleichen Raum zum ersten Mal Gedanken ausgesprochen, welchen erst jetzt das Verstehen langsam zuwachse –
> er habe damit etwas gewagt (damals fragte er nach dem Wesen der Wahrheit) – heute wolle er wieder etwas wagen: er gebe einen »Einblick in das, was ist«.

Der Inhalt: eine »Verkündigung« – ahnungsvolle Totalurteile:
»Der Mensch und die Technik gehören zur Konstellation des Seins« – »Technik und Mensch stehen in geschichtlicher Entwicklung, beide – auch wenn die Technik zum Untergang führt – stehen in der Wahrheit«[4]
das ist, wie mir scheint, nichtssagende – weil allzu allgemeine – Mythik in Begriffen –
näher bedacht wird es zu Unsinn –

Die große Bedeutung der Mitteilungsform – von Kierkegaard zum ersten Mal in der Tiefe begriffen –
welchen Stil ich mir gebe –
mit welcher Gebärde ich auftrete –
welches Bild von mir und meinem Tun ich suggeriere durch Übersetzung in Reflexion –

an welche Triebe, Begehrungen, Erwartungen ich mich wende –
welche Inszenierungen ich provoziere – welche ich dulde, – gegen welche ich wirke –
(»ich bin kein Held und möchte nicht als solcher gelten«[5])

Die Technik, durch Verborgenheit, Intensität im nächsten Kreis, spärliche Mitteilung, – Betonen des Einzigartigen
Sensation zu bewirken, – durch scheinbar absichtliches nicht in Erscheinung treten gerade allgemeine Aufmerksamkeit zu erregen –
Peitsche und Zuckerbrot als Mittel, an sich zu fesseln. –

Verachtung, Einsamkeit, Verborgenheit als Mittel der Wirkung, indem man die Aufmerksamkeit darauf lenkt.
Georgekreis als Typus.

Die Korrelation einer geistigen Bereitschaft der Verlorenheit zu dem Anspruch des Neuen, des Heils, der Wahrheit –
Der geistige Rang solcher Erscheinung vom Höchsten – bei George – bis zum Niedersten – bei weltanschaulichen Vegetarianern, Mazdaznanbewegung[6] etc. – und zu den Wunderärzten –
aber eine Analogie in der Wirkungsform – und in dem Weg zur Selbstvergessenheit, – zum Schein der Wahrheit ohne Selbstsein – zur Verwechslung von Wahrheit der Existenz und Bezauberung durch eine Verkündigung –
Analogie zum weltanschaulichen Wirken des Totalitären, des Nationalsozialismus – Kommunismus –

Wie Heidegger Abstand nimmt zu den verachteten Nachredenden, zur Öffentlichkeit, zur Presse – jede Berührung verwirft, – und sie doch gerade provoziert, sich in einer offenbaren Wahl in ihm geeignet scheinendem Moment – sich an sie wendet:
öffentliche Vorträge – Diskussionen (Davos[7]), im größten Ausmaß 1933[8] –
Er geht nicht wirklich in die Verborgenheit.

An wen wendet sich ein Philosoph?
an die Vernünftigkeit – Augenmaß, –
an das ursprüngliche Selbstsein des Einzelnen –
an die Unabhängigkeit
den freien Sinn für Gehalte, Rangordnung, Weite des Horizonts,
gegen Täuschung, Dogmatik, prophetischen Zauber, Verkündigung, Führertum, – Sekten – und Schulbildung –
Mache und Inszenierung –

29

Heidegger

Was ist bei ihm »Denken«? S. 247. 243[1].
was »Sichbesinnen«? S. 205[2]

Der Trick: Versprechen und Nichthalten.
Das »Schreien« de profundis S. 246[3]

Die spezifischen Umkehrungen bei H.:
er will undogmatisch sein in Gestalt eines potentiellen Dogmatismus –
er will sich besinnen und statuiert ein Nichtbesinnen im Behaupten, in Machtsprüchen, in dauernden Visionen –

Der Machtspruch gegen das Zusammen von Nietzsche und Kierkegaard –
K. »religiöser Schriftsteller« S. 230[4].

30

Das dunkle Raunen – »noch nicht« –

S. 229 »Wie überhaupt die Wesensbeziehung der Wahrheit des Seienden als solchen zum Wesen des Menschen innerhalb der Metaphysik gemäß ihrem Wesen zu denken ist, bleibt unserem Denken noch verhüllt. Die Frage ist kaum gefragt und durch das Vorherrschen der philosophischen Anthropologie ins Heillose verwirrt . . .«
Was ist »Metaphysik« – Frage, nicht Antwort, –
aber Umgang mit ihr als einem Ganzen, das das Abendland konstituiert.
Antwort: Vorstellen, Vergegenständlichung –
Von vornherein Verborgenheit –

Heidegger

Interpretation der »Neuzeit«, – dann des Abendlandes – aus der Wurzel der Metaphysik – und diese aus der Seinsgeschichte – führt konsequent zu einer Gnosis.
Sein Fragen und Infragestellen relativiert, negiert faktisch, von einem Bezugspunkt her, der Sein heißt.
Dieser Bezugspunkt aber bleibt dunkel. Er ist »nichts« – Er ist geeignet zum Negieren, –
er hat keinen Bezug zur Gegenwärtigkeit meines Lebens, zum Impuls meines Tuns und wie ich mich verhalte, keinen Bezug zum Ethos –

Holzwege S. 89:

»Die Neuzeit aber verlangt ... eine Ursprünglichkeit und Tragweite der Besinnung, zu der wir Heutigen vielleicht einiges vorbereiten, die wir aber nie schon bewältigen können«[1]
»Vorbereiten«: S. 194[2]
entsprechend unklar und unbestimmt: S. 92. 88. 104[3].
Es ist wie ein Trick: ein Versprechen, – aber jener Bezugspunkt ist: nichts.
Erwartung und Enttäuschung, – oder: Ausdruck eines Typus von Nihilismus.
Was nach H. Nihilismus sei: S. 201 ff.[4]

Gnosis: S. 89: »Es gilt zuvor und stets, das Wesen des Zeitalters aus der in ihm waltenden Wahrheit des Seins zu begreifen ...« vgl. dort weiter –[5]
vgl. S. 103. 245. 244.[6]
»Geschichte des Seins beginnt mit der Vergessenheit des Seins«[7] 243.
Vgl. 104. 239. 200. – 229 –[8]

32

Was kann man zu Heideggers Gnosis sagen?

1. Sie aufzeigen –, zur Klarheit bringen –

2. Ihre Konsequenzen zeigen – Gott oder Dämon und ebenso Gott oder Gnosis –

3. Eigene Stellung – was als Entschluß der Existenz sich zeigt und vielleicht unangemessen zeigt im Gedanken und Gedachten.

33

Heidegger

Ausweichen ins Vorher und Nachher, in Ursprung und Sein – appellieren an das Äußerste, das keinen Bezug zum gegenwärtigen Tun und Leben, zum Ethos, zum Menschlichen hat –
(das Falsche der Ausnahme: Rilke, – Unterschied zur wahren Ausnahme) –
die bereite Empfänglichkeit – heute für Gefühle, die konkret zu nichts verpflichten, – für »Aussagen«, die betroffen machen und fähig zum richtigen Leben, da ja das Zeitalter, die Seinskonstellation so ist –
eine neue Form (nach den Hegelianern) des Ausweichens vor der stets gegenwärtigen Möglichkeit des Menschseins inbezug auf Gott –
das schnellbereite Verwerfen eigentlich aller wirklichen Gegenwärtigkeit, das Verdächtigmachen, um dann frei zu werden:
S. 272 »Glaube« in einen »Nebenbau«
»Selbsttäuschungen«: Flucht zu den griechischen Göttern –[1]

34

Heidegger

Die Tendenz zu Totalurteilen, zum Absoluten überall, und darum Herumkommen um das Konkrete, das Hier und Jetzt, das Ethos von privatem Dasein, Gemeinde, Staat.

Atombombe S. 271

»Nicht die Atombombe ist ... das Tödlichste. Was den Menschen längst schon mit dem Tod seines Wesens bedroht, ist das Unbedingte des reinen Wollens im Sinne des vorsätzlichen Sichdurchsetzens in allem, ... ist die Willensmeinung, durch eine friedliche Entbindung ... und Lenkung der Naturenergien könne der Mensch das Menschsein für alle erträglich und im ganzen glücklich machen. Aber der Friede dieses Friedlichen ist ... die Unrast der Raserei des vorsätzlich nur auf sich gestellten Sichdurchsetzens ...«[1]

35

Starke Bestimmung durch Stefan George:
Betonen dessen, wovon man das Gegenteil erwirkt: Einsamkeit, Abseitigkeit, sich selten machen, Geheimnis, – als Mittel zu wirken und zur Geltung zu kommen –
dieses wiederum gemeint als Faktum des Seins selbst, der Seinsgeschichte, der überhistorischen, übermetaphysischen Bedeutung, – der einzigartigen Bedeutung am Ursprung der Ursprünge, – und hier dann nach solch rasender Übersteigerung bescheiden – Spur, Vorbereiten der Vorbereitungen etc. –

Heidegger zitiert meist, was auf ihn garnicht gerichtet wird, faktisch Beiläufiges, in Sein und Zeit Professoren – als ob sein Instinkt ablenken wollte von den wirklich ihn Bestimmenden, z. B. Kierkegaard, Schelling –
Nur Yorck[1] stimmt.

Gegenüber der Dichtung – Hölderlin, Rilke – macht er sich zum Herrn, indem er sich ihr unterwirft. Denn er »denkt«, d. h. er weiß, er hat Einsicht, – zwar sagt er: die Dichter denken – es ist eins – aber es zeigt sich durch H.'s Interpretation

1. was sie eigentlich gedacht haben – ohne es zu wissen –
2. wo sie gebunden bleiben durch Mangel an Denken –
3. wo H. im Wissen von der Geschichte des Seins einen höheren Standpunkt, eine weitere Aussicht gewonnen hat –

36

Welcher »Sachgehalt«, – wenn alles Gegenständliche unwahr ist? Was ist bei diesem ständigen von anderswoher verneinen und überwinden – dieses Anderswo, diese »Ortschaft«? –

Man darf so nicht fragen, denn dann macht man zum Gegenstand des Errechnenwollens, was vor und jenseits dieser Sphäre liegt –
Aber dann darf man überhaupt nicht mehr reden –, denn man tut dann stets, was man verwirft –
oder: andere Theorien von Reden – Sagen – und Denken: Denken ist Dichten, d. h. doch jedenfalls: daß die Diskussion aufhört –

37

Wenn alles gegenständliche Denken in die Sphäre des Herstellens, des Verbergens, des Willens rückt, wie kann man dann noch miteinander reden?

S. 287 »Die Logik der Vernunft ist selbst die Organisation der Herrschaft des vorsätzlichen Sichdurchsetzens im Gegenständigen. In der Umkehrung des gegenständlichen Vorstellens entspricht dem Sagen der Er-innerung die Logik des Herzens. In beiden Bereichen, die metaphysisch bestimmt sind, waltet die Logik . . .«[1]

Man sieht keine scharfe Grenze zwischen Rilke und Heidegger in der Darstellung, – zuweilen entschieden betont, – dann: Rilke und Nietzsche gebunden an Metaphysik, die als solche überwunden werden muß, – und dann wieder neue Denker-Dichter, die gesagt haben, wozu wir erst reif werden müssen.

S. 291 »Weil diese Wagenderen es mit dem Sein selbst wagen und deshalb sich in den Bezirk des Seins, die Sprache, wagen, sind sie die Sagenden.«

S. 291 »Wenn wir im vorstellenden und herstellenden Verhältnis zum Seienden uns zugleich aussagend verhalten, dann ist solches Sagen nicht das Gewollte. Das Aussagen bleibt Weg und Mittel. Im Unterschied dazu gibt es ein Sagen, das sich eigens in die Sage einläßt, ohne doch über die Sprache zu reflektieren, wodurch auch diese noch zu einem Gegenstand würde . . .
. . . einzig um zu sagen.«[2]

38

S. 294:
»Unheil als Unheil spurt uns das Heile. Heiles erwinkt rufend das Heilige. Heiliges bindet das Göttliche. Göttliches nähert dem Gott.«[1]

Die Weltalter: S. 295. S. 300ff. (Wesen des Abendlandes)[2]

Gnosis: S. 300: Erklärungsgründe aus dem Wesen der Geschichte, und dieses aus dem Sein selbst zu denken[3].

Hölderlin und Rilke: S. 295.

39

Die Wortspiele: »Wagen«, – »Wage« S. 288ff.[1]

Über Sprache: Herder: S. 292ff.[2]

Was ist bei H. »Sache«? vgl. 297[3]

Was ist »Denken«? S. 302/303. 247. 66[4].

40

Heidegger

Wohin der Weg des Philosophierens – und, was dasselbe ist, des *Menschen*?
Nicht Prognosen, aber Tendenzen.
Das Bewußtsein der Epoche, –
Der Wille, einen neuen Menschen hervorzubringen (die Totalitären: Nazis und Bolschewisten) statt, wie die Revolutionäre bei Lenin: den Menschen zu befreien, daß er wird, was er schon ist, –
Die allgemeine Frage, – für die Völker, für Europa, für die Menschheit –

Der Typus des epochalen Philosophierens, – ein Zug bei Nietzsche, dann bei Klages – begonnen bei den Hegelianern, –
die Zukunftsromane und Utopien seit dem 19. Jahrh. sind nicht auf das Wesen gerichtet, sondern auf die Beschreibung einer technischen, soziologischen, politischen Gestaltung – heute: Orwell[1]

Heute »prophetische«, zukunftsdenkende, das Epochale vertiefende Philosophen: Jünger, – vor allem Heidegger –

Heideggers neue Schriften wesentlich das Vorbereiten des Vorbereitens, gerichtet auf das gesamte Abendland, und auf etwas absolut Neues, das er »spürt«, –
daher: Ahnen und Raunen, wo es gesehen wird, – unbeschränkt im Zersetzen der »Enderscheinungen« der Metaphysik unter Bewunderung des zu Überwindenden:
Descartes, Hegel, Nietzsche, Rilke –
und darin – bei Hölderlin, aber, wie es scheint, auch bei andern (z. B. Nietzsche) findet er Sätze, für die »wir noch nicht reif« sind –

41

Heidegger

»Stil« –
der Reiz, der darin liegt, ein Rätsel aufzugeben – zu spannen, erwarten zu lassen, – etwas Außerordentliches bevorstehen zu lassen, –
der Reiz im Verneinen, wenn es nicht schilt, – aber sozusagen alles in heutiger Welt nicht nur in Frage stellt, sondern nichtig macht, – als befreit, aber wozu? – in ein praktisch ästhetisches Verhalten zu einem ganz Unbestimmten –

Auf wen wirkt das:
  auf Literaten und Sophisten –
  auf Philosophierende, die selbst nicht vorankommen, und nichts Fertiges vorgesetzt erhalten –

42

Wissenschaft der Neuzeit
Heidegger. Holzwege 70ff.[1]

1. Ausdrückliche Verwerfung des »richtiger«, des »Fortschritts«: 71[2]. Auffassung der neuen Wissenschaft als gebunden an eine spezifische Metaphysik – »eine Art des Besehens und Fragens«[3] – »eine andere Auslegung des Seienden« – Vergleich von Shakespeare – Aeschylos –

2. Spezifisch: Wissenschaft ist heute Forschung (im Unterschied zum Gelehrten)
Das »Wesen der Forschung«:

   a) Entwurf eines Grundsinns der Naturvorgänge, – Öffnen eines Bezirkes – Bindung an den Entwurf ist die Strenge der Forschung –
   Prototyp: mathematische Naturwissenschaft –
   matheme = im voraus kennen 71 ff.[4]
   die Zahlen bevorzugt: weil sie das Aufdringlichste im-

mer schon Bekannte darstellen –
ihre »Strenge« ist die »Exaktheit« –
alle andere »Strenge« (Geisteswissenschaften) ist nicht exakt –

b) Verfahren, Methode.
Unterschied des Experiments von Roger Bacon 75 entspricht »Quellenkritik« – »das Beständige«
Spezialistik nicht als Folge, sondern als Grund des Fortschritts der Forschung –

c) »institutsfähig« »Betrieb« 77
der Gelehrte durch den Forscher abgelöst – Planungen – »gemeiner Nutzen«, »öffentliche Unauffälligkeit« –

43

Heideggers Polemik gegen mich[1]

»aufgestockt« / ich gehe nicht von Philosophie aus, das unzureichend wäre, sondern eher von Heideggers »Dasein«
Hier die Frage, wie man versteht, als Lehre, gar als Schichtenlehre –, die den Werkzeugcharakter von Begriffen verkennt –, die Operationen im Dienste der Wahrheit nicht als solche nimmt, sondern vereinzelte Aussagen als Bestand –
Die Arbeit am Denkenkönnen, – an der Öffnung des Raumes erhellten Mitteilens –
nicht die Arbeit am Raunen, am unwirklich, weil unkonkret werdenden Dichten als Denken – diese andere Arbeit als solche begreifen, anerkennen und in ihrem Bereich halten!
Goldschmiedehalme oder Stahlgerüste –
ein Bezwingen wie durch eine Dichtung: und wie bei dieser durch die Bereitschaft [?] eines Bewußtseins, – die ungeheure Verschiedenheit der Dichtungen:
wahre Weltdichtungen, in Freiheit als möglicher, in Vollendung als gegenwärtiger – befreiend, klar, unendlich deutbar in wachsender Klarheit –

oder Dichtungen als Fessel und Befriedigung einer Grundmißstimmung, – einer Leere, – einer Unaufrichtigkeit – eines von dem Ernst der Übersetzung in das gegenwärtige Leben und Entscheiden Entfernenden –

Es ist Wahrheit oder Unwahrheit in Dichtungen – es gibt keine »schönen Verse« ohne Wahrheit, – jenes »Schöne« ist in seiner Wahrheit zu fassen, –

auch als »das andere Wahre«, wenn ich nicht an ihm teilhabe – aber es ist aufrichtig, offen, sprechend –

Was »Interesse« erweckt – und wer dieses Interesse hat.

Die Korrelation von »Mensch« und »Sache« –

wer er ist, der zuhört,

wie er antwortet, was er darin will, –

Der Symbolcharakter auch der Denkgebilde.

Die Entscheidung, die darin liegt, in welche Gedanken ich mich einlasse.

Die Frage, was diskutierbar ist –

in welchem Sinne man miteinander spricht –

1. die klare, zwingende logische Argumentation – Entdeckung in der griechischen Philosophie: Bedeutung bei Plato –
   hier: richtig und falsch –
   die »Zwickmühle« – vgl. Reidemeister[2]

2. wo dies nicht mehr das Entscheidende ist, braucht keineswegs Willkür und Zufall des Hin- und Herredens zu entstehen – wie kann man dann sprechen?

   a) Voraussetzung eines stets wieder ungesagt bleibenden Gemeinsamen –
      und dieses nur wirksam, erweckbar, Führung bei Aufrichtigkeit, –
      bei deren Gesinnung: dem anderen nichts unterzuschieben, ein verzerrtes, erwünschtes Bild an seine Stelle zu setzen – bei Ausschaltung des Machtwillens, Geltungswillens – bei wirklichem Hören auf den Anderen, bei Erlöschen der Zentriertheit auf das eine Geschriebene, das man nur meint, für das man wirbt, das selber vermehrt werden soll, – unter dem Unwahren der »Sache«, die man selbst hat, und heimlich allem abspricht, was nicht hier dabei ist, folgt –

Die Situation: »Anhänger« begehren und jeden Anhänger verachten – die würdelosen Gehorsamen, die sich peitschen lassen und Zuckerbrot erhalten –

b) Zwar »argumentieren« immer noch als eine Form, die Sätze und Satzzusammenhänge betrifft – aber selber fast immer in die Irre geht, weil sie polemisch falsche Fixierungen vollzieht, – und nicht den Zusammenhang der Sinnmodifikation in den Worten beachtet und verwirklicht –
damit aber tiefer: Hinweisen auf Konkretheiten – auf Folgen (nicht bloß Folgerungen) – Umkreisen von Anschauungen, Impulsen, Bildern, sprechenden Symbolen –
Klarheit darüber, daß es nicht um logische Entscheidung geht, wie in Mathematik, – und nicht um empirische, wie in Erfahrungswissenschaften.

c) Bewußtmachen der Technik philosophischer Methoden – Interpretation der Form durch dieses Wissen – sehen, was nicht entspricht und dieses dann wieder auf seinen Sinn befragen –

d) Beurteilungen als die Vision des Ganzen, – dies als Frage, – nicht als Richtertum – als Spiegel – mit dem Anspruch und der Bereitschaft, auf gleiche Weise Spiegel vorgehalten zu bekommen –
und dabei nicht ein Spiegelbild, sondern viele Aspekte –
Sinn: Prüfung durch Selbstprüfung –
wo diese gelingt, auch in schlimmen Spiegelbildern – da ist Freundschaft. –

e) Ziel: Erwecken – und Wirken für eine Weise des Menschseins –
daher die Kreise möglicher Wirkung –
die Idee des universalen Menschseins –[3].

44

Heidegger antizipiert die Einheit des Seins als Dasein in seiner geschlossenen Struktur.

Der Wille, zu übernehmen, was ich geschichtlich bin, und worin ich bin – das übernehmen in Opposition, Leiden als mein Leiden –

dies ist nicht die tiefste Schicht, – er erwächst aus der Vielfachheit des Umgreifenden und der Vielfachheit des Daseins –
Frage, wie weit der Wille selbst aus der Tiefe des Umgreifenden, und dem »Einen«, wurzelt –

Die Frage, was Sein ist?
was das Sein ist?

Geistige Schöpfung ist immer in »Opposition«? –
selbst Thomas von Aquino –
»Ausnahme« als Quelle von Dichtung, Kunst, Philosophie.
Das Unberechenbare, nicht zu Wollende, nicht zu Dirigierende –
Das seltene Zusammentreffen von Staatsmacht und Künstler: Athen.
Päpste: Julius II., stets noch dann zugleich Reibung und Verhinderung –

Warum Ausnahme die Quelle? – wegen der Herkunft aus der transzendenten Einheit des Umgreifenden – daher gegen das Allgemeine irgendeines Umgreifenden –

45

Heidegger

Alles Entscheidende bleibt unklar, grade durch die verschleiernde Klarheit des Vordergrundes –
das Nichtsagen als Verbergen –
das existentiell Zweideutige –
der Nihilismus – und der Machtwille –
die existentielle Unsauberkeit: Feststellen, Analysieren vor aller »Weltanschauung«, und faktisch auf der Linie einer W. A. –
die Trivialität der Gehalte –
die Kraft der Konstruktion, die Suggestion dieses Daseinsbewußtseins –
polemisch, ständig in Wut, im Kampf.

46

Die Geschichte als Gottheit

Endgültig bei Marx – seit Hegel (Fichte)
Krüger S. 122 über Heidegger:

»Heideggers ... unmetaphysischer Humanismus – weit entfernt, dem Unheil des Kreisens um den Menschen zu entgehen – bleibt selbst dem modernen Subjektivismus verhaftet. Gerade indem er die Metaphysik des Seienden überwinden und eine sich anbahnende Wende der Weltgeschichte denken will, humanisiert er, ... das übermenschlich und übergöttlich gemeinte Sein und trägt die unüberwundene moderne Not der Geschichtlichkeit des Menschen mit aller daran haftenden Relativierung der wandelbar gewordenen Wahrheit in jenes Sein selbst hinein.«[1]

Krüger jedoch: auch er macht die geschichtsphilosophischen Totalurteile antiker und moderner Denker, – subsumiert die Denker (wie Descartes) unter solche Aspekte – (z. B. S. 121) er übt Kritik innerhalb der gleichen Denkungsart, befangen in der Geschichtstotalität als selbstverständlichem Gegenstand – nicht Kritik an der Denkungsart selbst –

47

ca. 1951[1]
Kantseminar

Scheumer, Gottesbeweise. Referent: Heidegger (S. 22, 52):

die »Dienst«-stellung des Denkens, es wird »als Knecht der reinen Anschauung« aufgezeigt. Dagegen: davon ist bei Kant keine Rede, widerstrebt seinem Sinn.

1. Die »Vernunft« Kants ist tiefer zu fassen: Kr. d. U.[2]
2. Die Beziehung auf das andere – Alternative von Scheumer:
   Abgrund, Angst (Heidegger)
   christl. Gottesvorstellung (Kant)

Die Frage, ob hier bei Heidegger etwas Neues da ist – ob da überhaupt Alternative ist (Heidegger selbst hat sie ausgedehnt auf die gesamte abendländisch-griechisch-christl. Überlieferung)
Jene »Angst« – inquietum cor nostrum[3] – Pascal – Kierkegaard – dann Nietzsche –
es handelt sich nicht um einen Gedanken, eine Methode, einen Gedankenvollzug – sondern um eine menschliche Grundhaltung, eine menschliche Seinsweise, einen Gehalt, – der dann wiedererkannt wird im Spiegel der Gedanken –

Mein Unterschied zu Heidegger:

1. er beansprucht etwas völlig Neues, – sieht gnostisch einen Geschichtsprozeß des Seins –
ich lebe in der Aneignung einer philosophia perennis, lege keinen Wert auf Neuerung, auf einen Schritt und Schnitt –

2. Heid. läßt fallen –
ich möchte mit deren Sinn jeweils Wesentliches, – die Grundhaltung und Grundeinsichten, das Grundwissen bewahren und erneuern, wobei es ungewollt eine geschichtliche Wandlung des Kleides vollzieht.

3. Heid. verkennt die Wissenschaften – spricht genötigt dämonisch von der Technik (wie Jünger) –
ich möchte Wissenschaften zur Bedingung der Menschenwürde aneignen, – und in Beidem erkennen –

4. Heid. ist hingerissen von einem mehr Geahnten –
ich lebe in überlieferten Gehalten.

Scheumer: »Das absolut Andere wird nun bei Kant offenbar noch nicht im Sinne Heideggers als ein Abgrund und mit dem Grundgefühl der Angst erfahren, sondern die Hinwendung zu ihm ist für Kant noch ein Ausgerichtetsein auf seinen im christlichen Sinn vorgestellten Gott, was Kant im einzelnen in der Kritik der praktischen Vernunft ausführen wird.«[4]

Teil III

1953/54

48

Unter[1] den deutschen Philosophieprofessoren unserer Zeit hat mich nur einer interessiert: *Heidegger.*
Alles andere schien mir intellektueller Betrieb. Nur hier war ein anderer Ernst. In den Jahren von 1920 bis 1930 hat er uns verbunden.
Unter den deutschen Schriftstellern sind zwei andere, die man Philosophen nennen kann; sie haben mir anderen, großen Eindruck gemacht, Ludwig Klages und Ernst Jünger.
Allen drei fühle ich mich fremd. Wenn ich sie angreife, so ist das ein Akt des Respekts. Ich sehe Mächte in ihnen zur Geltung kommen. In der Philosophie kann es sich immer nur um Gedanken handeln, die Aktionen solcher Mächte sind. Sie zu sehen, bringt den Sehenden über das, was er will und ist, zu größerer Klarheit. Ich bin jenen Männern dankbar auch da, wo ich gegen sie schreibe.
Die Macht, die ich jeweils zu sehen glaube, kann mir böse erscheinen. Der Rang des Geistes, durch den sie agiert, kann nicht ohne Wesenszüge in den Persönlichkeiten sein. In aller Fremdheit fühle ich Neigung zu diesen Männern, sehr verschiedene, weil sie unter einander so verschieden sind. Aber die Neigung wird nicht Liebe. Es ist etwas, als ob ich sie beschwören möchte, die Höhe ihres Geistes in den Dienst besserer Mächte zu zwingen. Großer Geist wird Gegenstand der Liebe nur dort, wo die Macht, die in ihm wirkt, selber einen hohen Charakter hat.
Wie möchte ich sie lieben, – und klage, daß ich sie nicht eigentlich lieben kann. Jedem der drei gegenüber ist in mir in Augenblicken die Neigung zum Enthusiasmus geworden –. Nur einen Augenblick. Die Enttäuschung zerstörte diesen Augenblick. Und ich weiß, daß ich nur ein Mensch, und kein Heiliger, noch weniger ein Gott, der Guten und Bösen gleicherweise seine Sonne scheinen läßt.

49

Die Weisen des Wahrheitssinnes nicht ineinanderfließen zu lassen, sondern im Umgreifenden zu verbinden.

Die Grenzen sauber bewahren und herausarbeiten, um die Klarheit des ganzen Landes zu gewinnen.
Die Methoden, Dichtung, Philosophie, Wissenschaft ineinanderzuschlingen, sind Methoden der Rechtfertigung von Verwirrung und Nebel, sind Vorbereitungen einer Erzeugung der Denkungsart, die dem Totalitarismus zu verfallen bereit sind. Wer so denkt, ist innerlich widerstandslos gegen das Unvernünftige. Mehr noch: er verliert den unerläßlichen gesunden Menschenverstand.

Cysarz (Universitas, 1952. S. 355)[1]

». . . über die zeitgenössische Philosophie und Demi-Philosophie zu sprechen. Die Dichtung büßt Phantasie ein um ontologischen Fußfassens willen. Die Philosophie gibt kritische Wahrheitsansprüche preis um elementarerer Anstöße willen.
Soundsoviele sagen: Die Philosophie eines Heidegger ist nur als Dichtung wahr. Manche noch schärfer: Sie will garnicht philosophisch wahr sein, zumindest nicht philosophisch im wissenschaftlichen Sinn. Andere: sie ist mehr als Philosophie.
Ein schicksalsvoller Fragenkomplex: Inwieweit muß heutige Philosophie die philosophische Wahrheit ebenso transzendieren wie heutige Dichtung die dichterische Phantasie? Augenscheinlich ist jetzt das ganze Strukturen- und Kategorien-Verhältnis zwischen Dichtung und Wissenschaft, Dichtung und Philosophie, Dichtung und Religion in unabsehbarer Wandlung begriffen . . .«
». . . Entweder, meine ich, werden jetzt völlig neue Formen menschheitlichen Zusammenwirkens errungen werden – im Zeichen der Sachlichkeit, Wahrhaftigkeit und Gerechtigkeit, des schöpferischen Geistes und dessen solidarischer Realisierung in Dasein und Werk – oder alles und jedes wird mehr und mehr der einen Totalität des Teufels verfallen . . .«

Welch konfuses Gerede! – aber Symptom.

50

Heidegger weiß nicht, was Freiheit ist.

Man kann ihn nicht dämonisch nennen im Sinne Goethes. Aber er besitzt einen Zauber wie der Zwerg, der in Bergesgründen in verschlungenem Wurzelgeflecht, in trügerischem Boden, der als fester Mooswuchs sich zeigt und doch Sumpf ist, sich kundgibt. Das Gnomische in Heidegger, das ungewußt Lügenhafte, das Tückische, das Irrtümliche und das Treulose hat in Augenblicken magische Wirkung.
Dies Wesen ist in seinem Philosophieren wiederzuerkennen. Schön und verführerisch, kostbar gearbeitet und unwahr, versprechend und in nichts sich auflösend, erdnah und verderblich, angstvoll, ständig verfolgt, nie ruhend in einer Liebe, unwirsch, und dann klagend, rührend, mitleiderweckend, Hilfe begehrend. Im Machtgefühl sich überschlagend, im Kollaps ratlos und würdelos. Immer bemüht, stets indirekt, mit berechnendem, aber sich selbst nicht durchschauendem Instinkt.

Auf dieser Ebene läßt sich nicht diskutieren. Heidegger denkt polemisch, aber nicht diskutierend, – denkt beschwörend, nicht eigentlich begründend, – sagt aus, vollzieht nicht Gedankenoperationen.
Auseinandersetzung muß hier einen grundsätzlich anderen Charakter haben als bei wissenschaftlicher Diskussion mit Gründen und Gegengründen, – diese selber sind nur ein Ausdrucksmittel im Dienst der sich hier gegenüberstehenden ursprünglichen geistigen Mächte.

51

Heidegger, Das Ding[1]

S. 146 »Dergestalt andenkend lassen wir uns vom weltenden Wesen des Dinges angehen. So denkend sind wir vom Ding als dem Ding betroffen. Wir sind die im strengen Sinne des Wortes Be-Dingten. Wir haben die Anmaßung alles Unbedingten hinter uns gelassen!«

S. 147 Die Dinge »kommen nicht durch die Machenschaft des Menschen. Sie kommen aber auch nicht ohne die Wachsamkeit der Sterblichen. Der erste Schritt zu solcher Wachsamkeit ist der Schritt zurück aus dem[2] vorstellenden, d. h. erklärenden Denken in das andenkende Denken.«

52

Hannah[1]

1. Heidegger. Ob überhaupt? Darüber reden und versuchend? Das Moment des ganz Persönlichen, Privaten bei uns beiden. Das Moment des Nichtauthentischen, wo im Verkehr die Infragesetzung unerläßlich ist.
Das Moment des »Glaubens«, die Voraussetzung der primitiven Wahrhaftigkeit, irgendwie eines Restes von Treue – oder: Verräterisch bis in die Wurzel –
Das Werk als Erscheinung einer Macht, – als Wirkungskraft, – zu befragen nach dem ungewußten »Prinzip« –
Nicht nur gegenseitig gleichsam stehen lassen und zulassen und anerkennen, – sondern prüfen?
Die Art und das Maß der Verantwortung, die nicht moralistisch zu beurteilen, sondern gegenwärtig, sittlich-politisch, von gleicher Art ist: wer gesprochen und gehandelt hat, wirkt auch schweigend –

53

Heidegger hat das Philosophieren unter dem Maßstab der Wahrheit verlassen, –
nicht nur den Boden der Begründungen, Argumentationen –

nicht nur den Raum der Erhellungen –
sondern Wahrheit in jedem Sinne einer Verantwortung, – einer Wirklichkeit. –
Zugunsten von »Aussagen«, – nicht in der Form der Verkündigung des Propheten, – sondern in der Form der Untersuchung als Magier –

Es spricht kein Gehalt, aber es ist eine Tiefe berührt, aus der er sprechen könnte, –
Es ist ein ahnungshaftes, in Hinweis und Versprechung sich ankündigendes, – zweideutiges, – verdunkelndes Sprechen.

Die Bejahung des Marxismus im Humanismusbrief[1], – in diesem Augenblick – fatal, – weil unverantwortlich, – was er sagt, ist nicht ganz unwahr, aber nur dies zu sagen ist ganz und gar unwahr und unverantwortlich.

»Qualität« – ein Begriff gegenüber Kunst und Dichtung – mir zweifellos (»Geist«), aber schwer zu kennzeichnen –
Zu befragen: welcher Abfall – wo ist sie überzeugend? – worin besteht sie?
Wie ist das Urteil möglich: »Quatsch«? – worin irrt dies Urteil? –
Gibt es »Luziferisches«? – mißbrauchter Geist, verdrehter Geist? –
Wirklichkeit des Geistes im Menschen, – nicht rational zu prüfen als »Bewährung«:
Zuletzt: die »Qualität« muß im Menschen selber wahrnehmbar sein.
Wie ist sie bei Heidegger wahrnehmbar? In der Tat, aber in ständiger Zweideutigkeit.

54

Heidegger, Das Ding

Gestalt und Gedanke, ein Jahrbuch
herausg. v. d. Bayerischen Akademie der schönen Künste. 1951[1].

S. 128 Richtige Schilderung der Nivellierung, des Fliegens, des

Films, bis zum Fernsehapparat, – richtig in der durchschnittlichen Vermassung.

»Kleine Entfernung ist nicht schon Nähe. Große Entfernung ist noch nicht Ferne.«

129 »dieses Gleichförmige, worin alles weder fern noch nahe, gleichsam ohne Abstand ist«.

Von der Atombombe, Wasserstoffbombe: ...

»Ist das Zusammenrücken in das Abstandslose nicht noch unheimlicher als ein Auseinanderplatzen von allem?«

In der Stimmung hier Verwechslung: was Technik möglich macht: die Nähe des sonst Unzugänglichen, – und was sie bei falscher Benutzung bewirken kann –

und: die bewußtlose, mythische Nähe des Unbeweglichen, – und die neue universale Nähe des Hier und Jetzt, aber überall – die Freiheit durch Beweglichkeit – und die Erfüllungen dadurch, – die dumpfe Nähe und die Nähe in unendlichem Eindringen –

Die lieblose Ungerechtigkeit:

129 was »geschehen ist als das, was die Atombombe und deren Explosion nur noch als seinen letzten Auswurf aus sich hinauswirft ...«

»Worauf wartet diese ratlose Angst noch, wenn das Entsetzliche schon geschehen ist?«

Was ist das Entsetzende?

Es ist das, was »alles, was ist, aus seinem vormaligen Wesen heraussetzt« ... »Es zeigt und verbirgt sich in der Weise, wie alles anwest, daß nämlich trotz allem Überwinden der Entfernungen die Nähe dessen, was ist, ausbleibt«.

Nun: was ist Nähe? Hier entscheidet sich in der Tat: es muß alles verwandelt werden, aber zu neuer Nähe, – ist diese heute *mögliche* Nähe nicht tiefer, erfüllender, als je eine sein konnte? –

Aufgabe: der Zerstreuung entrinnen, – die innere Zucht, – die Bewußtheit, die das tiefste Unbewußte hell werden läßt, nicht zur Gewußtheit bringt –

und die heutigen Irrungen: nicht ergreifen der Chancen, – abgleiten in Ahnung, Vieldeutigkeit der Verwirrung, »Analyse« und »Dichtung« ohne Instanz, ohne »Erfahrung« –

129f. Was Nähe? »nicht unmittelbar vorfinden« ...
»dem nachgehen, was in der Nähe ist«
»in der Nähe ist ... was wir Dinge zu nennen pflegen«.

130 Was ist ein Ding?
»Der Mensch hat bisher das Ding als Ding so wenig bedacht, wie die Nähe.«
»Als der Selbststand eines Selbstständigen unterscheidet sich der Krug von einem Gegenstand.«
»Der Krug bleibt Gefäß, ob wir ihn vorstellen oder nicht.«

131 »Doch von der Gegenständlichkeit des Gegenstandes und des Selbststandes führt kein Weg zum Dinghaften des Dinges.«
»Was ist das Dingliche am Ding? Was ist das Ding an sich?«
»Der Krug ist nicht Gefäß, weil er hergestellt wurde, sondern der Krug mußte hergestellt werden, weil er dieses Gefäß ist«.
»Dieses[2] Eigene des Krugwesens wird niemals durch die Herstellung verfertigt.«
»Das Aussehen (εἶδος)[3] kennzeichnet den Krug lediglich nach der Hinsicht, in der das Gefäß als Herzustellendes dem Herstellen entgegensteht.«

132 Was das Krugding ist, »läßt sich durch die Hinsicht auf das Aussehen, die ἰδέα , niemals erfahren, geschweige denn sachgemäß denken. Darum hat Plato, der die Anwesenheit des Anwesenden vom Aussehen her vorstellt, das Wesen des Dinges so wenig gedacht wie Aristoteles und alle nachkommenden Denker. Plato hat vielmehr, und zwar maßgebend für die Folgezeit, alles Anwesende als Gegenstand des Herstellens erfahren; wir sagen statt Gegenstand genauer: Herstand.«[4]

134 Krug: Leere, Luft durch Flüssigkeit beim Einfüllen verdrängt ... Wissenschaft sei »zwingend« – »in dem Zwang, den mit Wein gefüllten Krug preiszugeben und an seine Stelle einen Hohlraum zu setzen, in dem sich Flüssigkeit ausbreitet. Die Wissenschaft macht das Krug-Ding zu etwas Nichtigem, indem sie Dinge nicht als das maßgebende Wirkliche zuläßt.«

133 »Das Dinghafte des Gefäßes beruht keineswegs im Stoff, daraus es besteht, sondern in der Leere, die faßt.«
Aber: doch in beidem. Das Ausspielen des Einen gegen das Andere ist gewaltsam, – Effekt. –

Heraklit S. 129 unten: »Es zeigt und verbirgt sich in der Weise, wie alles anwest« –

Laotse S. 132 »Die Leere, dieses Nichts am Krug, ist das, was der Krug als das fassende Gefäß ist.«

Heidegger erfaßt nicht im Gleichnis das darin berührte Sein, wie die Großen, von denen er manche Formel nimmt, – sondern nimmt die Gleichnisse wie einen Untersuchungsgegenstand –
Das »Ding« wird vorausgesetzt – als Sein, das zu untersuchen ist, –
Nicht: Bewegung des Denkens, in der die Beziehung der Existenz aufgeht und der existentielle Entschluß vorbereitet, oder vergewissert wird –
vielmehr: Entsprechung der Existenz in der »Spannung des Werks«, des Gedachten.

Das Banale tiefsinnig gemacht, – aber nicht aus einem Zentrum her, sondern unter Verkehrung vorgefundenen Tiefsinns im Gleichnis – »ahnungsvoll« – hinweisend verbergend –
Der Anklang der uralten Überlieferung wirkt, ohne daß Leser und Hörer dort Bescheid wissen oder gar zu Hause sind.

55

Seinsspekulation
Heidegger

Löwith S. 59 »In der Tat wird niemand behaupten können, er habe wissentlich verstanden, was das Sein, dieses Geheimnis, ist, von welchem Heidegger redet . . .«[1]
Hier der entscheidende Punkt: alle wesentliche Philosophie ruft im Gedachten durch das Denken wach, was nicht als Wissenschaft gesagt werden kann, aber als mögliche Existenz, als Gegenwärtigkeit dessen, woraus und woraufhin ich lebe, fühlbar und erfüllt wird: ich werde im Mitdenken zu etwas gebracht, im Umgreifenden heimisch durch mein Tun, Fühlen, Leben, Wählen und Michverhalten – wachsend in

der Kommunikation, ermutigt in der Gemeinschaft –
Die Frage, ob noch einmal, über das Denken hinaus, davon geredet werden kann, was das sei?
Die großen spekulativen Formen, die Heidegger wiederaufangelt (vor allem aus Eckart und der Scholastik), öffnen einen Raum, in dem »nichts« ist –
wie sie es tun, wie die Form in der Gedankenfolge gleichsam Stimmung und Ton hat, der Entgleisungen entbehrt, das macht erst die Form, die in seiner Abstraktion ihre Kraft verliert in das lehrbuchmäßig Aufsagbare –
wie sie es tun, das bringt in das »nichts« den Anspruch des Ergriffenwerdens, läßt den eigenen Aufschwung erfahren und läßt prüfen die Wahrheit an der Art dieser Ergriffenheit, dieses Bewegtseins: ob ich mit dem letzten mir möglichen Gewissen ja dazu sage, oder mir selbst gegenüber, dem was ich erfuhr und wodurch ich ergriffen wurde, ein Nein sage.
Bei Heidegger Virtuosität der Form, – aber eine subalterne Stimmung – im Wesen zweideutig ästhetischer Art – eine Gewaltsamkeit –, etwas als ob man betrogen werde, – ist er ein ungemein begabter Hochstapler? eine andere Art Hitler-Typus? ein unfaßliches, nie eigentlich antwortendes Wesen? –
bleibt nicht jener mit den uralten spekulativen Formen eröffnete Raum bei ihm leer? – ist es faktischer Nihilismus, der durch falsche Versprechungen sich verschleiert – und dazu der ungeheure Ehrgeiz und Machtwille, der den Zauberern, aber nie den spekulativ wahrhaften Philosophen eignet? – äußerster Gegenpol: Kant, Spinoza, – verwandt: Fichte –

56

Löwith's Heideggerkritik[1]

1. Strampeln im Netz als Gefangener, vergeblich –
2. Argumentieren »innerhalb«, – aber sinnwidrig, weil hier nicht argumentiert werden kann, – es kann nur gesehen, erfahren, gewagt werden.

3. Mit Goethe oder Burckhardt dagegen kommen, das ist ein barbarisches Auffahren von Kanonen, – das ist nicht Kritik, nicht Charakteristik, sondern Totschlag, aber vergeblicher, weil ohne Eindringen in das, was hier gemeint ist oder gemeint sein sollte: das zu entwikkeln wäre erst Kritik.

57

Heidegger, Was heißt Denken

Merkur N° 53[1].

1. Hinweisen, – über jeden Gegenstand hinausgehen, – Klopfen an im Suchen nach dem Eigentlichen – entsprechend: vor den Toren stehen, – Warten: aber hinweisend, dann Bewußtsein des »Zugs des Sichentziehenden«[2] vorbereiten –

   Ausdruck eines Verlorenheitsbewußtseins, das in der Verlorenheit den Grund spürt – und sich doch geborgen weiß: das Sein mag den Denker.
   Modern durch Aufhellen alles Faßlichen und durch eine Weise der Zufriedenheit.

2. In der Tat: Versprechen, das nicht eingelöst wird und nicht eingelöst werden kann.
   Denn, was denken sei, wird als »Andenken« – bedenken des »Bedenklichsten« – als Wortspiele des Sinns: bedeutungsvoll und Gefährlichkeit –[3]

3. Nüchtern wären im Sprechen und Denken die Formen, in denen dieses eigentliche Denken sich bewegt, aufzuzeigen –
   aber zugleich mit der Frage der Erfüllung oder Ergänzung, der Bewährung und Bestätigung der Wahrheit –
   denn ausdrücklich: »Kluft zwischen Dichten und Denken« (S. 607)[4]
   Aber auch: Das Wesen der Dichtung beruht im Denken (S. 606)[5]

   Worin die »Ergänzung« oder »Erfüllung«? Darauf fehlt die Antwort. Das wird nicht gefragt. In diesem Denken selbst?
   Nein, denn nur Hinweis, Warten, – in einer »Meditation« einer

»Weltflucht« (was bedeutet die Charakteristik und Verwerfung des Seienden als »Anwesenheit«?) –

4. Parmenides. Abendland – (S. 609 ff.)
»unscheinbares Ereignis« (610)[6]
Historische Totalisierung – ein Machtspruch – Prophetentum –

5. Richtung: »Sprung« – nicht »Wissenschaft« –[7].

58

Heidegger

Eine sorgfältige, bedachte, saubere Goldschmiedearbeit, – aber das Material ist Talmi[1].

Zur Schmach: wegen des Unwahrhaftigen gerade im »Dichterischen« oft Kitsch: »Kreuz und Krone etc.« in dem Aufsatz »Das Ding«[2].

59

Heidegger

Was mich wurmt: daß wir nicht Bundesgenossen in der Öffentlichkeit geworden sind, wozu 1921 eine Möglichkeit schien –
was vorausgesetzt hätte das al pari, unter allen Umständen, in der Öffentlichkeit in unserer Gegenseitigkeit – Erlöschen zwar fast immer in »Berufsphilosophie« dazwischenkommender Konkurrenz, Ehrgeiz, Eifersucht und Begehren, allein zu gelten, als einziger in diesem Zeitalter das Entscheidende zu sagen, – den »Schülern« so zu begegnen, daß sie das nicht stören –
was wieder öffentliche Diskussion miteinander ermöglicht hätte, unter Bedingungen und in Grenzen –

was schließlich vorausgesetzt hätte eine Gemeinschaft im Grunde eines Seins und Wahrseins, der ohne Objektivität gemeinsam anerkannt und bei Störung in Auseinandersetzungen wieder hergestellt würde, –

Da dies alles nicht geschehen ist – die »Schuldfrage« dabei ist unbeantwortbar, – es kann nicht nur eines Schuld sein – aber die Weise des Versagens kann auf beiden Seiten ganz verschiedene Motive haben – ist die Beziehung belastet mit dieser ausgebliebenen Möglichkeit.
Ich neige natürlich dazu, wesentliche Gründe entscheidend bei Heidegger zu suchen, – während ich bei mir selbst das Fehlen der Kraft, das Verhalten des »Heiligen« vermisse, und die in früheren Jahren noch viel geringere Klarheit, in der Unterhaltung auf das Wesentliche hinweisen zu können –. Bei Heidegger: Machtwille, – Gegenwirkung, – Kommunikationsablehnung, sobald Kommunikation von ihm etwas verlangte, – Besitzwille, In-Dienst-stellen, Vorteil für die unbewußte Politik des eigenen monarchischen Geltens als Philosoph der Zeit, – seine Betonung der »Einsamkeit« – von sich selber reden als einem endgültigen Faktum.

60

Heidegger

Die offenbare Aufmerksamkeit, und mehr: die Bezauberung und etwas wie »Ehrfurcht« bei Literaten und Fachphilosophen, in der Presse –
vielleicht ist das Werk Heideggers viel bedeutender als das meine –
mir scheint, ich bin redlicher um die Wahrheit bemüht –

61

Als[1] Sie im März 1933 plötzlich sich entschlossen, nach Freiburg zurückzufahren, taten Sie es mit dem Wort »man muß sich einschalten«[2].

Als meine Frau nach der Lektüre eines Blattes des Völkischen Beobachters weinte wie jemand, dem in der realen Welt der Boden genommen wird (es waren Drohungen und Forderungen bezüglich der jüdischen Ärzte[3] und Rechtsanwälte), da sagten Sie: es tut gut, einmal zu weinen.
Als Fräulein Drescher[4] 1937/38 bei Ihnen hörte, berichtete sie von Ihrem vergeblichen Versuch, bei dem für den Beginn der Vorlesungen von Ihnen eingeführten Hitlergruß festzuhalten, der von dem derzeitigen Rektor bei dieser Gelegenheit nicht mehr für notwendig erachtet wurde.
1933 hörte ich Ihre Rede in Heidelberg[5], saß am Ende, die Hände in den Hosentaschen am Rande des Podiums, ostentativ, wie auch viele andere Kollegen, mich am Klatschen nicht beteiligend; Ihre Rede habe ich zum Teil noch in Erinnerung. Sie ist nicht gedruckt[6].

12/5 Kommunikation: innere Systematik aus der Grunderfahrung der Kommunikation darzustellen,
»traditionelle Schematik der Vorstellungen und Unterscheidungen«, »das ›Neue‹ Ihres Denkens aus dieser Grunderfahrung rein darzustellen«, um »in ein schärferes Gepräge gegenüber dem Geläufigen zu bringen« –[7]

»Prägnant« – die »formale Forderung«

persönlich zu beantworten,
sachlich erst, wenn ich ein Bestimmtes sehe –

Kommunikation – a) Hinweis auf Durchführungen

b) Abwehr eines systematischen Baus der ganzen Philosophie.
Wenn überhaupt ein solcher, dann wie Heidegger und alle Früheren: das Sein
aber auch dies verwehrt – weil die Kommunikation nicht aus dem Spiel bleiben kann –

c) Daher die Frage nach dem Sinn, der Grenze und den Möglichkeiten des Philosophierens: Schwebe, – Herr seiner Gedanken – ständige »praktische« Erprobung –

Ich habe einmal gefragt, ob ich meine Bücher schicken lassen solle – keine Antwort, – nicht Lässigkeit? –
Zusendung soll keinen Zwang zum Lesen bedeuten –
aber der Wunsch doch war dann: wenn überhaupt ein Hineinsehen und Nachschlagen in Aussicht genommen und eventuell erreicht ist –[8]

Ich schrieb Ihnen zu dem Maßstab, den Sie bei Ihrem Rate brauchten, ich solle zur Reinheit des von mir intendierten Philosophierens die Kommunikation zum Ausgangspunkt nehmen und die traditionellen Schemata fallen lassen – und zu Ihrer Erinnerung: daß Sie mir einst denselben Rat bezüglich der »Grenzsituation«[9] gaben.
Den Maßstab habe ich mir nie zu eigen gemacht, weder das Werk als systematisches, geschlossenes Gebilde und gleichsam selbständiges Wesen –
noch den Anspruch des Neuen, Eigenartigen –

Ich habe mich stets als bescheidener Professor gefühlt – wohl gegen die Kollegen und die Schulen – aber nicht einer Originalität wegen, sondern wegen der Forderung der Ursprünglichkeit. Allein auf Wahrheit kam es mir an – und ich weiß nun durch ein Leben, wie schwer sie ist, wie sehr auch ich versage, – mich spricht alles, was einen Schimmer des Trügerischen hat, nicht an, – das meiste der Dichtung nicht und der Kunst nicht (wohl aber und ganz einzig und als das gegenüber aller Philosophie Höhere in der wirklichen, wahren, ursprünglichen Kunst und Dichtung, die ich unter Zeitgenossen nur in matten, mich kaum ansprechenden Widerhall eingehüllt in Wolken von Unwahrhaftigkeiten zu sehen vermag). – Man kann ganz unoriginell und doch ursprünglich, ganz unschöpferisch und doch wahr sein – darum habe ich mich bemüht und bemühe mich darum mit gesteigerter Bewußtheit – meine Unruhe ist nicht geringer geworden, – ich fühle mich wie in der Jugend am Anfang – »vor den Toren« –[10]

Vielleicht lassen wir das Persönliche, soweit es nicht unmittelbar im Philosophieren mitspielt und sogar die Hauptsache sein kann, –
erlauben Sie mir als Antwort einen eigenen persönlichen Bericht über das, was ich im Philosophieren möchte –

62

4.[1] *Frage nach H.'s Wirkung. Was ist das?*

a) Die allgemeine Frage des Zaubers (Hitler etc.)
b) das Eigentümliche der obj. Leistung ist es nicht, dieses läßt sich fassen –
c) in der Persönlichkeit? – »dämonisch«?
d) Verkettung der ästhet. Begabung und des Bösen oder doch Charakterlosen.
e) Das Echo des Nihilismus in der Stimmung?

Ausweichen in Romantik der Natur (Feldweg)[2] und in Mythik und Ferne (Ursprung, das Sein).

63

Von vornherein, vor aller Kritik, zu sagen:

Heidegger ist in der Öffentlichkeit sehr oft zusammen mit mir genannt, – eine sensationsbegierige Öffentlichkeit vergleicht, spielt gegeneinander aus, sieht eine Art Konkurrenz, –
dabei eine schiefe Situation: ich scheine hineingedrängt zu werden in eine Haltung, die mir fremd ist, als ob ich Rivale sei –
die Situation ist leicht für mich, denn offenbar bin ich in dieser Rivalität unterlegen; Heideggers Bewunderer sind zahlreicher, ich habe keine, höchstens einige Freunde – Heideggers Begabung in einer Richtung, auf der ich ihm nicht nacheifern kann, weil sie mir ursprünglich völlig abgeht, – ich brauche den Kampf in Rivalität gar nicht aufzunehmen – die Instanz, vor der er geführt wird, und die sich als solche zu wissen meint, hat für die Weise meines Lebens eine geringe Bedeutung –
aber ein Unbegabter kann im Sinne der Wahrheit sich in einem Zusammenhang zu wissen meinen, der ihn verpflichtet, wenn er kann, nicht verschleiert zu lassen, worum es sich ihm zu handeln scheint, – da beginnt ein anderer Kampf, nicht in Rivalität geistiger Leistung, sondern um die Mächte, denen wir zu dienen meinen, – was mich von

Kindheit an beflügelt hat, der ganze Zug durch die Geschichte, in den ich mich mitgenommen weiß, wendet sich als eine Wirklichkeit in der Welt, in der sie trotz Ohnmacht sich behaupten möchte, gegen andere Mächte, sie in ihrem Wesen zu sehen, sie zu entschleiern –
von Heidegger spreche ich in zweierlei Sinn:
als Vertreter einer meinem Sinn gefährlichen, bedrohlichen Macht –
als Persönlichkeit, die mir im Leben begegnet ist, und die mehr und anderswo weniger ist als jene Macht, deretwegen ich öffentlich von ihm spreche, – wobei ich das Persönliche unumgänglich berühren will, weil es bezeugt und zugleich mäßigt, was ich zu sagen habe inbezug auf jene geistig sittliche Macht, die ich bekämpfe.

64

Ihr Tun durchschaue ich nicht. Wäre zwischen uns nicht die Wirklichkeit eines Jahrzehnts gewesen – Sie erinnern daran und ich folge Ihnen –, so wäre es sehr leicht. Dann wären Sie nur ein interessantes Phänomen dieser Zeit, das zu studieren auch eine konventionelle Begegnung zu einer lehrreichen machen würde. So geht es zwischen uns nicht. Denn da fordert etwas Anderes aus der Vergangenheit, das ich nicht überhören kann und gewiß auch Sie nicht. Es ist die einfache, so oft in der Welt verlorene Voraussetzung: nicht vergessen, – das Maß des Ernstes ist gegeben durch das Maß des Erinnerns und Gegenwärtighabens, durch die Tiefe sprachlosen, nicht vergessenden Verzeihens auf Grund der gemeinsame Sprache gewordenen Wandlung.
Noch antworte ich ungenügend, Sie fast gar nicht. Vielleicht kommt der Augenblick[1].

Es gilt kein sentimentaler Drang, zu vergessen, und sich wiederzutreffen –
es gilt nur der Ernst, der war, vielleicht war, und der von neuem ergriffen werden möchte –

Es stört die Öffentlichkeit –
und diese Öffentlichkeit ist eine eigene Gewalt, eine Sache, eine Verantwortung, – nicht einfach gleichgültig –

65

Es gab wenigstens zweimal einen Augenblick, wo Sie die »Einsamkeit« im Umgang mit mir für überwindbar hielten in jener Polarität von Einsamkeit und Kommunikation, die unser menschliches Leben nicht überschreiten kann außer in den Augenblicken, von denen dieses Leben geführt wird. Ich habe dem nicht genug tun können, und kann es heute noch weniger, und weiß darum, was ein »Heiliger« ist. Aber mit Ihnen kann ich dem entsprechend, was Sie in Ihren Schriften gesagt haben, Verschleierungen, Vordergründe, Oberflächlichkeiten nicht verwechseln mit dem, worauf es ankommt, und meiden, wo der Ernst einer Beziehung aus der Herkunft her es nicht duldet[1].

66

Trudelein[1]

Sein Klopfen an Wortsinn in seiner vieldeutigen Verzweigung, – sein Fragen an Grenzen –
sein Reizen der philosophischen Nerven –
und dann am Ende, oft betroffen, oft enttäuscht, oft befremdet, im Ganzen in der Meinung, philosophiert zu haben,
weiß man nicht, wo man gewesen ist, zweifelt, ob man überhaupt irgendwo gewesen ist –

Das ständige polemische Verwerfen, oft in globalen Machtsprüchen, hat am Ende alles verworfen, was geistig, geschichtlich vorkommt – trotz seltenem, überraschendem Loben und Preisen – das aber sogleich benutzt wird, anderes dadurch um so heftiger zu verwerfen –

67

Wie Zeus aus den Wolken seine Blitze schleudert, so Heidegger seine Machtsprüche. Aber es ist nur Rauch und Feuerwerk.

Wer sich nur und unmittelbar mit dem Letzten beschäftigt, pflegt um sich selbst zu kreisen.
Das Überspringen der Gehalte der Welt vermag einen Augenblick das tiefste Geheimnis zu berühren, aber läßt sogleich praktisch in die Egozentrizität verfallen.
Wer sich um sich dreht, scheint sich dazu das Recht zu geben, wenn er nur mit Gott und dem Sein zu tun hat.
Aber wir können nur in der Mitte, von der Mitte her leben, – angewiesen auf die konkreten Gehalte.
Das Heterogenste, Egozentrizität und metaphysische Kontemplation, faktisch in eins zu nehmen, gibt beidem einen täuschenden Zauber: außerhalb der Wirklichkeit zu stehen, Prophet und einzig zu sein, unerhörte Offenbarungen zu erfahren, nie dagewesene Denkakte zu vollziehen. – Das aber gelingt nur bei einer großen geistigen Begabung, die zwar verschieden sein kann und je nach ihrem Charakter die Kreise findet, in denen der Zauber wirkt[1].

68

1920–1933, als Heidegger und ich in häufiger und in die Tiefe gehender Beziehung standen, habe ich doch nie ihn einen Freund genannt.
Wenn ich es jetzt nachträglich tue, so gilt: er war der einzige meiner Freunde, mit dem ich 1933 nicht einmütig blieb, der einzige, der mich verriet.
Ich hatte in jenem Jahrzehnt manchmal ein Gefühl der Zurückhaltung, das ich überwand aus dem Willen zur Offenheit.
1924 hörte ich aus Freiburg – mit der Auflage, diese Quelle nicht zu nennen – Heidegger habe über meine Schrift »Idee der Universität« gesagt: das Belangloseste aller heutigen Belanglosigkeiten. Ich sprach ihn sogleich darauf an, als er zu mir kam: Nichts habe ich dagegen

einzuwenden, daß Sie ein solches Urteil haben. Aber zwischen uns steht es so, daß wir unsere Urteile zuerst uns gegenseitig offen mitteilen, bevor wir zu anderen reden. Darauf er: das habe ich nie gesagt. Worauf ich: dann ist die Sache erledigt, ich glaube Ihnen. Und er, höchst erstaunt über meine Reaktion: das ist mir noch nie geschehen. Heute werde ich den Verdacht nicht los, daß er mit seiner Leugnung damals mir die Unwahrheit sagte. Aber 1924 war ich gutgläubig gegenüber einem eindeutigen Wort[1].

69

Heidegger geht in der Gebärde, als Einsamer gegen die Zeit zu stehen, in der Tat mit Stimmungen, Mächten, Bewegungen der Zeit, als deren Echo oder Repräsentant.
Wenn ein Mann persönlichen Gewichts wie Tucholsky 1921 schrieb:

»Denn nichts ist schwerer und nichts erfordert mehr Charakter als sich in offenem Gegensatz zu seiner Zeit zu befinden und laut zu sagen: Nein ... man möge den Verräter einsperren. Was geschieht. Es ist nicht nur das, weshalb so viele Leute es scheuen, nein zu sagen. Es ist ja schön, im großen Strome der Masse mitzuschwimmen – Windstoß und Wasserrichtung tragen das Schiff -; und wenn es dann so stolz dahinsegelt, denken die Leute, es fahre aus eigener Kraft ... Es ist auch bekömmlicher, sich der Macht zu unterwerfen – wer sich vor ihr verbeugt hat, auf den geht ein Quentchen der großen Macht über.«

Davon ist nichts in Heidegger.
Die Macht, vor der er sich beugt, ist eine Weise modernen Daseins, deren Wortführer er ist, in der Form, daß er sagt, was ihr wohltut, und daß er sie zugleich verachtet.
Er verhält sich zu ihr, wie Hitler zu der Masse.
Peitsche und Zuckerbrot.
Ein einziges Mal beugte er sich vor der politischen Macht, an der er aus eigenem Machtwillen teil begehrte, 1933 dem Nationalsozialismus.
Worin liegt die tiefe Wahlverwandtschaft? – bei allen Differenzen, die ja fast alle schließlich zu Gegnern machte, bis es zuletzt auch Göring wurde, der dann durch Hitler seiner Ämter beraubt wurde –

Demokratischen Mächten sich anzuschließen lohnt sich nicht, man kann in demokratischen Zuständen frei reden und alles angreifen, auch die Bedingungen, durch [die] man selber sein Dasein und seine Chancen hat.

70

Wogegen kämpft Heidegger?

er ist durchgehend polemisch, – ständig unterbricht er die Gedankenfolge durch Hiebe irgendwohin, meist gegen anonyme Gegner, die sich manchmal doch erkennen lassen –

Wogegen kämpft Heidegger nicht?
Wo verlangt er Entscheidung, wo nicht?

71

Heidegger

»Die Magie des Extrems« –
der Radikalismus des Abbaus, der Destruktion, – bis in eine Sphäre – die Vorsokratische –, die in der eigenen Auslegung völlig dunkel wird.
Das Besserwissen gegenüber allen Ereignissen der Gegenwart, – alles ist schon nicht mehr eigentlich, ist überspült von anderen Mächten (dunkel, durch welche! der Zauber eines sprachlos bleibenden Seins, von dem das Heil erwartet wird, – das wichtig, das bejaht wird, um umzuschlagen in das Alles, was wesentlich ist).
Das Rechthaben in den Augen aller Verzweifelten, aller leer Lebenden, aller derer, die eine nur zerstörende Gegenwart und Zukunft denken.
Die scheinbare vollendete Wahrhaftigkeit in dem ausdrücklichen Sichnichteinlassen auf überlieferte Gehalte, – aber doch sie immer wieder brauchend: als Heil, als Schickung, als Grundgeschehen, in dem

Gleichnis: Kreuz und Krone und hier beliebig von Rilke – dadurch die faktische Unwahrhaftigkeit in Gestalt »moderner« wahrhaftiger Anerkennung des Zersetztseins von Allem.

Frage der Wahrheit nicht zu beantworten durch das, was kommt: ob richtig vorausgesehen werde –
sondern durch Entscheidung, wofür ich leben und denken will, was mir Sehfähigkeit gibt –
daher für »kritische« Philosophie oder Zauberphilosophie.

Die konkreten Herkünfte und konkreten Konsequenzen solchen Denkens, allen Denkens.

Maßstab der Wahrhaftigkeit: ob der Wahrheitscharakter der Wissenschaften und ihrer vielfachen Methoden erkannt wird und das Erkennbare als unumgänglich gilt – oder nicht.

72

Heidegger

H. Kuhns Kritik[1]

Kuhn selber zweifelnd und verzweifelt, – sich für nichts entscheidend, – daher geistige Leistung als solche respektierend – mehr als das: bewundernd und eigentlich für das Beste, eigentlich Mögliche, Wünschenswerte haltend (wie etwa G. Benn).

Er berührt wohl den Nationalsozialismus, aber zögernd, in historischen [?] Zukunftsmöglichkeiten denkend, – nicht im Kampf mit dem »Teufel« –

Zweideutig – scheingerecht – fasziniert, im Grund der Wahrheit Heideggers dadurch glaubend, daß er sie für möglich hält.

Martin Heideggers Einfluß auf die Wissenschaften[1]

Aus Anlaß seines 60. Geburtstages
von Astrada, Bauch, Binswanger, Heiss, Kunz, Ruprecht, Schadewaldt, Schrey, Staiger, Szilasi, C. F. v. Weizsäcker[2].

Unter ihnen kein »natürlicher Mensch« mit der Kraft eines Wesens, keine Persönlichkeit, etwas Künstliches, oder Aufgeblähtes oder Gewaltsames.

Nicht von Einfluß auf »Wissenschaft«, wohl aber auf »Stimmung« und »Klima« dieser Leute.
S. 87 Rührender Enthusiasmus Szilasis: je einen erwachsenen Griechen gesehen? (Plato: Timaios) »Allenfalls dürfen wir mit Rührung bekennen: einen haben wir unter uns«[3] – voll von grotesken »weltgeschichtlichen« Verherrlichungen, – aber in einer reinen, anbetungsvollen, hingegeben verlorenen Stimmung, in der Kritik aufhört, aber eine für diese Stimmung echte Sprache möglich wird –, die Sprache eines ewigen Kindes, rührend selber.
Gar kein Bezug bei Schadewaldt, Staiger –
Künstlich-wunderliche »Koinzidenz« von Tendenzen in der Physik und Heidegger behauptet v. Weizsäcker.
Leer wie immer L. Binswanger, der nur diese Chance ergriffen hat, im Grunde ergebnislos.
Symptom einer zauberbedürftigen Stimmung, – keineswegs die »Stimmung der Zeit« –
Man fühlt sich vorgestoßen oder vorgetrieben in nie geahnte Tiefen – damit befreit zu Gerede über Höchstes, Äußerstes –
Symptom der Bedürftigkeit nach Lenkung. Impuls, – eine gewisse Analogie zur erregenden, klopfenden, Chancen eröffnenden Wirkung Husserls zu seiner Zeit – das Versenken, das totale Entschiedensein bei ständigem Bevorstehen des erst eigentlich Großen.

Etwas von einer Haltung, als ob man ohne Wissen in einem Kreise sich betrügender Betrüger lebte –

Erbauliche Stimmung. »Großartigkeit«. »Einzigkeit« –
Völliger Kontrast, eine völlige Ferne zur Wissenschaft – und zur

eigentlichen Philosophie, – wenn Philosophie und Wissenschaft als wesensverschiedene Pole untrennbar aneinander gebunden sind.

Szilasi redet von sich und wenigen anderen, wenn er die komische Behauptung aufstellt von der ungeheuren, alles verwandelnden Wirkung Heideggers auf die Zeit, auf andere Forscher und Denker: darin ist keine Spur von Wahrheit – aber als Selbstschilderung glaubwürdig und rührend, wenn auch als solche Behauptung in der Verallgemeinerung höchst anspruchsvoll als Verabsolutierung des eigenen geistigen Werdens zu einem allgemeinen der Zeit.

74

Heidegger könnte mir antworten:

Eigentliche Philosophie wolle er treiben, er schreibe wenig, aber es sei Denken in die Mitte, – schaffendes Denken im Gang des Philosophierens.

Meine Philosophie mache es sich zu billig, sei Psychologie auf höchster Ebene, aber verzichte auf eigentliche Philosophie.

Mein Angriff richte sich mehr gegen Philosophie als gegen ihn, erwachse aus der Schwäche der Halbphilosophie –

75

26/12 53 In meinen Träumen kommt Heidegger nie vor. Heute nacht aber träumte ich von ihm. Ich war mit einigen Leuten zusammen, die Heidegger angriffen auf eine Weise, die mich unwillig machte. Heidegger kam dazu. Wir duzten uns und ich ging mit ihm fort.

76

Heidegger

Denken Sie[1] etwa, das »Seinsgeschick« sei bevorzugend wirksam in Menschen, die in Massenbewegungen der Zeit mitlaufen, sie mitbewirken und die dann im Unheil sagen dürfen: wir waren im Irren der Wahrheit der Seinsgeschichte näher als Ihr in Eurem Bescheidwissen, die Ihr sogleich das Unheil und die Vernichtung erkanntet?

Es ist der Vorzug des Dabeiseins im Unfug, auserlesen zu sein als Opfer und Schicksalsträger, als schuldhaft – es ist der Vorzug eigentlicher Wahrheit?

Sich in den Sumpf wagen, ist besser und echter und bedeutender und letzthin wahrhaftiger, als in vermeintlicher Wahrheit von Vernunft und geschichtlicher Existenz letzthin unverwandelt Treue halten und ein Leben lang »derselbe« bleiben?

Die in den Wellen Umkommenden sind die Schicksalsträger? – und dies angewandt auf Nationalsozialisten?

Dagegen ist etwas, was Leute wie ich, sagen und denken und tun: eine Philosophie des Scheiterns der nie scheiternden Philosophen?

77

Heidegger »Der Spruch des Anaximander«

Holzwege 296ff.[1]

1. Hyperkritisch (im Anschluß an einige Bemerkungen Burnets[2] gegen den Sinn) zunächst auf ein Minimum reduziert, dann unkritisch dieses Minimum gedeutet
2. Keinerlei Berücksichtigung der Überlieferung über Anaximander im Ganzen

3. Voraussetzung der Deutung nicht philol.-kritische Interpretationsmeth., sondern Wahrnehmung der Seinsgeschichte, um deren »Spuren« (340) in Anaximander zu erkennen. Das Seinsgeschick, »das sich weltgeschichtlich als die abendländische Metaphysik entfaltet« – damit »schwindet die Spur«[3]

   Also: irgendein Ursündenfall? – woher dieses »Geschick«? was ist dieses Geschick? »Seinsvergessenheit« im Offenbarwerden? (S. 337[4]/336): »Die Geschichte des Seins beginnt mit der Seinsvergessenheit« (336), »gleichwohl kein Mangel, sondern das reichste und weiteste Ereignis, in dem die abendländische Weltgeschichte zum Austrag kommt«[5] – vgl. 310[6]. 311[7]. 309[8]! 303[9]

4. Die scheinbar genaueste Interpretation, mit willkürlicher Heranziehung von Homer, der wieder gepreßt und überdeckt wird, S. 325 Metaphysik, aus ihr Logik, haben »dahin geführt, daß der in den frühen Grundworten geborgene Wesensreichtum des Seins verschüttet blieb«[10].

5. Voraussetzt: die »Sache« und »das Zur-Sprache kommen« S. 331[11]. 325[12]

6. Reine Erfindung auf Grund der vorausgesetzten Seinsgeschichte und der Sprachweisheit »der Frühe« – z. B. S. 315: der Grundgedanke dieser Interpretation: γένεσις und φθορά[13]

7. Die »Gewaltsamkeit« gegenüber der faktischen Geschichte infolge der Gewißheit der »Seinsgeschichte«, durch das [sic!] sie gedeutet wird.

S. 325 Schöne Formulierung:

»Die Philosophie ist nicht aus dem Mythos entstanden. Sie entsteht nur aus dem Denken im Denken. Aber das Denken ist das Denken des Seins. Das Denken entsteht nicht. Es ist, insofern Sein west. Aber der Verfall des Denkens in die Wissenschaften und in das Glauben ist das böse Geschick des Seins.«

S. 321 ». . . er nur Hirt des Seins werden kann, insofern er der Platzhalter des Nichts bleibt. Beides ist dasselbe[14]. Beides vermag der Mensch nur innerhalb der Ent-schlossenheit des Daseins.«

S. 318 »Das Geschick des Abendlandes hängt an der Übersetzung des Wortes ἐόν« . . .[15]

S. 300 Der Anspruch von H.'s Geschichtsphilosophie: »Was sollen uns alle nur historisch ausgerechneten Geschichtsphilosophien, wenn sie nur mit dem Übersehbaren der historisch beigebrachten Stoffe blenden, Geschichte erklären, ohne je die Fundamente ihrer Erklärungsgründe aus dem Wesen der Geschichte und dieses aus dem Sein selbst zu denken? *Sind* wir die Spätlinge, die wir sind? Aber sind wir zugleich auch die Vorzeitigen der Frühe eines ganz anderen Weltalters, das unsere heutigen historischen Vorstellungen von der Geschichte hinter sich gelassen hat?«[16]

vgl. S. 301: das Früheste das Späteste überholt –[17]

78

Heidegger

In der geistigen Situation vollendeter Reflexionsmöglichkeiten will er auf eine neue Weise ursprünglich reden und denken.
Daher: der Preis der Vorsokratiker –

: der Verzicht auf ein Verstehen der großen Philosophen im Ganzen ihrer Werke, sondern Eindringen in Sätze und Abschnitte mit einem Verfahren der Auslegung, die auf die Regeln des Verstehens gemeinten Sinnes verzichtet –

: die von Husserl z. T. ererbte Methode der Vergegenwärtigung von vorne an, im phänomenol. Sehen, in Sprachanalyse – und in Verwendung der Sprache mit Bewußtsein des Effekts, mit Richtung der Aufmerksamkeit auf einen eigenen, unmittelbaren, etymologischen Wortsinn – auf Wortstellung –, Art der Pausen beim Reden –

: an die Stelle der »Sache« tritt eine bezaubernde Manier des Fesselns der Aufmerksamkeit auf unmittelbare Rätsel, – eine Manier des Fragens, des »Durchfragens« –

: an die Stelle von Denken tritt das »Andenken«, – »Ansprechen« –

Die Manier zu beobachten in der Nachahmung durch Andere: Erik Wolf[1]
Die Wahrheit darin: soweit echte Phänomenologie, – soweit Befreiung von der Geläufigkeit des Redens (in der nicht mehr gedacht wird) –

Die Ursprünglichkeit ist echt ineins mit dem Leben, in dem die Reflexion noch nicht entwickelt, das Denken mythisch, personifizierend, objektiv und subjektiv noch in einem ist, – die substantielle Wahrheit der Gedanken, die begrifflich unentfaltet ist, trägt, – wo das Verfahren das erste Hellwerden, nicht Manier ist, – wo es auf dem Wege zum Begriffe, nicht Verzicht auf Begriffe ist, – wo die Fülle des Umgreifenden noch da ist, – aber auch die Wehrlosigkeit, wenn die Reflexion einsetzt.

79

Vergleicht man uns und unsere Zeitgenossen, obgleich sie so winzig sind, mit den Großen der klassischen Zeit gleichsam als Urbildern,
so scheint Klages mit Schelling, Heidegger mit Fichte, Nic. Hartmann mit Hegel vergleichbar, – Jünger v. m.[1] Friedrich Schlegel.
Mir war es eigen, den Spuren Kants zu folgen, daher war ich seit meiner Jugend jederzeit »altmodisch«.

80

Heidegger

1. Er spricht in origineller Sprache alte Wahrheiten, meist unzureichend und verbogen, aus.

2. Er gibt diesem Sprechen den Aspekt welthistorischen, nein noch mehr: seinsgeschichtlichen Sichereignens.

3. Ihm fehlt das Wahrheitsbewußtsein zugunsten eines beschwörenden Zaubers, der leer läßt.

4. Er hält sich an Schelling, Eckhart, Gnosis ohne Bewußtsein der Herkunft, und mit Verarmung des alten Sinns. Wörtliche Übernahme an entscheidenden Stellen.

5. Ihm fehlt jede echte Verantwortung: Er koinzidiert mit Zeitrealitäten, ihnen irreal den falschen Zauber leihend. Er kann nicht grundsätzlich revidieren, keine echten Erfahrungen machen. Dasselbe macht und wiederholt er auf andere Weise.

6. Er hört manchen echten Klang vergangener Größe des Philosophierens, – aber ohne Ehrfurcht –
Er hält für neu, was uralt ist.

81

Gefahren der Existenzphilosophie[1] Gefahren

Vermischung von Dichtung und Philosophie,
moderne Magie
Analogie zu spätantiken Propheten, zur Gnosis

Unterwerfung unter »Eisenkonstruktion« –
Sophistik und Fanatismus
Gefangennahme von falscher Praxis

82

Der Freiheit des Dichters, der – Shakespeare – die tiefste Wahrheit berührt, weil er sich als Dichter nicht entscheidet – alles ist Sprache, aber nicht allein gültige Sprache –

Keine Verwechslung von Wissenschaft (dem Richtigen) und der Lehre[?], und dem Vollziehen der Sprache (der Wahrheit) –
Aber: Wahrheit nur in der Luft der Richtigkeit –
Das Untergeordnete ist Lebensbedingung und Bedingung von Bewegung
Reinheit, Freiheit, wie Wasser und Luft für den Leib –

83

Ist alles Mimikry, falscher Zauber, gehaltlos, verführend durch Gebärde und Sprache, was den Versuch macht, absolut, dogmatisch, chiffrenschaffend, ausschließend zu philosophieren?
Ist nicht der Weg zu: Vernunft, Kommunikation, Freiheit in Gemeinschaft – und der Gegner: das Isolierende, Ausschließende, Führeranspruch Erhebende, Abbrechende – und dann alsbald Barbarische?

84

Die Anziehungskraft der geheimnisvollen Formulierung – der »dunklen Tiefe«, –
der Straffheit dogmatischen Zusammenhangs in erlernbarer Methode, –
der Autorität eines Befehlenden, – abstoßend anziehenden, – des Anspruchs, das Unerhörte zu bringen, –
der spezifischen Begabung des Wortes, der Gebärde, des Gleichnisses, der Vieldeutigkeit in einer sprachlich strengen Form, –
Die Frage nach dem Bezwingenden des »Mythus«, des Diktums, – des »Prinzips« – und zugleich des Undurchsichtigen, Versprechenden.

Jedenfalls eigentümliche, ursprüngliche Begabung des Magiers.
Aber die Frage nach Ursprung und nach Sekundärem:
  die Mimikry Rilkes, z. T. Heideggers, Georges, –
  die Freiheit Hofmannsthals – Max Webers, –

Denen, die solches begehren, scheint die »Vernunft« leer: Löwith über meine Nietzsche-Interpretation (bei J. Wahl)[1]. Der durch den Denkenden ergänzungs-bedürftige Gang philosophischer Form leer für den, der ihn mit nichts erfüllt.
Dagegen der Zauber der Objektivität: des Mythus, des Dogmas, der Konstruktionen, des Ausgesagten. – Immer: der Verstand fällt auf seine vier Beine, die Gegenständlichkeit an sich, – analog auf Mythus, Formel –
die ganze Umdrehung des Philosophierens aus dem Gang am Leitfaden des Gegenständlichen zur Befangenheit im Gegenständlichen.

Forderung: Herr seiner Gedanken bleiben, – Freiheit des im Gedanken außerhalb seiner Seins – die »Vernunft« –
Nicht Schule, Kreis, Nachahmende und Nachredende, – sondern Gemeinschaft derer, die sie selbst sind.

85

Der Zauber der Eisenkonstruktion.
Die Verführung des Systems –
Das Hineingeraten in ein Grundschema – des Vorstellens, der Denkform, der Sprachlichkeit –

All dies gegen die Freiheit geschichtlich gegründeten Denkens – Methode, sich des weiten ursprünglichen Denkens zu überheben, Verhinderung, Herr seiner Gedanken zu bleiben, in unbemerkter Unterwerfung unter eine Disziplin und Form –

86

Doppelte Gefahr: der leeren Virtuosität des Versiertseins –
der Fesselung durch eine bestimmte Denkungsart

oder weiter gesteigert: der Sophistik aus der Virtuosität, des Fanatismus aus der Fesselung.

Diese beiden Abgleitungen treffen leicht im selben Menschen zusammen, – eine glitzernde Geistigkeit – eine betörende Magie – (die Magie der dichterischen Beschwörung, die Magie des Extremen, die Magie der Lüge, die Magie des sophistischen Pathos).

87

Sophistik

a) Die Eignung der Dialektik zur Sophistik –
b) Eignung des transzendierenden Denkens – in ständige Verwandlung zu gegenständlichem Behaupten –
c) Die beschwörende Magie, die bei gleichbleibender Denkform jeden fanatischen Inhalt – wechselnd – aufnehmen kann –

88

Gefangennahme unter falsche Praxis

Von Existenz die Rede –
alsbald die Philosophie ein Mittel –
und wenn Existenz dann nicht mehr im philos. Sinne genommen wird, sondern als Existenz eines Volkes, eines Staates, des Daseins – dann wird Philosophie in schneller Umkehrung Mittel für eine Politik.

So jedem anderen Unterordnung, – wenn der Ursprung verloren geht.

89

... aus dem Negativen einfach in Positives umzukehren, – der gläubige Nationalsozialismus als Weltepoche bewußt und gefordert, bei manchen Deutschen, von Vernunft und Selbstsein verlassen, 1933 wirklich, ist eine Analogie zu allen diesen gigantischen Ansprüchen von Zwergen, deren Torheit nicht so drastisch und entsetzlich der Bezeugung durch die Ereignisse ausgesetzt ist, da sie auf dem Papier, in Reden und Gebärden für einen Kreis Betörter bleibt, –[1]

90

Gefahren

..., wir gleiten ab ins Dasein (Privatinteresse, Nation, Staat, Interessen etc.) als absolutes und interpretieren es täuschend aus der jeweiligen Philosophie, die des Verstands und damit der Kritik beraubt ist, – mit magischen Symbolen, formaler Disziplin, beschwörendem Pathos unbestimmter Ahnungen und – in der Lage – mit Anweisungen zum Gehorsam –[1]

91

Das Schlimmste ist: einem Menschen sich verbunden haben, mit dem es abreißt. Aber ebenso schlimm: es nicht wahr haben zu wollen und zu verdecken durch Konvention, Formeln und Gebärden[1].

Die »Genialität« Heideggers, das sprachlich Bezaubernde, »Ursprüngliche«, Neubeginnende. Der Übermut des totalen Abbrechens.
Vielleicht, die geistige Begabung Heideggers in unserer Zeit ungewöhnlich, zu vergleichen mit Jünger, G. Benn, – auf noch höherem Niveau vorher: George, Rilke –
Aber wenn dieser Wert und Maßstab angelegt wird, dann nicht zu vergleichen mit Philosophieprofessoren, sondern mit Nietzsche, Kierkegaard,
Frage: »Ernst«, – »Wahrheit«, – »Opfer«, –
Verwehren die Verwechslung, diese Begabung als Mimikry, – in Entbehrung und in dem Begehren nach solcher Begabung das Bezaubertwerden –
Gegen die Zweideutigkeit, die Unwahrheit und nicht die »Natur der Sache« ist, – die echte große Zweideutigkeit läßt wahrhaft die Tiefe durchscheinen und ist in der Lebenspraxis eindeutig verläßlich.

Teil IV

1954/55

Lieber Heidegger![1]

Ihre neueste Veröffentlichung »Einführung in die Metaphysik«[2] habe ich mir gekauft und zu großen Teilen gelesen. Ich war wieder betroffen von zwei Wirklichkeiten: Einmal von meinem Einverständnis, – Sie sind vielleicht der Einzige unter den Philosophieprofessoren, bei dem ich Sätze lese, die in jene Verborgenheit treffen, von der Sie mir neulich schrieben, dann kann mir sonderbar zumute sein, als ob wir im Bunde wären, – keiner der anderen Lebenden kann mich interessieren (wenn das auch recht hochmütig klingt – aber es ist nicht hochmütig gemeint, sondern bloß ein Faktum) – dann aber war ich nicht weniger betroffen in meinem Erschrecken über das Andere, das mich anmutet wie Wahn. Beides je ineinander zu sehen, gelingt mir noch nicht. Ich möchte es trennen, und das gelingt mir auch nicht.

Ich hätte den Impuls, Ihnen zu schreiben, Urteile zu versuchen, die als Fragen gemeint sind, und geradezu Fragen zu stellen, wenn ich wüßte, daß Sie bereit sind mir zu antworten. Mein Brief würde – anders wäre er sinnlos – keine Rücksichten nehmen, sondern offen sein. Bitte schreiben Sie mir ein Wort, ob Sie den Brief wünschen, nicht um etwas zu hören, um das Sie allenfalls Bescheid wissen möchten, sondern um den Brief, wie er auch ausfällt, als von Ihnen selber begehrte Gelegenheit zu ergreifen, mir ebenso offen zu antworten. Wenn ein Zweifel ist, wäre es besser, daß wir es lassen.

1. Diskussion als »wissenschaftliche« Argumentation nach unser beider Auffassung nicht möglich, – hier wird nicht bewiesen, sondern gesehen und gezeigt.

2. Wie ist dann Gemeinschaft möglich? Oder bleiben es gegenseitig nicht verstehbare Monologe, Anwürfe, Unsinnigkeiten?

3. Die Form der Mitteilung in der Sprache ist so, daß behauptet und begründet werden muß. Der Sinn von beidem ist nur zu verwirklichen, wenn gemeinsam das Feld wissenschaftlicher Thesen und Beweise und Argumentationen anerkannt, vorausgesetzt und berührt wird – nicht als ein Fremdes, nicht als etwas Sekundäres, sondern als ein durch nichts anderes mehr begründbares Wissen-

wollen und Anerkennen – nur auf diesem Grund ist es möglich, das nicht logische Denken als eigentliches Philosophieren aus der Willkür des Machtanspruchs zur Methode zu befreien.

4. Man muß gegenseitig versuchen, durch die Grobheit der Sätze hindurchzuhören – und wenn der andere nicht hört, ihm einen Wink zu geben – gelingend nur durch glücklichen Griff, wie man das Wort findet in einer Situation, in der gerade dieses, und keine langen Erörterungen, den Star sticht und hilft.

5. Daß Philosophie keine Wissenschaft ist, sondern Wissenschaft als Hilfsmittel hat, bedeutet zugleich, daß sie nicht wie eine Sache der Wissenschaft betrieben werden kann. Die Form einer sachlichen Mitteilung im Rahmen des Fortschritts von Erkenntnis ist nur Betrug. Vielmehr ist Philosophieren zugleich persönlich zu vertreten. Darum die Praxis nicht ein Argument, aber selber ein Mitteilungsmittel, ein Mittel des Glaubwürdig- und Anschaulichmachens. Daher: Philosophie unteilbar von Politik, – von Ihnen 1933 bezeugt und ausgesprochen, grundsätzlich wahr, aber zu befragen auf seinen Inhalt, das Tun selber und die Folgen[3].

94

Helmut Kuhn, Heideggers »Holzwege«[1]

Archiv für Philosophie (herausg. Jürgen v. Kempski) 4. Bd. 1952. S. 253 ff.
Kohlhammer Verlag

253 »Heideggers Buch erzählt Geschichte – die Geschichte des Seins. Der historische Verlauf, innerhalb dessen sich diese Geschichte entwickelt, beginnt bei den frühen Griechen ... erweitert sich zur gegenwärtigen Weltgeschichte.«[2]
Ihr Sinn als »Eschatologie des Seins«. (302)[3]

»Der Versuch, die gemeinsame Aussage der thematisch verschiedenen Abhandlungen kritisch zu bestimmen, scheint von vornherein[4] dazu verurteilt, seinen Gegenstand zu verfehlen. ...

... müssen die vorgetragenen Behauptungen an den allgemein zugänglichen Phänomenen und den Regeln der Logik messen. Nach der Absicht des[5] Verfassers aber sind die Holzwege nicht Philosophie – der Philosophie ›in ihrer jetzigen Gestalt‹ als ›Lehre und Gebilde der Kultur‹ wird ein Epitaph aufs Grab gelegt (237) – sondern Dichtung. Dichtung aber ist nicht ›Poesie‹ (auch diese ist vermutlich zum Verschwinden verurteilt), sondern das ›Geschehenlassen der Ankunft der Wahrheit des Seienden als eines solchen‹ (55) oder, seinsgeschichtlich gesprochen, ›Stiftung als Anfang‹ (63). Im Nahen der Endzeit wird also durch Dichtung – Heideggers Dichtung – ein neuer Anfang gestiftet. Was soll einem solchen Anspruch gegenüber eine philosophische Besprechung? Heidegger ist wohl bedeutend genug, ernst genommen zu werden ...«

»... müßte zugegeben werden, daß jede philosophische Diskussion der von Heidegger eröffneten Gedanken, von dem Anspruch dieser Eröffnung her gesehen, eine Absurdität ist. Das Verfahren der Prüfung in Zustimmung und Ablehnung ist ja bereits im voraus durch den Gegenstand der Kritik diskreditiert. Denn wohl oder übel muß sich die Kritik der ›technischen Auslegung‹ des Denkens bedienen, die in der ›Logik‹ sanktioniert wird und die etwas wie gemeinsame Forschung erst möglich macht (vgl. Platons Lehre von der Wahrheit S. 55). Aber Logik und Forschung sind nach Heideggers Behauptung Resultate der Seinsvergessenheit und also ein ›unangemessenes Maß‹ für die Beurteilung eines ›ursprünglicheren Denkens‹.«[6]

255 »Es handelt sich um terminologisch fixierte unauflösliche Bilder und bildliche Ausdrücke. Haus des Seins (= Sprache), Hirt des Seins (= Mensch), Lichtung, Geworfensein, Fuge, die unerhörte Mitte, Herzraum sind Beispiele dieser dichterischen Terminologie. Derartige Ausdrücke sind keineswegs sinnlos oder leblos ... aus ihrem gegenseitigen Verhältnis ... aus gewagtem Etymologisieren – aus der Dichtung, der sie entlehnt sind, ... strömt die Sprache des jeweils interpretierten Dichters in die Interpretation bis zur Verschmelzung über ... wie ein Weiterdichten von Rilke.

... einiger bestimmter Dichter ...

... den Dichtungen gegenüber eine Haltung, die der des Theologen gegenüber den Offenbarungsurkunden aufs genaueste entspricht ... pneumatische Exegese ...«

»Man kann nicht, ohne sich lächerlich zu machen, Heideggers Bildausdrücke übernehmen, und sei es auch nur zu Besprechungszwecken.«

Heidegger (Holzwege 247)

»Das Denken beginnt erst dann, wenn wir erfahren haben, daß die seit Jahrhunderten verherrlichte Vernunft die hartnäckigste Widersacherin des Denkens ist.«

260 »Heidegger, der ›idyllische Schäferei und Naturmystik‹ verschmäht, kann nur ›Hirt des Seins‹ werden, ›insofern er der Platzhalter des Nichts bleibt‹ (321). Dieses Nichts ›ist niemals nichts‹: ›es ist das Sein selbst, dessen Wahrheit der Mensch dann übereignet wird, wenn er sich als Subjekt überwunden hat und d. h., wenn er das Seiende nicht mehr als Objekt vorstellt‹ (104).«

Begriff des »Wagens« (260–277).

---

252 (»Holzwege«) »Aber das Geschick zieht um solches unbekümmert seine Bahn«

89 Die Wesenskräfte des Zeitalters »wirken wie sie wirken, unberührbar von jeder alltäglichen Bewertung«.

92 Verächtl. gegen »nationalsozialistische Philosophien«

Platons Lehre von der Wahrheit 87: daß »die marxistische Anschauung von der Geschichte aller übrigen Historie überlegen«[7] sei.

---

248 Eckehard:

statt von »Göttern und der Gott« (248) wird schlicht von »Gott« gesprochen[8]

95

L. Heidegger!

Daß wir uns einander angehen, beruht auf der Wirklichkeit eines Jahrzehnts, das nun lange zurückliegt. Ich denke oft an Sie. Diese Vergangenheit hat die wunderliche Folge, daß wir uns gegenseitig kaum lesen. Es ist, als ob wir uns kennen, und nicht mehr zu lesen brauchten. Vielleicht ist das ein Irrtum. Ich las einige Aufsätze in Ihren Holzwegen, einige Abschnitte in Ihrer Einführung in die Metaphysik, Ihr gehaltreiches »Aus der Erfahrung des Denkens«[1], aber alles nicht genug und bisher nur beliebig. Immer denke ich, es noch liegenlassend, daß ich, so es vergönnt ist, noch einmal Ihr Werk im Ganzen lese und mich dann äußere.

Auch Sie lesen mich nicht. Trotzdem schicke ich Ihnen diese beiden Kleinigkeiten[2]. Es könnte sein, daß Sie gelegentlich einen Blick hineinwerfen möchten. Die Bultmann-Sache geht ja auch Sie an. Und bei der Schelling-Auffassung denke ich sogar, Sie könnten vielleicht mit mir im Großen und Ganzen einig sein. Aber, bitte, fühlen Sie sich durch mich nicht gedrängt zur Lektüre. Nur wenn Sie ohnehin einmal den Impuls haben, sollten diese Schriften bei Ihnen sein. Nehmen Sie die Sendung nur als einen Gruß.

Mit guten Wünschen

Ihr[3]

96

Plan

Meine Heideggerkritik einschließlich der autobiographischen Erinnerungen muß die Form einer Anrede an Heidegger, eines einzigen langen Briefs annehmen, geteilt in einzelne Briefe.
Die objektivierende Darstellung ist ungemäß gegenüber dem Lebenden.

Die Anrede muß im Sinn sich umredigieren: als gemeinsame Erinnerung oder als Erinnern mit dem Anspruch, daran zu denken –
als Frage an Handlungen –
als Frage an Sachen, Methoden –

Darin sind lange Entwicklungen des Gedankens als Darlegungen möglich, aber stets mit dem Hintergrund: daß sie an Heidegger gerichtet sind, ihm vorgelegt werden –
Die Objektivierung als solche wirkt distanzierend.
Die Anrede, ohne daß in der Schrift selber eine Antwort erfolgt, ist als Ergebnis der biographischen Situation naturgemäß hervorgehen zu lassen.
Daß die Anrede öffentlich erfolgt, bedeutet, daß eine Distanzierung vollzogen ist, die nur auf dem Wege über eine Antwort auf meine Anrede rückgängig zu machen wäre, – nicht durch private, konventionelle Freundlichkeiten.
Es ist das Verhältnis selber ein öffentliches aber geworden. Weil wir zusammen genannt, gegeneinander ausgespielt werden. Weil ferner die politische Realität, die uns trennte, selber einen öffentlichen Charakter hat, da wir beide darin an die Öffentlichkeit getreten sind.
Meine bisherige auf Heidegger bezogene Autobiographie[1] muß nach dem Prinzip der Anrede umgeformt und erweitert werden.

97

Heidegger »Lehre« –

Ein Sosein. Es wandelt sich, aber es bleibt die Form.
Die Verkündigung als letztes Stadium des Zeigens, Aufweisens.
Die Auflockerung des Relativismus entweder in der Subjektivität des Daseins (Sein und Zeit) oder im Gnostischen, in beiden Fällen ein Sprechen des Wissenden, ein Berühren daran, was eigentlich ist (analog: Rilke).

Dadurch ausgezeichnet, weil nicht methodische Reserve, nicht Schwebe, – der Hörer oder Leser hat es, – aber er hat es nicht in der Weise akademischer Überlieferung, – daher geneigt es als modern zu glauben.

Dem gegenüber die Frage nach der Wahrheit –
Diese Frage nicht beantwortet durch Sorgfalt oder Konstruktionen, nicht durch irgendeine Schönheit, nicht durch Sprachlichkeit, Redeweise.
Wie ist hier die Erörterung, die Bejahung und Verneinung, Diskussion und Polemik möglich?
Diese Methode ist bewußt zu machen, und dadurch die versuchte Polemik zu kritisieren.

98

Heideggers[1] Absurditäten haben z. T. die Kraft des Erschreckens und dann vielleicht für Gedankenlose die Kraft des Anregens, sich heller des Vernünftigen bewußt zu werden.

Was ist Denken? Merkur 604[2]

Das eigentliche Denken distanziert sich von den Wissenschaften.
»Der Grund dieses Sachverhaltes liegt darin, daß die Wissenschaft nicht denkt. Sie denkt nicht, weil sie nach der Art ihres Vorgehens und ihrer Hilfsmittel niemals denken kann, denken nämlich nach der Weise der Denker. Daß die Wissenschaft nicht *denken* kann, ist kein Mangel, sondern ein Vorzug. Er allein sichert ihr die Möglichkeit, sich nach der Art der Forschung auf ein jeweiliges Gegenstandsgebiet einzulassen und sich darin anzusiedeln.«

Dazu: 1. Das Wort »Denken« soll also offenbar etwas ganz anderes bedeuten, als was im Sprechen der Zeiten darunter verstanden worden ist, – etwas, das fast das Gegenteil ist, aber als Gegenteil auch nicht faßbar ist –
und doch wird von ihm geredet, es also zum Gegenstand gemacht, von »Sachverhalt« gesprochen –

2. Es wird begriffen, daß der Sinn, aus dem Wissenschaft, Forschung, methodisches Denken betrieben wird, nicht selber durch Wissenschaft begründbar ist. Daß die Wissenschaften in ihrer Wirklichkeit noch einen anderen Grund haben als Wissenschaft – was richtig und die erregende philosophische Frage bedeutet – wird verwechselt mit dem Grund der Richtigkeit wissenschaftlicher Erkenntnis. Die Be-

friedigung an Erkenntnis ist eine zweifache: an der Richtigkeit, und an der Bedeutung dieser Richtigkeit! (Max Weber: »was ich ertragen kann«[3]).

3. Die spezifische methodische Schwierigkeit des »Verstehens« in den Geisteswissenschaften wird fälschlich verabsolutiert zu einem Problem aller Wissenschaft. Der »Zirkel« wird für ersteres für alles Erlernen behauptet, zweitens im Verstehen selber fälschlich auch dort behauptet, wo eine einlinige Begründung eines zu Fixierenden möglich ist: richtige Lesung bei Editionen –

4. Die Formulierungen wirken nur auf solche, die sich sowohl ihres wissenschaftlichen Tuns (inbezug auf die Richtigkeit ihrer Resultate), als auch des Sinns ihres Tuns (warum sie überhaupt Wissenschaft, und warum diese Wissenschaft treiben) dunkel bewußt sind als einer existentiellen Brüchigkeit ihres ganzen Daseins.

5. Heidegger will zurück, in das Zuvor, in den Grund: aus der Metaphysik in den Grund, aus dem diese als Seinsgeschick[4] auftritt, – aus der Wissenschaft (die selber fälschlich für übereinstimmend mit Metaphysik gehalten wird: weil beide: gegenständlich, vorstellend) –
dieses Zurück ist im Sinn, formal, nicht anders als alle Philosophie –
das Überwinden der Subjekt-Objekt-Spaltung, –
die Berührung des Seins selbst, der Transzendenz, des Absoluten –
die Vergegenwärtigung des Ewigen
Und wie sonst – in Gehalt und Sinn übrigens außerordentlich differierend – gesprochen wird:
intellektuelle Anschauung, – Denken aus der Mitwisserschaft mit der Schöpfung – vorweg – Dialektik – Spekulation –
Die doktrinale Metaphysik war von jeher ein Abfall von diesen Ahnungen – aber gerade bei den großen Philosophen nicht vollzogen –

6. Das Überraschende, Provozierende, – das heute viele Gedankenlose und grundlos Lebende als erfreulich erfahren, – als solches schon für tief halten –
In der Tat wird die philosophische Tiefe berührt. Dadurch Heidegger ein heute – in der Welt des opportunistischen Rationalismus – wirksamer Philosoph. Er prügelt, rüttelt. Aber dann: er sagt nichts, – er lehrt keine Operationen, – er entwirft keine Vision, – er führt in das Chaos in den Formen einer geordneten, sorgfältig gebauten

Sprache, – die als Sprache allein der letzte Halt und Leitfaden ist, – während das in dieser Sprache Gemeinte nicht existiert, oder nicht existentiell werden läßt.

»Der wissenschaftliche Beweis trägt zu kurz« (Holzwege 343).

Ja, wenn er in den Grund des Seins dringen sollte; wenn Wissenschaftler ihre Sache verabsolutieren (was die typische wissenschaftsfremde und unphilosophische Weise ist, die Begleiter der modernen Wissenschaften blieb).
Nein, weil er erreicht, was er sich zum Ziel setzt.
Und anders: Ein Beweis trägt niemals weiter, trägt nie in den Grund des Seins.

Wenn Heidegger unterscheidet: Wissenschaft, die zur Richtigkeit der Aussagen gelangt, –
Philosophie, der es um die Wahrheit des Seins geht, –
so ist das selber »richtig«, aber nun handelt es sich um das Denken, das die Wahrheit des Seins offenbar werden läßt –
dieses Denken kann selber immer nur in Subjekt-Objekt-Spaltung stattfinden (oder es verwandelt sich in die unio mystica, die selber nicht mehr Denken im Sinne von Unterscheiden, Sprechen, Mitteilen ist, – wenn auch aus ihr, ihrer Erfahrung, aber sie verlassend, wieder in der Subjekt-Objekt-Spaltung geredet wird). Daher ist unumgänglich das methodische Bewußtsein und die methodische Kontrolle des Denkens, da in der Subjekt-Objekt-Spaltung (es wird ja gesprochen, mitgeteilt, gemeint). Es handelt sich nicht um Denktricks, nicht um eine angebbare, dann mit neuem Einzelwissen anwendbare und wiederholbare Technik, wohl aber um das methodische philosophische Selbstbewußtsein des eigenen Tuns; ohne das in der Form einer Scheinordnung des Sprechens totale Konfusion herrscht: ständig läßt sich alles anders drehen und wenden, – es gibt keine Aussage, – es ist nicht operativ zu zeigen, in welchem Zusammenhang sie einen treffenden gemeinten Sinn hat, – sie ist grundsätzlich mißzuverstehen, wenn sie aufgefaßt wird, weil sie selber allein ein Sichmißverstehen ist.
Die außerordentlichen Anstrengungen der Philosophen um das Erfassen und Überwinden der Subjekt-Objekt-Spaltung seit Kant, – und vorher seit Plato, aber immer wieder versinkend –, um herauszukommen aus der natürlichen Naivität: Wahrheit sei die adaequatio rei et intellectus[5] –,

können nur begriffen werden, wenn sie selber methodisch sind: d. h. wenn sie wissen, daß in allem Sprechen über Subjekt-Objekt-Spaltung und ihre Herkunft, und ihren Sinn, selber schon diese Spaltung beschritten wird: daß man denkend nicht aus der Spaltung herausgelangen kann, außer durch ein Denken, das bewußt sein Mitteilen in der Spaltung mit dem Sinn in das Umgreifende hin vollzieht, – wobei aber jede Position, jedes Gemeinte sofort wieder eine Erscheinung innerhalb der Spaltung annimmt.

Was Subjekt-Objekt-Spaltung sei, kann nur in der Erhellung der Gegenwärtigkeit des Denkens durch sich selbst klar und geklärt werden, und wird selber nicht vollendet deutlich.
Es ist keine Voraussetzung, die wir machen (das geschieht nur in unzureichenden Formulierungen der Gegenwärtigkeit der Spaltung), – sondern die Voraussetzung, die wir selber denkend sind.
(Vgl. Unecht sehen: Sein und Zeit 59ff.)[6]

Was will Heidegger?
Aus den Wissenschaften herauskommen? Die Wissenschaften preisgeben? Zurückgelangen in eine Wahrheit, die Wahrheit vor allen Wissenschaften?
– oder durch die Wissenschaften selber hindurchgelangen zu etwas, das mehr als Wissenschaft, die Philosophie, das Denken ist? –
– oder vorbereiten das Denken, mit dem dann erst die Wissenschaften zu überwinden sind?
– oder das Denken, das an Stelle der Wissenschaften tritt, diese überflüssig macht? –
– oder durch die Wissenschaften selber das Denken erziehen:
(Holzwege 195) »Zum vorbereitenden Denken und zu seinem Vollzug gehört eine Erziehung im Denken inmitten der Wissenschaften. Hierfür die gemäße Form zu finden, so daß diese Erziehung im Denken nicht einer Verwechslung mit der Forschung und der Gelehrsamkeit anheimfällt, ist das Schwierige. ... Inmitten der Wissenschaften denken, heißt: an ihnen vorbeigehen, ohne sie zu verachten.«

Heidegger Holzwege 197 über Textverständnis, Kunstverständnis:
»Eine rechte Erläuterung versteht jedoch den Text nie besser als dessen Verfasser ihn verstand, wohl aber anders.«[7]

Holzwege 195 »... Verflechtung der Metaphysik mit den Wissenschaften, die zur eigenen Nachkommenschaft der Metaphysik gehören ...«
das ist nur halb richtig, – historisch genetisch, – Pietät [?] gebend, – Antriebe gebend –
entscheidend ist der eigene Ursprung der Wissenschaft im Unterschied von und im Gegensatz zur Metaphysik – und ihre reine Entfaltung ohne alle Metaphysik.

Ist zwischen Wissenschaft und Denken eine Kluft? Nach Heidegger so sehr: daß Wissenschaft nicht Denken ist

---

Allemann[8] S. 172:
»Es ist ein Mißverständnis, die Erläuterungen (Heideggers) philologisch zu beurteilen, um sie dann folgerichtig als unwissenschaftlich abzulehnen. Das Mißverständnis steigert sich ins Absurde, wenn die Forschung glaubt, dies oder jenes aus Heideggers Interpretation sei ja so abwegig nicht und könne der wissenschaftlichen Auseinandersetzung mit Hölderlin förderlich sein.«
Allemann scheint über den Sinn von Literaturwissenschaft selber sich nicht klar zu sein –, ist jemand sich darüber klar? –

Heidegger, Vorwort zum Kantbuch[9] 2. Aufl.:
»Der Vorwurf der Gewaltsamkeit kann in dieser Schrift gut belegt werden ... Im Unterschied zu den Methoden der historischen Philologie, die ihre eigene Aufgabe hat, steht ein denkendes Zwiegespräch unter anderen Gesetzen. Diese sind verletzlicher. Das Verfehlende ist in der Zwiesprache drohender, das Fehlende häufiger.«

Was ist Denken? Merkur 604ff.:

Heraklit
... »was sich nur so kundgibt, daß es im Sichverbergen erscheint, dem entsprechen wir auch nur dadurch, daß wir darauf hinweisen und hierbei uns selber anweisen, das, was sich zeigt, in die ihm eigene Unverborgenheit erscheinen zu lassen. Dieses einfache Weisen ist ein Grundzug des Denkens, der Weg zu dem, was dem Menschen einsther und einsthin zu denken *gibt*. Beweisen, d. h. aus geeigneten Voraussetzungen ableiten, läßt sich alles ...«[10]

Allemann S. 174 für Heidegger:

Die »gewaltsamen« Erläuterungen: (wird das »Kunstgriffmäßige« ihnen notwendig vorhanden sein)

»Indem sie aber, nun denkender gedacht, Hinweise sind, haben sie es auch gar nicht, was doch dem Kunstgriff entspräche, auf Ergebnisse abgesehen. Vielmehr geht es darum, eine Dimension zu eröffnen.«

Allemann S. 174: anläßlich Heideggers: »das ewige Herz« sei einmalig in Hölderlins gesamter Dichtung (Erläuterungen S. 71)[11]:

»Der Einmaligkeit des Wortes des Heiligen entspricht die Einmaligkeit seines Dichters, welche die wissenschaftliche Forschung nie beweisen kann, da ihre Mittel Vergleich und historische Einordnung sind.« !!

». . . Einmaligkeit des Wortes des Seins . . .«

»Möglichkeit des Übergangs in ein anderes Sprechen erreicht . . .«

»Indem das metaphysisch gesehene Wesen der Geschichtlichkeit im Werk Hölderlins auf das einzige Wort *Heimkunft* zurückgezogen wird, kann sich aus dem so als gesagt Entgegengenommenen das in Hölderlins Dichtung noch Ungesagte entfalten, welches der Gang in die N he des Seins ist.«

Allemann 175:

»Hat eine solche Untersuchung (wissenschaftliche Untersuchung von Heideggers Verhältnis zu Hölderlins Dichtung) auf den frühern Stufen noch einen gewissen Anhalt an der metaphysischen Absprungbasis Heideggers, so verliert sich jede Möglichkeit wissenschaftlicher Beurteilung in dem Maß, als sich Heidegger in seine denkerische Sprache findet« (so in der Trakl-Rede) –

Aber 175 Allemann:

es war stillschweigende Voraussetzung, »die Literaturwissenschaft sei tatsächlich eine Wissenschaft«

»bleibt indes eine Frage« –

»ständige Grundlagekrisis«

»über Dichtung nicht hinausgekommen« –

Heidegger soll geschrieben haben, »Sein und Zeit« sei mit der ungemäßen Absicht auf Wissenschaft und Forschung behaftet –

Allemann S. 180:

»Eine Auseinandersetzung mit Heidegger, die sich auf die Kritik an der Gewaltsamkeit seiner Auslegungen beschränkt, sieht die eigentliche ›Gefährdung‹ der Wissenschaften, die von Heidegger ausgeht, noch gar nicht. Heidegger stellt die Wissenschaften auf eine viel umfassendere und freilich auch ›positivere‹ Weise in Frage als durch die Anwendung unwissenschaftlicher Methoden.«

Dagegen: Die Wissenschaft ist nicht gefährdet, sondern die Wahrheit der Philosophie und die Aneignung der Wissenschaft.

99

Ich beschwöre Sie![1] wenn einst etwas zwischen uns hinübersprang an philosophischen Impulsen, übernehmen Sie die Verantwortung für Ihre einzige Begabung, sie in den Dienst der Vernunft, der Wirklichkeit menschlicher Würde und Möglichkeiten, statt in den Dienst von Magie zu stellen! Erkennen Sie den Zusammenhang zwischen Metaphysik und jedem Denken [das] über alle Metaphysik hinaus hinüberführt in die Lebenspraxis, in die Politik und die wirkliche Zukunft, – erkennen Sie, daß es sich für Menschen nicht um eine imaginäre Seinsgeschichte und das passive Erfahren von Schickungen handelt, sondern um das, was sie tun, mit anderen tun, andere tun lassen, – erkennen Sie, daß jeder Gedanke, ernst gedacht oder magisch gedacht, im Hörenden mitwirkt an dessen Lebensverfassung, aus der das Verhalten folgt, das seinerseits – bei jedem Einzelnen – mitwirkt am Gang der Dinge im Ganzen – nicht übersehbar, ausgesetzt in der Tat einem nie durchschauten, nicht zu berührenden, nicht zu bezaubernden, nicht herbeizuzwingenden und nicht abzuwehrenden Schicksal, – aber so, daß dieses Schicksal selber als wesentliches Moment unser Denken, unsere Verantwortung in sich trägt, daß die Philosophie sich bewährt, daß wir mit ihr dem Teufel und dem Gott dienen (wenn auch diese mythische Ausdrucksweise übergriffen wird von dem, wovon nicht zu reden ist, worauf sich alles beziehen mag, und was nicht eintritt in die Zeit), –

100

Heidegger

Der Schein der wissenschaftlichen Allgemeingültigkeit wird nicht abgeworfen, – durch ihn vielmehr eine Schule und Lehre ermöglicht, gar Anwendung in Fachwissenschaften, –
während zugleich die Wissenschaft als gleichgültig behandelt wird, als selber nur einer Zeit zugehörig, – »sie nicht verachten, aber an ihr vorbeigehen«[1] –
damit die uralte Pseudowissenschaftlichkeit der Philosophie beibehalten, – keinerlei Anteil an Wissenschaft und wissenschaftlicher Denkungsart –

Die Frage zu stellen: welche existentielle Macht, welcher Wille spricht hier? bringt sich zur Geltung? oder gar keiner? oder die Unverbindlichkeit und die Ermöglichung jeder Praxis?
In der grotesken, offenbaren Zweideutigkeit von Wissenschaftsverwerfung für das eigene Denken und Wahrheitsbehauptung im Sinne wissenschaftlicher Allgemeingültigkeit –

Dieses vertrackte Ineinander, vor dem man vergeblich fragt: wer ist eigentlich da? wer spricht da?

101

Max Müller, Crise de la Métaphysique. Paris 1953[1]

Heideggers Position zu eigen gemacht:
Die Gegenwartsproblematik umfassender als jede frühere, – so denkt, wer geschichtlich denkt.
Plato und Aristoteles: ewiges Wesen einer unveränderlichen, dauernden Gegenwart – Mensch als ewiges Vorbild – Tugenden vorgegeben – der Mensch kann nicht schöpferisch sein – das Philosophieren kann keine schöpferische Lebensbedeutung für ihn haben –

Auffassung, Grundlage der mittelalterlichen Ordnungsphilosophien. Diese großartige Wesensphilosophie stellt die Seinsfrage nicht. Es fehlt die Problematisierung des Seins. »Seinsvergessenheit des Mittelalters.«
Kant: Aus dem Wesen wird das für den Menschen Wesentliche.
Heidegger: alle Metaphysik seit Platon sei als Wesensphilosophie eine »Metaphysik der Subjektivität«. Kant »noch in der apriorischen Socialität befangen«.
»Der Christ ist einzeln und allein gegenüber dem persönlichen Anruf, den er allein als Pflicht und als Grund der Verpflichtung anerkennt.«
Sein als Verbum (activum) – Seinsgehalte.
Sartre: Antitheologie
Heidegger meidet jede Grenzüberschreitung, »sie ist bei seinem Philosophieren auch garnicht zu befürchten«.
Bei Heidegger immerhin »tiefe Achtung vor der Religion und der Theologie«.
Heidegger stellt das Gottesproblem nicht. Das ist kein Atheismus. Sondern: »auf seinem Denkweg vom Seienden zu dem, was dem Ursprung des Seins am nächsten liegt, trifft der Denker Gott nicht.« Unmöglich ist die Identifizierung von Gott und Sein. »Die ontologische Differenz zwischen Seiendem und Sein ist nicht auch eine ›theologische Differenz‹ zwischen dem anders Seienden und Gott. Gott kann erst zureichend gedacht werden aus der Wahrheit des Seins.« Heidegger »legt durch Überwindung der Wesensmetaphysik gerade den Weg frei zum ursprünglichen Verständnis von Religion und Theologie«.

102

Wenn[1] Heidegger nicht selbst da ist, kann ich nicht mit ihm diskutieren.
Unsere persönliche Beziehung ist von der Art, daß sie von dem Gehalt der Philosophie nicht zu trennen ist. Ich kann nicht über ihn in einem Kreise reden, in dem er fehlt.
Er steht mir zu hoch, um bloß über ihn reden zu können oder gar über Positionen, als ob es sich um Fremde handle.
Er steht mir zu fern, als daß ich aus irgend einer verläßlichen Gemeinschaft ein Wort sagen könnte.

Ich denke und hoffe, daß zwischen uns noch keineswegs alles endgültig entschieden ist.
Aber die Situation ist die, daß wir nach langen Jahren näherer Beziehungen uns seit 1933 nicht mehr gesehen haben, seit 1933, weil H. stillschweigend abbrach, seit 1945, weil ich auf Grund unseres seitdem[2] geführten Briefwechsels nicht die Voraussetzungen spürte, die ein absichtlich herbeigeführtes Treffen schon sinnvoll erscheinen ließen.

Ich bitte Sie, daß Sie mir gestatten, an einer Diskussion über Heidegger nicht teilzunehmen. Die Auffassung von Philosophie, im Unterschied von Wissenschaft, in der H. und ich vielleicht einig sind, verbietet das unter den konkreten Voraussetzungen –

103

Wir haben uns seit mehr als zwanzig Jahren nicht mehr gesehen, seit 1933, weil Sie die früheren Beziehungen zwischen uns faktisch, wenn auch nicht absichtlich und planvoll, abbrachen, seit 1945, weil ich, ebenfalls ohne Absicht und Plan, keine Neigung hatte, ohne daß die Bedingungen für ein Ihnen und mir angemessenes, weder sentimentales noch konventionelles Gespräch bestanden.

Was zwischen uns geschehen ist, ist öffentlich durch Ihre nationalsozialistischen Handlungen; nur öffentlich, so scheint mir, kann zwischen uns die Bedingung wiederhergestellt werden, unter der dann, was wir nicht öffentlich uns zu sagen haben, möglich wird. Sonst verfallen wir an menschlich unverbindliche Redensarten, die wir tauschen würden, ohne daß Folgen von Gehalt sich einstellten.
Es handelt sich um mehr. Daß dies sich zeige, versuche ich ein kritisches Gespräch, zunächst notwendig einseitig. Es wird offenbar werden, ob und wo wir als Vertreter von ursprünglichen Mächten uns abstoßen, – ob und wo wir im Bunde stehen und einen Bund schließen könnten, der noch nie zwischen uns geschlossen wurde. Dies letztere, Unwahrscheinliche aber nicht Unmögliche, wäre herrlich. Aber nichts dürften wir verschleiern, Außerordentliches [?] müssen wir prüfen, durchschauen und überwinden, wenn er redlich geschlossen würde, denn ohne wirklich radikale Redlichkeit wäre er schlimmer als nichts.

104

Das Ausspielen von Heidegger und Jaspers gegeneinander, – als ob Kritik am einen Bejahung des anderen bedeute, – dies persönliche Parteibilden, – statt reeller und existentieller Kritik –[1]

105

Heidegger

Wie er mitwirkt an der Denkungsart und Verfassung, die heute in Deutschland sich wiederhergestellt hat: der gleiche Boden, auf dem der Nationalsoz. gewachsen ist.
Wie er um Philosophie, d. h. um philosophische Spekulation weiß, – aber, obgleich aus einem Ursprung redend, sogleich verkehrt, ins Barocke bringt, mit alten Worten und Kulissen, unredlich, traditionelle Gefühle okkupierend, arbeitet.

Sein Sinn für Sprache, Dichtung, aber als »Geländer«, an dem er geht: Hannah[1]: sein Philosophieren wagt sich nicht ins Freie, er geht immer an Geländern: Texten, die interpretiert werden, Worte und Sprache, mit denen er hantiert –
ob nun glänzende Interpretation oder willkürliches Operieren, – alles in allem: ein Erinnern, ein ins Wort dringen, aus dem Worte werten, – ursprünglich dichtend, – Begabung, die der philosophischen vorhergeht –

Sein Wort vom »Abstauben« und »Beleuchten« der Gemälde (als Kustos)[2] –
sein Anspruch, die ganze Philosophiegeschichte in ihrem Irrweg erkennen und neu anfangen, anknüpfend an den ersten Anfang und Ursprung.

106

Heidegger

Ist das eine Methode, tief zu fragen, aber so, daß Antwort ausbleiben muß?
Und zu fragen aus der totalen Unheilssituation?
Mit dem Ergebnis eines Zustandes, der alles zuläßt, sich jeder Entscheidung enthebt, immer stark im Verneinen, im Destruieren –
das einzige Ja im Nationalsozialismus.
Das Versäumen des vernünftigen Denkens, der Aufgabe des Philosophierens: Menschen zu sich selbst zu bringen, so daß sie vernünftig denken und handeln?
Mehr noch, sie verführen, auf Vernunft zu verzichten bei endloser fragender Bemühung eines Leerlaufenden, bei dem, wenn Gehalte vorkommen, diese durchaus traditionell, unbefragt bleiben, unursprünglich, gleichsam Deklamationen oder Täuschungen –
Das Versäumen der bestimmten und konkreten Fragen zugunsten geheimnisvoller Absolutheiten, Transzendierungen, die im Fragen als solchem liegen und sich damit begnügen –
Das, dies Fragen zu befragen. Kant: wenn falsch: der eine melkt den Bock und der andere hält ein Sieb darunter [1].

Die Koinzidenz dieses Denkens – wie bei Jünger (bei diesem in mehr ästhetischer Form freischwebender Souveränität artistischen Könnens von Beschreibung) – mit der Verwirrung in Deutschland, dem Ausweichen vieler Deutscher, die Rechtfertigung in der Verneinung durch eine Scheinklarheit der Sprache, –
dies Sichhalten am Geländer *nur* der Sprache –
ist dies etwa total gesinnungslos?

107

Die kritische Frage

Was entsteht in dem, der denkend mitgeht?
welcher Impuls drängt zu solcher Denkbewegung und Sprechweise?

soll etwas bewirkt werden?
soll eine Erkenntnis stattfinden?
soll eine gegenstandslose, – eine mystische Geborgenheit erreicht werden?
soll eine Handlungsbereitschaft erweckt, vorbereitet werden?

Wird über dies alles vom Denkenden selber nachgedacht, oder verfährt er unbewußt?

Wo sind die Grenzen seines Fragens nach der Voraussetzung?
Welche Voraussetzungen sind ihm selbstverständlich, oder sind im Einzelfall als selbstverständlich behandelt?

108

Wenn die vorstellende, vergegenständlichende Metaphysik verworfen wird:
Was geschieht dann im Denken?

1. mystische unio?

2. Aufweichung zu aller Möglichkeit, erzeugen totaler Unverbindlichkeit?

3. Grundverfassung des »großen Willens«, der »Aufschwung«, – die Vorbereitung zur konkreten Entscheidung in der Situation, – zur Geschichtlichkeit?

4. Lesen der Chiffernschrift: im Gegenständlichen nicht etwas, das anderswo wäre, aber im Bedeuten, sich selbst bedeutend, das Medium der Existenzerhellung, Orientierung in der Transzendenz für Existenz, Kampffeld der existentiellen Antriebe ist?

Wo findet Heidegger den Grund der Wahrheit bei seinen Argumentationen?

Wodurch will er überzeugen? und wovon? oder garnicht?

Ist das Fragen alles? Aber das Verständnis der Fragen setzt voraus, was den Sinn der Frage ermöglicht. Man kann nicht im »absoluten« Fragen stehen. Man fragt von etwas her –

109

Heideggerbuch

1. Beschränkt auf das öffentliche Sichtbare und Verlautete – als ob wir garnicht in persönlichen Beziehungen gestanden hätten.

2. Aufführung der Stellen, die ohne daß mein Name genannt wird, auf mich bezogen werden können,
darunter a) die »sachlichen«, – Ausdruck von Verachtung, in dieser Form
b) der Vorwurf des Plagiats (woher das »Licht« der »hellen Räume«: in dem Brief an Jünger)[1].

Heidegger öffentlich fragen: ob ich gemeint bin oder nicht, und wer gemeint ist, wenn nicht ich, oder ob gleich mehrere gemeint sind, unter denen auch ich –

Wenn seine Antwort erfolgt, dann – wegen Plagiat – Darstellung unserer persönlichen Beziehung (wenn er zugibt), – wenn er in Abrede stellt: ebenfalls, anders geformt –, wenn er garnicht antwortet, brieflich privat um Antwort fragen: dann in jedem Fall nachholen der persönlichen Darstellung.

3. Beschaffen der öffentlichen Äußerungen 1933 in Freiburger Zeitungen: für die Erinnerung von 1.

110

Proben einer konkreten Auseinandersetzung mit Heideggers Text, Satz für Satz, –

Keine grundsätzliche Möglichkeit, solche Diskussion auf diesem Wege zu einem Abschluß zu bringen, als Ergebnis etwas daraus Hervorgehendes objektiv festzuhalten, in Einstimmung aus Gründen, die beide und jeden Verstehenden überzeugen.

Die täuschenden Bilder von: der Sache »näherkommen«, wir tun »einen Schritt weiter«, wir kommen vorwärts etc. (Bilder, die aus dem wissenschaftlichen Fortschritt genommen sind).

Sondern: Möglichkeit, indirekt die Mächte fühlbar werden zu lassen, die im Widerstreit stehen, eigentliche Widersacher sind – oder offenbar werden zu lassen, daß keine Macht in gewissen Gedanken und Sätzen etwas will, sondern daß man eine Nichtigkeit spürt, – oder daß die Macht, eine eigentümlich bezwingende und bezaubernde Macht, die ist, in den Zustand metaphysisch gegründeter Unverbindlichkeit und geschichtlicher Entscheidungslosigkeit zu bringen, – und dann die Frage nach der Koinzidenz mit sittlich-praktisch-religiösen Bewegungen oder Zuständen des Zeitalters.

111

Es scheint auch in der gewaltlosen Geistigkeit durch die Öffentlichkeit ein Analogon der Gewalt zu geben.

Wie ein Politiker sich wanken und sinken fühlt durch die Stimmenzahl, die hinter ihm steht (und hier mit Recht), – so ein Philosoph durch das Echo einer Öffentlichkeit, das ihn trägt, eine Kritiklosigkeit ihm gegenüber in weiten Kreisen erzeugt, etwas schließlich Unantastbares aus ihm macht (und hier mit Unrecht). Sich davon freihalten, sowohl im Lärm des Echos wie in der Stille des Schweigens, ist eine selbstverständliche Voraussetzung eigentlichen Philosophierens.

In Heidelberg vor dem Weltkrieg[1]

Lask[2]. – F. A. Schmid[3]. – von Lukács, Bloch[4], –
Der Heidelberger Soziologenkreis[5] – die Soziologenabende –
Der Kreis um Max Weber[6].
Das Fest in Schwezingen (Rohlnetsfest) Gotheins[7]. Juli 1914[8].

Lucien Goldmann, Mensch, Gemeinschaft und Welt in der Philosophie I. Kants »Dissertation« Zürich 1945[9]. Anhang[10]:

Heidegger und Rickertkreis:
Promotion 1914 in Freiburg bei Rickert
»Die Lehre vom Urteil im Psychologismus« –

Goldmann: [H.] »vertritt den gemeinsamen Antipsychologismus der Heidelberger Neukantianer und Husserls«[11] – Vorwort: »›Herrn Geheimrat Professor Rickert ... verdanke ich Sehen und Verstehen der modernen logischen Probleme.‹«[12]

Über Lask nur einmal:
»›Aus den Grundanschauungen Rickerts heraus ist dann die bedeutsame größere Arbeit von Lask entstanden: Die Lehre vom Urteil, Tübingen 1912. Eine gründliche Auseinandersetzung mit dieser nicht zu umgehenden Urteilslehre liegt bis jetzt nicht vor‹ (S. 100).«[13]

1915 Habilitation Heideggers. Arbeit:
»Die Kategorien- und Bedeutungslehre des Duns Scotus.«

Goldmann behauptet Einfluß von Lask und Rickert
Lask, Logik der Philosophie ... (Werke II, 240 – 243):
»›Der Horizont der Aristotelischen Kategorienlehre mußte den Denkern als zu eng erscheinen, bei denen doch die ganze Logik im Dienste der Spekulation des Übersinnlichen stand, und das ›Sein‹ Gottes das höchste Thema bildete. Erst auf diesem Grund[14] einer Logik der Spekulation werden die gesamten logischen Bemühungen des Mittelalters verständlich. Man sagt darum nicht zu viel mit der

Behauptung, daß es eine[15] Darstellung der Logik und der Kategorienlehre überhaupt noch nicht gibt‹ (S. 240)«[16] – öfters auf Duns Scotus hingewiesen.

Heideggers Arbeit ist Rickert gewidmet:
Vorwort: »Die Widmung ist der Ausdruck schuldigen Dankes, sie will aber zugleich bei völlig freier Wahrung des eigenen ›Standpunktes‹ die Überzeugung bekunden, daß der *problembewußte*, *weltanschauliche* Charakter der Wertphilosophie zu einer entscheidenden Vorwärtsbewegung und Vertiefung der philosophischen Problembearbeitung berufen ist. Ihre *geistesgeschichtliche* Orientierung gibt einen fruchtbaren Boden für das schöpferische Gestalten der Probleme aus dem starken persönlichen Erlebnis. Das philosophische Schaffen eines *Emil Lask*, dem an dieser Stelle ein Wort dankbar treuen Gedenkens in sein fernes Soldatengrab nachgerufen sei, bleibt ein Beweis dafür.«[17]

Goldmann: ... im Werk öfters »auf Rickert und Lask Bezug genommen, deren Werke als die entscheidenden Arbeiten der modernen Logik und Erkenntnistheorie betrachtet werden«[18].

S. 210 Heidegger: daß Duns Scotus »eine der modernsten und tiefsten Urteilstheorien im Prinzip vorweggenommen hat«[19] (das Werk E. Lasks).
Auf den letzten Seiten gegen Lask: daß »›durch ein Stehenbleiben innerhalb der logischen Sphäre des Sinnes und der Sinnstruktur eine endgültige Aufhellung dieser Frage (Form und Materialverhältnis) nicht zu gewinnen sei‹«[20].

Heidegger S. 235–36 »›*Die Philosophie kann ihre eigentliche Optik, die Metaphysik, auf die Dauer nicht entbehren.* Für die Wahrheitstheorie bedeutet das die Aufgabe einer letzten metaphysisch teleologischen Deutung des Bewußtseins. In diesem lebt ureigentlich schon das Werthafte, insofern es sinnvolle und sinnverwirklichende[21] Tat ist, die man nicht im entferntesten verstanden hat, wenn sie in den Begriff einer biologisch blinden Tatsächlichkeit neutralisiert wird‹ (S. 235–236)«[22].

1911 Georg v. Lukács, Die Seele und die Formen[23].
darin ein Essay über Kierkegaard.
Goldmann: »scheint uns die eigentliche Begründung der modernen Existenzphilosophie zu sein«[24] –

Lukács in »Geschichte und Klassenbewußtsein« (1923)[25]
»›Lask, der scharfsinnigste und folgerichtigste der modernen Kantianer‹ (S. 157).«[26]

Goldmann 245: Lukács' Buch: von seinen Gesinnungsgenossen scharf als »idealistisch« kritisiert. Folge: daß es nie eine neue Auflage erlebte, – Lukács verzichtet auf jede weitere philosophische Veröffentlichung, beschränkt sich auf Ästhetik. Endlich 1938 in der Zeitschrift »Das Wort« (Heft 6) nahm er gegen sein eigenes Werk Stellung.

113

S. 32 herausgenommen (aus Nachwort zur Philosophie)[1]

Polemik ist unergiebig in kurzen Behauptungen. Ich könnte etwa sagen: Wenn Klages den »Geist als Widersacher der Seele«[2] (Titel seines Hauptwerkes) zu erkennen meint und verwirft, wenn Heidegger »die seit Jahrhunderten verherrlichte Vernunft die hartnäckigste Widersacherin des Denkens« nennt (Holzwege S. 247), so scheinen solche Thesen in jenen Ort zu treiben, aus dem mich herauszuarbeiten die stete Arbeit seit meiner Jugend war. Was Vernunft ist, was sie in so verschiedenen Philosophen wie Spinoza und Kant war, und wie sie es auch noch in Nietzsche blieb, das ist die Philosophie selbst, wie sie als Beweger des existentiellen Lebens uns zur Klarheit und nie zur endgültigen Klarheit bringt, uns zum Hören nicht nur auf die Gründe der Logik und der beweisbaren Realitäten, sondern auf die Wirklichkeiten selber drängt. Aber wenn ich solche Sätze eines bloßen »Gegen« ausspreche, so ist das noch keine Polemik gegen Klages oder Heidegger. Denn die Worte, zumal »Vernunft« und »Denken« und »Geist«, sind als solche so unbestimmt und vieldeutig, daß jene merkwürdigen Sätze von Klages und Heidegger für sich wenig besagen. Sie müßten im Ganzen ihres Denkens verstanden werden, um sie einerseits im Widerstreit mit dem Sprachgebrauch, andrerseits in der Vieldeutigkeit beim einzelnen Denker selber zu fassen. Jene ihnen widersprechenden Sätze würden erst etwas sagen, wenn eine Polemik gelänge, die diese beiden bedeutenden lebenden Philosophen, denen ich mich einst nahe glaubte und die mir dann fremd wurden, im Umgang mit ihren Werken erhellte in einer Weise, daß ihr Denken zugleich mit dem des Kritikers nach den existentiellen Motiven in Anziehung und Abstoßung dem Leser aufgehen könnte. Die Frage nach den Möglichkeiten philosophischer Kritik ist eines der erregendsten Probleme der die Kommunikation suchenden Philosophie.

114

Anfang von Teil 11 in meiner Schilpp – Autobiographie[1]

11. Heidegger. – Während der Arbeit in den Jahren des Nationalsozialismus gingen meine Gedanken oft zu der geistigen Realität, die sich mir im Namen Heidegger verkörperte. Gegen alle meine Erwartung war er durch seine öffentliche Wirksamkeit als Nationalsozialist mein geistiger Feind geworden. Er schien es nicht zu merken, obgleich er es auch dadurch bezeugte, daß er mich seit 1933 nie mehr besuchte. Sein Bild aus einem Umgang mit ihm durch mehr als ein Jahrzehnt (1920–1933) stand mir lebhaft vor Augen und ist mir bis heute unvergeßlich.

1920 suchte ich zu Heidegger eine Beziehung zu gewinnen. Was ich von ihm gehört hatte, ließ mich auf einen Philosophen unter den Akademikern hoffen. Er war sieben Jahre jünger als ich, Privatdozent und Assistent bei Husserl, öffentlich noch kaum bekannt und schon Ursprung einer Fama um ihn. Ich war durch meine »Psychopathologie« und meine »Psychologie der Weltanschauungen« in die Öffentlichkeit getreten.

Unsere Begegnung war für Heidegger, der sich einsam fühlte, eine Überraschung, für mich eine Ermunterung durch die offenbare philosophische Ergriffenheit des Jüngeren. Er hatte seinen philosophischen Beruf durch einen Entschluß begründet, von dem ich mit Respekt hörte.

Ist[1] hier eine Grundhaltung des Glaubens – der Gnosis – der phänomenolog. Ahnung und Gegenwärtigkeit, in die einzutreten bedeutet: erfüllt und gefangen sein –, bei allem Widerstand, allem Widersprechen nur Strampeln?
Ist hier überhaupt Kritik möglich?

Der unmittelbar faßlichste Weg scheint die Kritik der Handlungen und Verhaltungsweisen des Denkers. Diese ist nicht gleichgültig. Sie gehört zur Auffassung eines jeden philosophischen Denkers. Aber sie trifft als solche nicht das Wesentliche, sowenig wie die sachliche Diskussion der für jeden Verstand identischen Inhalte. Sie wird relevant, sofern man in ihnen das Symbol oder das Echo dessen erblickt, was tiefer liegt.

Auch mein Buch »Von der Wahrheit«[2] ist nirgends eine Auseinandersetzung mit Heidegger, nicht mit seinem Werk, auch nicht mit seiner Persönlichkeit im Ganzen. Aber der Schatten seiner Daseinsrealität mag hier und da in die Formulierungen verdeutlichend hineingewirkt haben.

Meinerseits begann eine kritische Auseinandersetzung mit der Gesamterscheinung Heideggers erst 1933. Nun begann mich seine Philosophie in seinem Werke zu interessieren als Moment in dem Ganzen dieser Wirklichkeit und was sie möglich machte.

Zwischen Heidegger und mir eine persönliche Beziehung im Philosophieren, – abseits von den Werken, die wir beide geschrieben haben, und die wir gegenseitig nur sporadisch hie und da eingesehen, nicht gelesen und studiert haben.

Dies nun war in jenen Jahren bei der Arbeit an der philosophischen Logik ein Faktor. Was mir in Heidegger als Realität und, da ich ihn nicht mehr sprach, vielleicht in einer schief werdenden Vorstellung vor

Augen stand, verschärfte mein Grenzbewußtsein gegenüber den Mächten, die in dem Raum der sich mir erhellenden Wahrheit als Unwahrheit erscheinen.

116

In[1] dieser ersten Hälfte des Dezenniums war von Heideggers Seite für mich eine Zuneigung spürbar und eine Bereitschaft. Es war die Beziehung eines damals noch wenig bekannten Dozenten, der 1923 auf Grund eines Manuskripts infolge einer von ihm ausgehenden guten fama durch einsichtige Urteile und einer Regierung, die guten Willens die besten Leute suchte, nach Marburg berufen wurde, zu einem schon bekannteren Professor[2].

117

Wenn[1] ich mit wenigen Worten einige[2] Punkte aus den Vordergründen Heideggerschen Denkens herausheben will, durch die hindurch der Blick auf die eigentliche Gegnerschaft geht, so sind es z. B. folgende:

Die Ausschließung der modernen Wissenschaft im Philosophieren, dies an ihr Vorbeigehen, die Auffassung der Wissenschaft als eines nicht allgemeingültigen, sondern im geschichtlichen Prozeß begründeten, nicht nur faktisch historischen, sondern selber in ihrem Sinn zeitlichen Erkennens.

Die Diktion eines Erkennens, das den objektiv sachlichen Anspruch wie die Wissenschaften erhebt, von daher die Grundhaltung leiht, daß es nur auf die Sache, nicht auf die Person ankomme.

Die Darbietung transzendierenden Denkens in Gestalt einer Lehre. Ein Wissen vom Menschen wird dogmatisiert in gegenständlicher Konstruktion. Existenzerhellung wird verkehrt in Existenzwissen von Existentialien. Es wird anwendbar in Psychologie und Anthropologie,

– trotz der späteren Warnung Heideggers an die Psychiater, nicht zu philosophieren.

Die Darbietung der Seinserhellung, zwar auf dem Grunde der Existenzerhellung, aber in der Gestalt gnostischen Wissens, das sich in der Objektivierung wohl zurückhält doch entschieden in objektivierenden Begriffen auftritt.

Dies insbesondere in der totalen Geschichtsauffassung und den totalen Urteilen über Vorsokratiker, Plato bis zu den neuen Philosophen, – dann in der Interpretation des Seins über allem Seienden als ein schikkendes Wesen, des selber geschichtlichen Prozesses.

Der Anspruch einer totalen Erneuerung, Verwandlung und Neubegründung der Philosophie in welthistorischer Perspektive, – statt der bescheidenen Erneuerung als Rückkehr zur eigentlichen Philosophie gegenüber ihren zünftigen akademischen Vertretern des 19. und 20. Jahrhunderts.

Die Andeutungen der Seinsgeschichte als ihn betreffend als den einzigen Erneuerer, die einzige Stimme, die Zeit, die nun an der Zeit ist, damit die Provokation und Duldung der Auffassung seines Denkens, die an Zauberer und vergötterte Propheten denken läßt.

Die Auffassung der Sprachlichkeit als Sprachlichkeit, die den Ursinn des Wahren in sich birgt und als solcher aufgeschlossen werden kann, die Magisierung der Sprache.

Die Trennung von Philosophie und Leben, – die Neigung zur ästhetischen Gebärde im Transzendieren, – die Loslösung von möglicher Existenz zugunsten des Wissens von Existenz und des Wissens vom Sein oder doch des losgelösten Fragens nach beiden.

118

In[1] jenen Jahren (von 1920 bis in die zweite Hälfte des Dezenniums der zwanziger Jahre)[2] war Heidegger für mein Philosophieren von einer eigentümlichen, mir unvergeßlichen Bedeutung.

(... niemals eine freundschaftliche von Familie zu Familie war.[2]) Sie vollzog sich allein durch die Besuche Heideggers. Er wohnte bei uns. Meine Frau sorgte als Gastgeberin, nahm bei den Mahlzeiten an den Unterhaltungen teil, hatte ihrerseits lebhaftes Interesse für Heidegger.

Indessen[3] wurde meine Frau von Frau Heidegger nachlässig behandelt. Ich fand beim Nachtessen keine irgendwie fühlbare Beziehung zu ihr. Heideggers väterliche Freude an seinen beiden kleinen Buben erwärmte und brachte die Stimmung einer Familie. Wir gingen ins Hotel zurück in zwiespältiger Stimmung, ungewiß, ob sich etwas angebahnt habe oder nicht. In der Tat entwickelte sich in der Folge die intensive Beziehung zu Heidegger dank seinen häufigen Besuchen bei uns in Heidelberg. Frau Heidegger haben wir nur einmal 1932 wieder gesehen, als beide bei uns eine Nacht zu Besuch waren. Sie benahm sich wegwerfend, ging nach dem Abendessen bald in ihr Gastzimmer, dann entwickelte sich ohne sie ein lebhaftes Gespräch mit Heidegger selbst, zu dreien.

119

Heidegger und ich[1]

Die Öffentlichkeit zwingt darum zueinander, vergleicht, gibt den Vorzug, verteilt die Gewichte – setzt etwas Absolutes voraus, die Philosophie, oder die eine große Existenzphilosophie, oder einen literarischen Maßstab von Wert und Sprache, oder einen politischen usw.

Stelle ich mich auf den Standpunkt dieser Öffentlichkeit als Betrachter und rede zuschauend, vergleichend, so könnte ich darlegen: Heidegger hat sich von früh an der Philosophie zugewandt, hat Philosophie studiert, hat Rickert und Husserl zu Lehrern in der Philosophie gehabt (dem ersten seinen Duns Scotus, dem zweiten sein »Sein und Zeit« gewidmet), hat sich von vornherein dem Werk der Philosophie zugewendet. Ich habe zwar von früh an in meinem Leben philosophiert, habe nie Philosophie studiert, habe keine Lehrer in der Philosophie gehabt, bin keinem Philosophieprofessor durch Schule verbunden. Vielmehr habe ich[2] erst, als ich mich dem vierzigsten Jahre näherte, das Philosophiestudium aus eigenen Kräften getrieben und die Lehre der Philosophie zum Beruf gewählt. Mir ist das Werk der Philosophie als Aufgabe erst spät bewußt geworden und nicht zu meinem Wesen geworden.

Heidegger hat ein Werk hervorgebracht, das[3], was die Kunst der philosophischen Konkretion, die Eigentümlichkeit der Sprache, die sich aufzwingende Macht für das Sprechen, das Lesen [betrifft], dem meinen überlegen ist. Er hat auch faktisch in philosophisch und literarisch interessierten Kreisen die größere Wirkung gehabt. Es ist von Anfang an ein spezifisch philosophisches Werk, das seinen Sprachakt und sein Thema bewahrt, als ein Besonderes begrenzt und herausnimmt aus dem sonstigen Leben. Als er dann abwich, 1933, hat er doch seine Sprechweise noch in politischen Propagandareden festgehalten. Meine Weise hat etwas Unbegrenztes. Dem Thema nach scheint keine Einschränkung zu bestehen. Der Denkweise nach ist keine Trennung von Alltagsdenken und Philosophieren, von Kathedervortrag und lebendiger Unterhaltung. Vorwurfsvoll oder anerkennend hörte ich durch die Jahrzehnte gelegentlich das Wort von mir: er schreibt wie er redet und redet wie er schreibt. Das stimmt nicht mehr ganz. Denn im Laufe meines Lebens habe ich mich um Formung dessen, was ich drucke, durch Überarbeiten, Feilen bemüht, seit der »Philosophie«. Was vorher gedruckt wurde, ist dagegen niedergeschrieben und ohne viel Veränderung in die Druckerei gegangen.

120

Heidegger[1]

Trudelein sagt: unmöglich, – bedeutet endgültigen Abbruch, offen: das sei dann nicht mehr, – ich irre mich psychologisch über das einem Menschen Mögliche, –

Trotz objektiv wirkt alles pejorativ für Heidegger, besonders der Nationalsozialismus –

Frage, ob das Ganze weglassen, –
Er »steht so nieder da«, – das ist nicht menschlich, –

Es ist in der Tat ein gewaltiger Angriff –
Tödlich verletzend –

121

Alte metaphysische Gedanken als neu und noch nicht da gewesen vortragen –

sie ausspielen gegen eine Welt von falschem oder ungenügendem Denken –

dann sie wiedererkennen im Alten, aus diesem Vorläufer und Ansätze zu machen für den großen neuen Schritt.

Aber dabei ist von vornherein der Gehalt des Alten verloren oder verkümmert, – die Bedingungen und Folgen seines denkenden Daseins in der Welt nicht verwirklicht.

122

Ich ehre, wen ich angreife [1].

Heidegger greife ich an als Zeitgenossen, als eine Erscheinung in meiner Nähe, als persönliches Wesen, als Erscheinung eines verborgenen Widersachers.
Ich bin nicht »objektiv«, – übersehe nicht, – mir fehlen eine Unzahl von Tatsachen und Dokumenten, die anderen bekannt sein mögen.
Ich bin auch nicht »subjektiv«, aus Laune, Neigung und Abneigung redend, ungerecht, der »Sache« abgewandt.
Vielmehr stehe ich im Kampfe mit einem potentiellen Gegner, – der

einige Male seine Gegnerschaft ohne Namensnennung ausgesprochen hat, – und gegen den ich gelegentlich unter Namensnennung kritische und charakterisierende Wendungen brauchte, die nicht die Tiefe berühren, wo die eigentliche Gegnerschaft der Wesenheiten und Wirklichkeiten sich ausspricht.

Wenn Heidegger, wieder ohne Namensnennung, mir in einer neuen Schrift (zu Jüngers 60. Geburtstag) vorwirft, ich hätte ihm »entnommen«, was ich tue[2], so ist das eine Umkehrung, und diese wäre falsch ausgedrückt:
als in den 20er Jahren Heidegger oft bei mir war, hat er bei meiner Gesprächigkeit sehr viel von den Gehalten erfahren, aus denen ich philosophierte, –
er hat diese fast nirgends in meinem Sinn verstanden, sondern, für mein Bewußtsein, verdreht in seine Begrifflichkeiten übersetzt und ihnen die Wahrheit genommen (Wissenschaft und Philosophie, Sichgeschenktwerden, Wirklichkeit usw.), –
er hat dieselben Quellen wie ich: Kierkegaard, Schelling u. a.
ich habe nie von seinen Begrifflichkeiten ein Wort gehört, bevor sein »Sein und Zeit« erschien.

Ich habe »Sein und Zeit« nicht lesen mögen, weil es mich nicht ansprach, – und habe es bis heute nur zu sehr geringen Teilen gelesen.

Wenn H. etwas ausspricht, was den Vorwurf des Plagiats bedeutet, wobei seine Schüler ihn offenbar fördern, so ist Derartiges an sich in der Philosophie nicht möglich, – außer im Abschreiben und Referieren ohne eigenes Denken.

Wenn aber der Einfluß gehaltvoller Art gemeint ist, so ist er bei seinen Besuchen jedenfalls unvergleichlich stärker von mir ausgegangen, während H. viel schwieg. Ich glaubte die Freude seines Verständnisses haben zu dürfen.

Daß meine »Philosophie« Ende 1931, sein Hauptwerk aber 1927 erschien, ist ein Faktum, das Abhängigkeit des Späteren vom Früheren anzeigen könnte. Es ist jedoch meine »Psychol. d. Weltansch.«[3] von 1919 der Ausgangspunkt.

Als Heideggers Werk erschien, war das meine zu großen Teilen entwickelt, wurde von Sein und Zeit überhaupt nicht beeinflußt –, noch glaubte ich, es könnten dort Analogien sein, aber ich suchte nicht nach ihnen, da ich nur las, was mir wohltat und Nahrung gab, – das gab Heidegger mir mit seinem Werke nicht. Nun halte ich über die Analogien hinaus, die auf der gemeinsamen Grundlage von Kierkegaard beruhen, sein Werk in Antrieb, Gehalt und philosoph. Willen dem meinen für so heterogen, daß ich bei dem Maß und der Weise seiner Objektivierungen, die leicht Lehre werden, weil lernbar sind, es ständig beklagen muß: daß man Heidegger sofort für ohne weiteres übereinstimmend mit meiner Philosophie hält, diese dadurch verfehlt. Es beruht auf der Tendenz der Objektivierung, Doktrinalisierung aller Philosophien in aufnehmenden und referierenden Köpfen, denen Heidegger entgegenkommt, nicht ich, wenigstens nicht im Entscheidenden der Philosophie selbst.

123

Cicero, de oratore III, 9[1]

Crassus zu Antonius:

330 »man ist schon gewohnt, uns beide immer mit einander zusammenzuhalten, und so oft die Menschen von uns sprechen, müssen sie auch durch Vergleichungen gleichsam ihr richterliches Amt über uns ausüben. Und doch, wie unähnlich sind[2] beide einander, ...«

124

Martin Heidegger
Abwehr und Huldigung[1]

Möglicher Titel:
Karl Jaspers gegen Martin Heidegger
Auseinandersetzung und Bekenntnis

125

Kant zum Angriff Schlossers auf die kritische Philosophie (46 d. S. 39)[1]:

»Bloße Unkunde, vielleicht auch etwas böser Hang zur Schikane konnte diesen Angriff hervorbringen.«
Kant verkündigt, »den nahen Abschluß eines Traktats zum ewigen Frieden in der Philosophie«.
Dieser Verkündigung kann durch jenen Angriff »nicht Abbruch« getan werden. »Denn ein Friedensbund, der so beschaffen ist, daß, wenn man[2] einander nur versteht, er auch sofort (ohne Kapitulation) geschlossen ist, kann auch für geschlossen, wenigstens dem Abschluß nahe angekündigt werden.«

S. 40 »Das Gebot: du sollst (und wenn es auch in der frömmsten Absicht wäre) nicht lügen, zum Grundsatz in die Philosophie, als eine Weisheitslehre aufgenommen[3], würde allein den ewigen Frieden in ihr nicht nur bewirken, sondern auch in alle Zukunft sichern können.«

126

Ist es erlaubt und für die Verwirklichung gut, als ganz neu auszugeben, was uralt ist?

Wenn es gar in den geschichtlich vorliegenden Gestalten reiner, klarer, vollendeter spricht?

Ist es nicht gehörig, wenn man in solchen Gedanken sich bewegt, sie entweder auf das Alte zu beziehen oder die Differenz ausdrücklich auszusprechen?

Oder ist solches Verfahren nur bei wissenschaftlicher Erkenntnis sinnvoll?

Wenn es im Philosophieren auch kein Gedankeneigentum gibt oder vom Philosophen – im Unterschied zum Wissenschaftler – nicht beanspruch wird, sofern er sich versteht, so ist doch für die Klarheit wesentlich, in der Kontinuität des Bewußtseins zu denken: wenigstens der Absicht und dem guten Willen nach und zur Förderung der eigenen Klarheit –

das Scheinneue täuscht durch Armut, durch Ablenkung vom Besseren –

umso mehr, wenn die Differenz bei Kritik der Früheren so herausgearbeitet wird, daß sie entweder garnicht besteht oder ablenkt von der faktischen totalen Abhängigkeit –

Wie wir Philosophieren mit den Großen, entscheidet über das Wahrsein.

Willkürlich sich ein Piedestal schaffen, kritisch verwerfen, – und anders, ohne Angabe, wörtlich aneignen: das ist zu prüfen nach dem Maß des neuen Gehalts selber, sofern er da ist (z. B. Descartes – Augustin).

127

Heideggers Einsichten sind mystische Einsichten, die sich spekulativ, in Gleichnissen, in Bild und Dichtung aussprechen.
Er weiß darum, was der Mensch in tiefer Stille erfahren kann, in Einsamkeit. In dieser Aufbrechung des bloßen Daseins wird ihm geschenkt, was in seinem Wesen Boden und Widerhall hat.
Aber solche Einsichten werden als reine gegönnt nur dem, der für sich – wie alle spekulative Mystik der Geschichte lehrt und fordert – die Bereitschaft wirkt durch Lebenspraxis und durch redliches Verhalten zu allem Denkbaren und Erkennbaren.
Die Unreinheit, ja Zauberei, mit der die offenbare Wahrheit Heideggerscher Sätze – manchmal, selten wunderbar einen Augenblick aufleuchtend – umkleidet, getrübt und erstickt wird, läßt zurückfragen nach der Unwahrheit, die in der Gesamtheit dieses Denkens sich zeigt und die Brüchigkeit, Unwahrhaftigkeit, Sumpfigkeit des Bodens spüren läßt.

128

Es kann heute kein wirksamer Sinn darin liegen, in Nachahmung vorsokratischer Einfachheit der unendlich vieldeutigen kunstvoll geformten Sprache zu reden.

Es kommt heute allein auf den Inhalt und die Wirksamkeit des Gedachten für mögliche Existenz an, auf Vernunft und wie sie sich mitteilt.

So war es immer von den frühesten Vorsokratikern an. Aber die Zeitalter – wenn sie auch im Sinn dessen, worauf es zuletzt dem Menschen ankommt, übereinstimmen, weil der Mensch immer derselbe ist, zumal in so kurzen Zeiträumen wie 3000 Jahren – unterscheiden sich durch Situation und die bestimmte Aufgabe.

Heute sind die dem Zeitalter zugehörigen Voraussetzungen unter denen das im Grunde immer gleiche getan wird:

das faktische Wissen und die Methoden der Wissenschaften –

die Klarheit über das, was Philosophie eigentlich sein kann und sein muß, wenn sie wirklich Philosophie ist –

die reale Drohung des Untergangs der Menschheit (Verlust der unendlichen Zeit immer neuer Möglichkeit in der Kontinuität menschlicher Dinge) –

die technische Daseinsgestaltung bis zur Technisierung fast des gesamten Lebens und des Alltags des Menschen überhaupt.

Wer in Flucht oder Vergessenheit vor der Situation denkt, denkt zauberisch in phantastischen Räumen, oder spielerisch in willkürlichen Erfindungen –

129

Heidegger

Es ist in ihm eine Lebensverfassung, die sich indirekt ausspricht –

dumpf, sich selbst nicht hell, –

mit dem philosophischen Drange, im Denken Gegenwärtigkeit zu gewinnen –

und mit dem Machtwillen, damit Wirkung und Geltung zu haben –

Eine tiefe Verzweiflung:
Kein Glaube an Kommunikation, – Bewußtsein der totalen Einsamkeit, – ohne daran aktiv zu leiden, – aber im passiven Trotze –
Bewußtsein des Untergangs, – des Endes der menschlichen Geschichte – und künstliches, unglaubwürdiges Anrufen primitiver Möglichkeiten –
Verachtung der Menschen, – Begehr nach Anerkennung, die er nicht entbehren mag, – und Wachsen der Verachtung gegen alle, die ihm folgen –

Ein modernes Phänomen – viele erkennen sich darin wieder:
Romantische Sentimentalitäten am Rande –
Unverbindlichkeit im Ganzen –
Zufrieden mit unbestimmten, ganz unverbindlichen und folgenlosen Symbolen, durch die eine Selbsterhellung des Bewußtseins eigenen Werts im Negativen möglich ist.
»Platzhalter des Nichts«, »Hüter des Seins«.

Wie ist Auseinandersetzung mit einer existentiellen – existenzwidrigen Macht möglich, die mit hoher Begabung und in irgendeinem tiefen Grunde alten Leidens auftritt –
und sich selbst in diesem Grunde immer zu verraten scheint –

Teil V

1956/60

Heideggers »Kehre«[1]

Wie weit sie faktisch da ist und worin sie liegt – oder ob das Gleichbleibende doch das Entscheidende bleibt, und sich nicht ändert, außer in Aspekten.

Deutung

1. aus Entwicklung der »Sache« – etwa Nichts zum Sein (was aber im ersten Gedanken da ist und keine »Entwicklung« bedeutet – der uralte Gedanke Plotins, Meister Eckharts – bei Heidegger 1929 nach dem Vortrag vom Grund[2] ausgesprochen unter seiner Zustimmung)

2. aus der Situation und ihrer Erfahrung

   a) »Sein und Zeit« – die revolutionäre Offenheit, das Aufweisen[3], aber nur im formalen Rahmen – »Entschlossenheit«, nicht Entschluß. Wozu entschlossen?

   Dann die Erfüllung durch den N. S. Dieser als Gehalt zur Erfüllung der Form dieser Daseinsausdeutung erfahren und leidenschaftlich ergriffen – mit allem dem Trotz und der Wut und dem Machtanspruch und dem Diktatorischen, das von Anfang an schon sprach.

   b) Die Enttäuschung durch den N. S. Die eigene Ohnmacht. Von den N. S. nicht zur Geltung gebracht, später mit Mißtrauen angesehen – er behielt seinen eigenen N. S. (der *späte* Hitlergruß[4]), – und die Erfahrung der Konsequenzen 1945 (Knaben, die ihre Finger in das Rad der Weltgeschichte stecken), die darin liegende Diffamierung (die Unmöglichkeit, auf einen heroischen Stolz scheiternder Wahrheit sich zurückzuziehen)

   Aus dieser Erfahrung der andere Aspekt: das Sein im Nichts, das Seinsgeschehen, die Passivität des Sichöffnens, des Hinnehmens (keine Rede mehr von Entschlossenheit und Sein zum Tode)

Zwei Aspekte der gleichen »Sache« – je nach Situation herausgehoben.
Beide gleich unwahr als existentielle
Beide in einem gemeinsamen Unwahren gründend:

a) die Philosophie, in allen Verschleierungen von Fragen, in der Tat diktatorisch, verkündend,

b) ohne Verantwortlichkeit

c) ohne existentielle Kraft des echten Anspruchs, ästhetisch, existentiell erweichend, unwahrhaftig.

131

Heidegger

Verdient eine gründliche Kritik –
Unterschied von der bloßen Spielerei und dem gleichgültigen Rascheln mit Begriffen und sterilen Operationen des Scharfsinns.

Durch ihn wirkt etwas wie eine Macht: sie ins Auge gewinnen:
als solche Macht sehen –
und mit ihr kämpfen –

Der Kampf entspringt nicht dem Vernichtungswillen, aber dem Klarheitswillen, – nicht dem Willen, es selber nicht sein, sondern dem [des] Abstoßens für mich selbst –
und des Hellerwerdenlassens für Andere, die auf demselben Wege der Vernunft sich zu wissen meinen, wie der Kritiker.

Was wäre die Denkerwelt, wenn diese Gegner nicht wären!
Welche Quelle der Einsicht, das in persönlicher Beziehung erwachen zu sehen!
Welcher Schmerz, diese abgründige Trennung zu erfahren, – und doch zwar nicht Kompromiß mit der ansichtig gewordenen Macht für möglich zu halten, wohl aber Kommunikation mit ihrem Träger nicht ganz auszuschließen –, und die Erfahrung, wie die Träger beide sich nicht klar gegenüberstehen, – zögern, enttäuscht sind, anderes erwarten und auch darin bis in das Persönlichste die Differenz spüren –

132

Heidegger verkündigt, in Analogie zum dogmatischen Glauben. Sein Denken ist Explikation, aber nicht eines gemeinschaftlichen Glaubens, sondern eines Inhalts, der sich als Sachverhalt gibt.

Er begründet, wie Theologen begründen, aber nicht inbez. auf eine Offenbarung.

Er verweigert die Dichtung des Philosophierens.

Er braucht nicht das Mitschwingen des anderen »Flügels« im Selbstsein des Hörenden.

Angemessen ist vielmehr Gehorsam – daher, wer zum Diktatorischen neigt, zum Sichunterwerfen, zum Analogon kirchlichen Glaubens, auch zu Heidegger neigt, entweder aus seiner Bodenlosigkeit, oder weil dieses Denken fast ohne weiteres im theologischen Denken, weil von ähnlichem Geist, brauchbar ist, es modern und frisch aufzuputzen, nicht durch Gehalte, sondern durch Sprachbildungen, Worte, Gedankenbewegungen, die selber schon den Gehalten nach – verdünnt und willkürlich in der Auswahl – in der theologischen Überlieferung liegen.

Er erzeugt nicht das Selbstdenken, nicht die Freiheit, – sondern ästhetische Befangenheit[1].

133

Zu Habermas
(in Deutsche Univ. Zeitung)[1]

1. Es ist nicht wahr, daß ich irgendwo Heidegger ohne Namen angreife.

2. In meiner Bultmann-Kritik kommt Heidegger an der Stelle, wo ich ihn meine, mit Namen vor[2].

3. Die Stelle meines Nachworts über Polemik (XLVII) kann nur böswillig auf mich angewendet werden, – geschweige denn, daß ich

sozusagen eine potenzierte Verachtung dadurch zum Ausdruck brächte, daß ich auch hier Heideggers Namen nicht nenne.

4. In meinem Schelling habe ich nicht an Heidegger als Gegner gedacht. Die Legende von dem »Dritten« in diesem Gespräch ist von denen erfunden – gutgläubig erfunden –, die viel und eingehend Heidegger lesen: es scheint, daß sie manchmal im »Schellingbuch« etwas finden, das ihnen auf Heidegger zu passen scheint. Diese Anwendung machen sie auf ihre Verantwortung, indem sie dadurch ihre Heideggerkritik vollziehen.

   An Heidegger gedacht habe ich für mein Bewußtsein nur einmal: bei dem knappen Bericht über Schellings Sprachspielereien[3]. Aber hier eine Polemik gegen Heidegger einzuflechten, wäre für das Schellingbuch störend und an sich überflüssig gewesen.

   Ein Vergleich Heideggers und Schellings, wenn ich ihn überlege, scheint mir im Grunde unpassend. Heidegger hat nichts von dem, was man Schellings Adel nennen kann, auch nicht die Impulse jener »Philosophie der Freiheit« (vor allem in Schellings früher Jugend).

5. Das Hineinziehen Heideggers – an sich nicht anständig, auf Vermutungen gegründet – bedeutet immerhin: daß ich selber zu Heideggers philosophischer Wirklichkeit einmal Stellung nehmen muß. Wenn ich dies tue, so unter dem Nietzsche-Satz: Ich ehre, wen ich angreife[4]. Das kann nicht beiläufig und nicht partikular geschehen[5].

134

Zeitgenossen haben einen Vorrang, nicht notwendig an Gewicht, aber durch die Betroffenheit, die sie uns gewähren.
Ihr Vorrang wird größer, wenn eine persönliche Beziehung durch lange Jahre zu einer Grunderfahrung wurde, und dies um so mehr, wenn solche Grunderfahrung für uns selbst etwas Repräsentatives gewonnen hat.
Sie leben in der gleichen Welt, in gleichen Situationen, in gleichen Entscheidungsmöglichkeiten. Wenn sie grundsätzlich anders entscheiden als wir, und wenn in diesem Anderen, obgleich es das radikal

Andere ist, auch eine Verwandtschaft liegt, etwas, das verwechseln läßt, etwas, das als Anderes anzieht, weil es Wahrheit in sich zu bergen scheint, doch so, daß diese Wahrheit uns verkehrt erscheint, wie vielleicht die unsere ihnen, dann ist die Besinnung auf dies Anderstun, Andersdenken im gleichen Raum von einer Kraft der Klärung, daß die Dankbarkeit wachsen kann dafür, daß diese Gegnerschaft da ist.
Ich ehre, wen ich angreife, sagte Nietzsche[1]. Das ist hoch gegriffen. Aber ich darf sagen: für bedeutend zu halten, für allgemein angehend, für persönlich beunruhigend, für eine, solange beider Leben währt, nicht aufhörende Chance, was mir in einem Menschen begegnet, den ich angreife, wie ich es in dieser Schrift versuche.

135

Ein griechischer Student sagte nach einer Vorlesung von Heidegger:

Er ist sehr kompliziert. Er ist kompliziert, weil er nichts zu sagen hat. Aber daß er nichts zu sagen hat, sagt er hervorragend.

136

Was nichtig ist anzugreifen, lohnt nicht; es verschwindet von selbst. Was Sensation ist bloßzustellen, lohnt auch nicht; es verzehrt sich schnell. Was aber im Kern etwas ist, weiß und wirkt, dem wird durch den Angriff Respekt bezeugt. Das Angegriffene zeigt sich in Erscheinungen, die entweder als Verkehrungen ihres Ursprungs sich deuten lassen: dann will der Angriff den gemeinsamen Boden klären. Oder das Angegriffene erweist sich als Ausdruck von Mächten gegen die eine andere Macht, in dessen Dienst der Angreifende steht, kämpfen muß. Indem er sich exponiert, enthüllt er diese Macht und sich selber auf eine Weise, die zwar nicht im Vordergrunde steht, aber durch andere Versuche ihrer Mitteilung nicht ersetzt wird.

Weil Philosophieren in der Welt und ihrer Zeit und im Hören und in Gemeinschaft mit oder im Gegensatz zu anderen stattfindet, gerät es unumgänglich in die Situation der Polemik. Ihr auszuweichen, wäre nicht nur falsche Vornehmheit, sondern ein Zeichen der Unbereitschaft zur Kommunikation.

137

Ist[1] es eine raffinierte Weise, zu sagen, daß man nichts zu sagen hat? (in einer fernen Analogie zu Mystikern)

Und ist es gerade dies, was manche Menschen hören wollen, daß nichts zu sagen ist?

Ist dieses Nichts die Leere, in die alles treten kann: Eigenwille, – Rechtfertigung des Beliebigen, – Zerstörung, – Nazismus, Bolschewismus? – und auch die alte Kirchlichkeit?

Ist diese Leere wohltuend, weil sie unverbindlich ist, – und dann, weil sie das Totalitäre jeder Gestalt zu provozieren und zu rechtfertigen vermag?

Ist von vornherein der diktatorische Ton in diesem Sprechen hörbar, der als Ton anzieht gerade dann, wenn er im ständigen Befehlen nichts befiehlt?

Ist es das nihilistische Denken des Untergangs, in dem der so Denkende sich weiß, schon hoffnungslos verzweifelt ist und diese Verzweiflung heiligt?

Liegt in dem Anspruch des Nichtseins von allem Überlieferten – das Gesagte will keine Philosophie mehr sein, der Sprechende kein Philosoph, – dieser Anspruch, etwas ganz Neues zu sein, das noch keinen Namen hat – ebenso das Maßlose, wie das Maßlose im totalen Untergang liegt?

Ist alles Transzendieren, – hier das ständig wiederholte der Form des Überschreitens, – ein Hingelangen zu Nichts?

Ist der Ausdruck dessen die ständige Verbindung des einen und anderen, des entbergenden Sichverbergens, der Verschleierung des Wesens, der Offenbarkeit des Nichts?

Ist hier der herrschende Wille der des Zeigens aller Gegenwärtigkeit in ihrem Nichts, alles Seins im Nichtsein, der des Zeigens seiner selbst als des Einmaligen, Außerordentlichen, alles bisherige Überschreitenden in einer gigantischen Phantastik des eigenen Daseins dieses Denkens als einer glänzenden Seifenblase?

Dies aber ohne Bewußtsein, ohne Reflexion auf dieses Letzte bei ständig umkehrender Reflexion bei jedem Begriffsmaterial, das durchdacht wird daraufhin, wie es platzt und den geheimnisvollen Anspruch des Nichts im Platzen laut werden läßt?

Ist es naiv in der Hauptsache und dadurch nicht ohne Größe? die Größe eines Unfugs?

Und ist dies Ganze nur möglich infolge des Ernstes wirklicher Verzweiflung, grenzenloser Sehnsucht, des verborgenen philosophischen Wissens um das Eigentliche, das sich nicht bescheidet, sondern, nun den ursprünglichen Ernst verratend, sich in sensationelle Literatur und Rhetorik übersetzt?

Aber bleibt immer dabei irgendwo der Punkt, aus dem noch jener anfängliche Ernst spürbar bleibt und ergreifend wirken kann? – wofür all die Zauberei in Kauf genommen wird?

Mit solchen Fragen kommt man am Ende wohl vergeblich dem Verständnis der Tatsache näher, daß solches Denken, das uns langweilt als Artistik und sprachlos bleibt als Philosophie und mühsam durchsucht wird nach Goldkörnern, auf viele Menschen eine solche Anziehungskraft hat.

Daß wir diese Anziehungskraft nicht verstehen und noch weniger die Menschen, auf die sie wirkt, bezeugt durch das Eingeständnis des Nichtverstehens die Anerkennung, daß da »etwas ist«. Aber diese Bezeugung schließt ein, die Auswirkung der Erscheinung dieses Etwas für um so verderblicher halten zu müssen in einer Welt, die, wenn überhaupt, nur durch Vernunft sich retten kann. Hier spricht, so scheint es, eine radikale Unvernunft und Widervernunft aus der Tiefe eines Etwas, das ganz Anderes, Wahres vermöchte, das verkehrt ins Dasein zu treten vermag.

138

Der philosophische Vortrag, als ob etwas zelebriert würde: das Seinsgeschick.
Die unpathetische Sprache. Die Langsamkeit, jedes Wort, Pausen. Der nüchterne Ton, kaum sich erhebend, wie gregorianischer Kirchengesang.
Nicht ein Ziel, wohin, sondern ein Vollzug, der jeden Augenblick schon da, – aber in der Form der Spannung eines wohin, das ausbleibt.
Die Feierlichkeit, die auch beim Nichtverstehenden das Bewußtsein erzeugt, einem substantiellen Vorgang beizuwohnen.

139

Jaspers
Mit und gegen Heidegger[1]

140

Das Äußerste[1] – unter dem Einfluß von Kierkegaard – erspürend, von daher alle Brüchigkeit sehend – verneinend, verachtend, – durch den absoluten Maßstab (analog dem Cli. v. K.)[2] zerschlagend –
und dann in der Welt dieses Äußerste als Ausgang von Rettungen:
Nationalsozialismus –
Protest gegen die Atombombe –
das Verfallen an realitätsblinde und zugleich wirklichkeitsferne Aktionen –

Der Ernst im Ursprung wird zum knabenhaften Eingreifen in das Nichtbegriffene –
wird zur Verantwortungslosigkeit, das Äußerste vermeintlich realer

Rettung (Hitlers »Hände«)[3] gegen das Äußerste des Verfalls zu setzen –
in beiden Fällen gleich bodenlos, spielerisch, rhetorisch –

und dann wieder: es war doch jener Ernst im Ursprung, – verraten oder wieder ersehnt, – eine Verfassung des Rückkehrenmögens, des Sehnens, der Romantik – aber mit jenem peniblen Ton: es war doch einmal, ich war doch einmal –

Die »Frömmigkeit« nicht als existentieller Ernst, sondern als Ergriffensein von Zauber, Geheimnis, Magie – von dunklen Möglichkeiten –, wieder als Sehnsucht zur Heimkehr.

141

Heidegger

Inwiefern dieses Philosophieren ein ständiges Versprechen und nie Erfüllen ist. Die Haltung der Vorbereitung – und dann die des Kultus.

Der Unterschied von irreführendem Versprechen und Leben im Versprechen vom Philosophieren, das stets des »anderen Flügels« bedarf: der möglichen Existenz des Aufnehmenden.

Die Form der Darstellung von Sachverhalten, der reinen Objektivität – der Wissenschaftlichkeit – und dann grade die Verneinung der Wissenschaften als etwas für Philosophie oder durch Philosophie Relevantes.

Die Verleugnung der Wissenschaften zugunsten der Machtsprüche.

Die Täuschung der Wissenschaftlichkeit durch überflüssige philologische Exaktheit (bei gleichzeitiger Verwerfung der historischen Auffassung als gebunden an den im Text als historischen Anlaß gemeinten Sinn).

142

Heidegger

Er gibt die Herkunft oder Anregung seiner Gedanken nicht kund:
Kierkegaard, Schelling,
Luther, Augustin
Scholastik (besonders Duns Scotus – eine Früharbeit)[1]
Betont werden als Themata:
Aristoteles
Plato
Hegel
Anaximander
Nietzsche

Zitate erscheinen zufällig, vor allem aus der Zeit genommen.

Die Ursprünglichkeit, die nicht zu bestreiten ist, wird für Originalität ausgegeben –
dadurch erst wird der radikale Abstand, der Sprung gegenüber aller bisherigen Geschichte zu behaupten möglich.

Wie weit das alles in die Verschleierung gehört – oder zu einer wirklichen Freiheit der Originalität?

Aus alten Gedanken Sprachgebilde machen, die eindrucksvoll sein können –, oder das Alte verdunkeln ohne Neues und ohne es klarer zu sagen.

143

Heidegger

Bringt als »Sachverhalte«, als »Existentialien« in formeller Fortsetzung der »wissenschaftlichen Philosophie« eine Fundamentalontologie. Was er sagt, ist aber zum großen Teil Kierkegaard – Pascal, Augustinisch, Lutherisch:
beanspruchend, fordernd, ergreifend –

Er verwechselt die Kategorien der Mitteilung wie des Sinns von Wahrheit.
Er hält sich zurück, weil es auf ihn nicht ankommt, so wenig wie bei einem Chemiker –
Er erhebt Forderungen, Machtsprüche, die gar zum Voraus zur Geltung bringen und in die einzige Position rücken der Weltwende, des Aufbruchs, der Erneuerung

Die Unwahrheit und Unwahrhaftigkeit im Grunde.

144

Wahrheit der Kritik[1]

1. In der Wissenschaft

2. In der Philosophie

   a) in den Vollzügen, der Wirklichkeit des Menschen
   b) in den Gedankengebilden –

Gefahr 1. endlose Reflexion
Zweifeln machen an sich selbst –

2. Schaden in der Wirkung bei Andern

ad 1. Wirksam wird die Gefahr, wo im Grunde Hohlheit ist – und das Nichts

ad 2. bei der Durchschnittlichkeit der Menschen straffe Führung nur unter Ausschluß der Kritik möglich – aber bei Menschen von Rang und Vernunft würde Kritik die Wirkung im Ganzen durch Wahrheit steigern.

145

Inwiefern[1] Philosophieren verbunden ist mit der Durchleuchtung von Irrtümern (Polemik), dem Abbau wesensfremder und doch lähmender, geglaubter Konstruktionen –

1. jedes Gedachte und Gesprochene gerät in falsche Festigkeiten, und bei Wahrheit des Ursprungs in Mißverstehbarkeiten –
2. herrschend gewordene Konstruktionen haben sich als Mittel für Anderes nützlich erwiesen, sind als solche philosophisch vom Ursprung her gehaltlos gewesen – (etwa »Sensualismus«)

Technik der »Kritik«, die nicht eindringt:

ein unbestimmtes Anderes voraussetzen, dem das Vorliegende nicht genug tut –

immer ein Anderes ausspielen (wechselweise), was vermißt wird –

vgl. über Polemik: im Schilppband[2]

146

Polemik

Wenn Phil. nicht den Anspruch erhebt, objektiv allgemeingültige Wahrheit für alle auszusprechen – ist dann ein gleichgültiges Nebeneinander der Vielen?
Nein, es ist Komm.[1] möglich.
Wenn logisch zwingend weder zu beweisen noch zu widerlegen ist, wie dann noch von Wahrheit reden?
Den Sinn von Behauptungen, Handlungen, Verhaltungsweisen erhellen – Konsequenzen zeigen (wobei der Wille zum Ganzen, zu Widerspruchslosigkeit und zu Kontinuität vorausgesetzt wird) –
Sich in Frage stellen lassen –

Die Grenze 1. rational: die ersten als undiskutabel genommenen Voraussetzungen, Wertschätzungen etc.

2. intuitiv: das Erblicken des Wesens, des Rangs, des unbedingt Geliebten –

147

Heidegger

Ich hätte ihn wahrscheinlich gründlicher gelesen, wenn ich ihn nicht persönlich gekannt hätte.
Die »Sachverhalte« stießen mich ab.
Ich hielt das Geschriebene stets an den von mir gut gekannten Menschen.
Es wirkte ungemein kunstvoll, – aber garnicht beschwingend für den philosophischen Gedanken.
Fast immer hatte alles für mich alsbald eine falsche Stimmung.
Objektive Erkenntnis fehlte. Ich lernte nichts. Philosophische Impulse waren nicht da, die mich bewegten oder mich förderten.
Ich kannte die Quellen besser und darin die Wahrheit, die hier ver-

dünnt und verkehrt und konkretisiert schien: Kierkegaard, Schelling, Luther, Augustin.
Die Bezogenheit auf Dilthey, Husserl, Cassirer und andere Professoren – und ihr Zitieren und das Augenmerk darauf – schien mir dem, was zwischen uns im Gespräch mir wirklich geschienen hatte, ins Gesicht zu schlagen.
Ich bewunderte die Arbeit, die Ausarbeitung, die Straffheit und die Konstruktion, – aber das alles interessierte mich nicht, sprach nicht zu mir. So blieb ich bei der Lektüre immer schnell stecken. Wo es schwierig wurde, lohnte es sich nicht, – ganz anders wie bei Hegel, oder Schelling oder Kant, wo das Schwierige, wenn ich [mich] bemühte, sich fruchtbar zu neuer Einsicht löste.

148

Nietzsche (ecce homo) 15, 21–22[1]

»Ich greife nie Personen an, – ich bediene mich der Person nur wie eines starken Vergrößerungsglases, mit dem man einen allgemeinen, aber schleichenden, aber wenig greifbaren Notstand sichtbar machen kann . . .«

Strauss – Wagner[2] –

». . . angreifen ist mir ein Beweis des Wohlwollens, unter Umständen der Dankbarkeit. Ich ehre, ich zeichne aus damit, daß ich meinen Namen mit dem einer Sache, einer Person verbinde: für oder wider – das gilt mir darin gleich.«[3]

Dieser Ton wäre mir unangemessen, – aber die Idee der Kritik, die hier ausgesprochen ist, ist die meine . . .
Nicht dagegen gilt durchgehend, was N. zugleich sagt: »ich greife nur Dinge an, wo jedwede Personen-Differenz ausgeschlossen ist, wo jeder Hintergrund schlimmer Erfahrungen fehlt.«[4]
Dieser Hintergrund ist zwischen Heidegger und mir da, aber er ist in meiner Kritik nur relevant – oder sollte nur relevant sein –, soweit auch dies »Persönliche« einen objektiven Charakter gewinnen kann da-

durch, daß es zur Sache der Mächte gehört, die ich in Heidegger bekämpfe.

149

Über nichts mehr wundern, wenn diese Grundsätze klar geworden sind.
Als Idealtypus konstruiert: ein Mensch, der lügt und es nicht merkt, und wenn er es bemerken muß, unwesentlich, ja selbstverständlich findet,

der sich treiben läßt von Mächten, denen gehorchend er selber Macht zu werden fühlt,

zum Gehorsam geneigt, – und zum trotzigen Sichabseitsstellen, –

der im Umgang es für selbstverständlich hält, daß man ihm dient, aber bescheiden sich gebärdet, –

der die Einsamkeit betont, aber doch zugleich anziehen möchte –

der in Gebärde lebt – und nie als er selbst –

der dies alles tut mit einer entwaffnenden Naivität, als ob es nicht anders sein könnte und müßte, aber so daß der Partner entweder nicht glaubt, daß es so ist, oder einen Zauber mehr empfindet, wenn er es rückhaltlos sieht –

Der Versuch, an diesem Idealtypus Heidegger zu messen, zeigt sofort, daß das, was Heidegger in seinen Werken dort ist, wo er echt spricht, ausfällt, – denn, wo etwas wahrhaft gesagt mit dem Stigma der Ursprünglichkeit, da muß im Menschen etwas sein, das diesem entspricht. Und dies ist in jenem Idealtypus nicht berührt und nicht zu ahnen.

150

Ein naseweiser Literat[1] schrieb in einer Besprechung meiner Schrift über Ursprung und Ziel der Geschichte, auf eine bestimmte Seite weisend: ich hätte in einer meiner unwürdigen Weise meinen Zorn gegen Heidegger reden lassen. Meinen Widerspruch berichtete er mit der Überschrift: Heidegger war nicht gemeint, damit durchblicken lassend, weil ohne ein Wort der Begleitung, daß er meinen Widerspruch nicht glaube. In seinem Irrtum wurde er durch die diesen Literaten eigene Begabung und Spürkraft [sic!]. Er ahnte die Differenz zwischen uns, aber konnte sie nicht fassen und verfehlte sie durch den groben Hinweis, der im Grunde zeigte, wie er Heidegger auffaßte, weil er diese meine Worte auf Heidegger beziehen konnte.

Damals schrieb ich, daß ich nicht anonym angreife, sondern daß ich, was ich Heidegger gegenüber anzubringen habe, eines Tages offen sagen werde.

151

Glockner, ein von außen sehender, nicht eindringlich verstehender Philosophiehistoriker schreibt (Die europäische Philosophie S. 1128)[1]:

»Der Name Jaspers erscheint heute zumeist mit dem Namen Heidegger verknüpft. Es sind jedoch zwei grundverschiedene Persönlichkeiten, deren Lebenswerk sich eine Wegstrecke lang so eng berührte, daß es – aber nur an der Berührungsfläche! – in eins verschmolz.«

Äußerlich, wie es für andere aussah, die wußten, daß Heidegger häufig bei mir zu Besuch war.
Das Gleichnis, an sich sprechend und literarisch gut, ist doch falsch.

152

Eventuell zu Heidegger-Kritik

Was dichterisch gut ist, kann nicht philosophisch schlecht sein. Es gibt nur eine Wahrheit.
Aber diese eine Wahrheit ist nicht die wissenschaftliche Richtigkeit, sondern sogleich in Gestalt vieler Wahrheiten, die niemand übersieht, in denen wir stehen.
Darum die Wahrheit als Fremdes. Nicht einfach die Übereinstimmung von Leben und Lehre; aber die Einheit der in der empirischen Persönlichkeit, ihrem Verhalten, Urteilen, Handeln erscheinenden Existenz mit dem Werk.
Wie *diese* Einheit ist, ist nicht endgültig feststellbar, entzieht sich überhaupt der rationalen wissenschaftlichen Einsicht, aber ist in der verstehenden Ordnung und Inbeziehungsreihe[1] objektiv feststellbarer Tatsachen zu umkreisen. Das so entstehende Bild, – fälschlich Mythus genannt (der erst unter Ignorierung oder Erfindung oder Verdrehung von Tatsachen entsteht).
Solches Bild entsteht auch vom Fremden, Abgewehrten als Einheit eines Wahrseins, das im Anerkennen kritisch verworfen werden kann. Wir leben mit Vorbildern und Gegenbildern in der Geschichte.
Das hier Entscheidende ist, ob überhaupt eine Wahrheit diesen Charakters – eine für den sie Erblickenden vielleicht erschreckende je zu bekämpfende Wahrheit – vorliegt oder eine Nichtigkeit, mit der sich zu beschäftigen nicht lohnt.
Wo von einem Menschen in der Welt Wirkung ausgeht, mag man sie auch ganz und gar für Verführung halten, da muß etwas von »Wahrheit« vorliegen: inbezug auf die Verführbarkeit, – bis zur Wahrheit des Schauspielers und des Betrügers, als den spezifisch modernen Wirkungsfaktoren.

153

Die N. S. brachten 1932 auf ihren Wahlplakaten Porträts ihrer Leute und ihrer Gegner mit dem Anspruch, den Rassenunterschied und damit Qualitätsunterschied unmittelbar sichtbar zu machen. In der Tat handelte es sich nirgends um Rassenunterschiede, sondern um physiognomische Unterschiede, die für den hellen Blick ohne weiteres das Wesen der einzelnen Menschen zeigen, die zwar garnicht wissenschaftlich feststellbar sind, aber merkwürdig überzeugend wirken. Hier war nun das Unglaubliche, daß die Plakate die physiognomische Minderwertigkeit der N. S.-Leute ausnahmslos so drastisch offenbarten, während wenigstens einige der Gegner einen Rang ihres Wesens zeigten. Die N. S. hatten keinen physiognomischen Blick. Man konnte ihre totale Blindheit mit Grauen wahrnehmen, noch toller, wenn etwa einer sagte: sehen Sie Hitlers Hände, und Sie sehen sofort das Außerordentliche (so sagte Heidegger 1933)[1].

Diese Blindheit war damals Heidegger eigen. Ist er überhaupt menschenblind? Ist es immer nur verrückter Zufall, wenn auch einmal ein Mensch von Rang ihm gefällt? Und doch gilt auch in seinem Urteil: »der sieht nach was aus« (so sagte er von Freud).

Geht er menschenblind durch die Welt wie ein total Farbenblinder durch die graue Eintönigkeit? Er sieht Landschaften und Naturgebilde (sogar romantisch), aber Menschen?

154

Der Vorwurf gegen Heidegger und mich

Die »Unbestimmtheit«, das Verschweben dessen, was man erwartet –

Dazu: 1. Der Sinn der Unbestimmtheit in der Philosophie –

2. Die Unbestimmtheit im Begriff:
statt den »Entschluß« in seinem existentiellen Sinn zu erhellen, wie Kierkegaard – konkret, in Bewegung, die »Ent-

schlossenheit« bestimmen, die dann allerdings in falscher Unbestimmtheit bleibt –

3. Die Unbestimmtheit des Gedachten und die Zweideutigkeit des im Denken wirksamen und erzeugten Impulses.

4. Die Unbestimmtheit durch die Weise, wie sie appelliert und erfüllbar wird –

5. Die Unterscheidung von Programm, Anweisung, Plan zum Machen – und von existentiellem Ansprechen und in Bewegung bringen: und selber schon die Auswirkung in concreto zeigen, im Gedanken und im Leben, nicht rational deduzierend, sondern entwickelnd illustrierend.

155

Vielleicht zum 70. Geburtstag Heideggers[1]

Es ist mir eine erwünschte Gelegenheit, Ihnen mit meinen guten Wünschen auch meine Huldigung auszusprechen. Zwar habe ich unter den Zeitgenossen nur einen gekannt, der mir als ein wirklich großer Philosoph erschien, Max Weber. Wenn ich aber von ihm absehe, so sehe ich niemanden, unter den »Fachgenossen«, der mich außer durch brauchbare Leistungen als er selbst, das heißt als Philosoph bewegt hätte außer Ihnen. Sie waren mir von früh an ein Mann, der um das weiß, was Philosophie ist. Sie haben mich einst durch Ihr Dasein in der akademischen Welt ermutigt. Ich danke Ihnen,was ich im Einzelnen aussprechen kann. Aber gegen all mein anfängliches Erwarten sind Sie, scheint mir, der Repräsentant einer Macht geworden, der ich, zögernd und nie endgültig klar über Sie, mit meinen Bemühungen kämpfend begegne. Wenn das Geschick es vergönnt, will ich meine Kritik gegen Sie noch zu entwickeln versuchen, nach dem Satze Nietzsches: Was ich angreife, ehre ich. Das ist schwer, weil für eine solche Polemik [es] kein Vorbild hat. Was sie sein könnte, habe ich manchmal bedacht. Aber die Ausführung ist etwas Anderes als das Wissen von den Grundsätzen, denen dabei zu folgen wäre. Ich müßte alle Ihre Sachen lesen, von denen ich immer nur bruchstückweise Kenntnis nahm und sie alsbald fortlegte, weil sie mich nicht nährten. Was Sie mir im mündlichen Umgang bedeuteten, kehrt in Ihren gedruckten Werken nicht wieder.

Daß wir uns nach 1945 nicht wiedergesehen haben, ist vielleicht gehörig. Ich habe es nicht absichtlich gemieden und auch nicht gesucht. Was mir seitdem zu Ohren und zu Gesicht kam, hat mir das, was ich in Ihnen als Nationalsozialisten – ach, was für einer, der zugleich keiner war! – sehen mußte, vertieft und die unumgängliche, öffentlich noch anonyme Gegnerschaft deutlich gemacht hat. Diese auf eine philosophische, das heißt die sogenannte Sache und persönliche Existenz ineins sehende Weise zur Aussprache zu bringen, ist eine vielleicht für meine Begabung unerfüllbare Aufgabe.

Würde ich sie versuchen, so zugleich mit der persönlichen Tendenz, am Ende doch noch zwischen uns eine Verbindung zu ermöglichen, die bisher nicht war oder ein Schein war. Als ich in meiner Autobiographie für den Schilpp-Band das berichtet hatte, sah ich, daß es so, wie damals geschrieben, nicht ging. Dann nahm ich den Abschnitt heraus und nannte überhaupt Ihren Namen nicht. Dies Schweigen mußte für den auch nur von fern orientierten Leser auffällig und fühlbar sein.

Solche Polemik würde, so halte ich es für möglich, durch unsere Personen der Philosophie dienen, besonders wenn Sie antworteten und sich eine Einigung zwischen uns ergäbe, die wir etwa 1949 als Möglichkeit ins Auge faßten.

156

Heideggers »einer Gedanke«

Vergleich mit indischer Spekulation. Dann bei Heidegger wesentlich unernst, rein meditativ – mit dem Anspruch auf »strenge« Wahrheit – als ständige »Vorbereitung« und als »Versprechen«, die nicht eingelöst werden:

weil die dazu gehörende Lebenspraxis fehlt.
Seine Selbstgewißheit wie die einer »fixen Idee« – nicht als unerschütterlicher Glaube.

Von Anfang an bei ihm: das Aufbrechende, das sich faktisch dogmatisch schließt – eine dogmatische Haltung in den Formen einer Bewegung, die als solche das Dogmatische, Fixierte, Unübertretbare ist.

Die Naivität, die nicht Naivität bleibt, sondern Unwahrhaftigkeit wird, ist die dogmatistische Grundverfassung des Denkens, die in der Reflexivität, im endlosen Fragen sich durchhält. Ständig wird hingestellt, was »Sachverhalt« sein soll. Ständig werden Kategorien zur Objektivierung des Unobjektiven naiv benützt, der »Begriff«, der logisch gegenstandslose Intention verlangt, wie wissenschaftlich behandelt (unter Abstoßung von der Wissenschaft als »strengeres« Denken).

Frage an dieses Denken:

für wen? für welche Befriedigung? was wird sich darin klar? und wer? mit wem habe ich es zu tun?

die faktische und grundsätzliche Kommunikationslosigkeit (Kommunikation ersetzt durch »Mitsein«, eine neutralisierende und verfestigende Objektivierung).

157

Heidegger[1]

Die zahlreichen Wendungen, die als Ausdruck der »Frömmigkeit« wirken – Wendungen aus der biblischen und theologischen Sprache.

Die Denkungsart – als Philosophie – weil er nicht glaubt, ohne einen philosophischen Glauben zur Sprache zu bringen – vielmehr als die durchgehende Qual der Glaubenslosigkeit in deren ständigem Vorbereiten? Dieses Fragen, das seinem Sinne nach keine Antwort findet, dies in der Tat eindringliche Steigern der Verwunderung, des Grundgeheimnisses –
»entbergendes Verbergen«, »verbergendes Entbergen« usw. Er würde nicht »philosophieren«, wenn er »glaubte«?

Die Zweideutigkeit: Das Geheimnis ohne Gehalt als nur den des betroffen machenden Geheimnisses überhaupt, – solches Geheimnis läßt in der Existenz selber alles zu, weil es ohne Führung läßt.

Immer die Frage für uns (seit »Sein und Zeit«) etwa: »Entschlossenheit«, aber wozu? Die Leere findet Erfüllung im Nationalsozialismus.

»Hirte des Seins« und »Platzhalter des Nichts« – aber was ist Sein und Nichts außer der Zeiger in das Geheimnis überhaupt? Beliebigkeit in der Praxis menschlicher Existenz –, Führungslosigkeit oder Diktatur – Fehlen von Vernunft und Existenz –

Die »Wahrheit« so erörtert, daß Wahrheit entschwindet. Ist kein Sinn mehr für Wahrheit und Unwahrheit im konkreten Hier und Jetzt von Erkenntnis und Praxis?

Die Versuche der »Schüler«: die Gedanken Heideggers als »Lehre« darzustellen.
Dazu ist Anlaß und Möglichkeit, – aber zugleich sinnwidrig. Als Lehre das Kolleg des Inhaltslosen. Als Denkbewegung erregend – das Höchste versprechend – ganz enttäuschend, – aber noch immer als Kunst der Bewegung auf Strecken wundersam ansprechend, meistens aber ärgerlich wegen Ausbleibens . . .

Aber doch zu sehen, wie solche »Lehre« aussieht:
Lauter Paradoxien in Formalismen, – die nur auf ihre Wirkung durch ihre Kunst des Erregens zu prüfen, nicht als Lehrstücke zu ordnen und zu fixieren sind.

Die Lehre, die nichts lehrt, außer die Weise, wie man dieses Nichts auf eine in ihrer Art großartige Weise aussprechen kann:

die große Kunst zu sagen, daß er nichts zu sagen habe.

158

1960

Sie haben 1933 entschieden.
Daß Sie es taten, zeichnet Sie aus. Wie und wohin Sie es taten, hat zwischen uns den Abgrund aufgerissen.
Wo immer die Mehrzahl unserer sogenannten Kollegen unentschieden, opportunistisch, sich selbst betrügend mit den damals geläufigen Argumenten mittaten, sich »durchrangen« zu dem, was sie ihrer Herkunft und Aufgabe nach doch radikal hätten verwerfen müssen, wo immer ich diese böse Lächerlichkeit sehe, da würde ich, wenn ich wählen müßte, mich zu Ihnen stellen – als dem eigentlichen Feinde, der doch etwas ist und nicht nichts.

159

1960

Nach kurzer Freude in der Stimmung einer Gemeinschaft im Kampf gegen die akademische Philosophie für das wieder Ernstnehmen der Philosophie selber, ohne daß der Gehalt deren uns schon im Sprechen mitteilbar wurde –
dann die ständige, zuweilen wieder unterbrochene Bedrücktheit durch nicht faßbares menschliches und philosophisches Nichtstimmen,–
unter Festhalten der Möglichkeit des Anfangs, selbst gegen den Augenschein, noch bis in den Anfang der Nazizeit hinein –
bis zum radikalen Offenbaren der Trennung, – diese wurde nun gleichfalls bis in den Anfang zurück gesehen, aber auch jener Anfang ist bis heute in der Stimmung des Hintergrundes nicht völlig verschwunden – was einmal war oder auch nur zu sein schien, läßt sich nie mehr verleugnen – das fordert nicht nur die Treue gegen sich selbst, sondern auch die Dankbarkeit gegenüber jedem Menschen, der uns irgendetwas bedeutet hat.

Teil VI

1961/64

160

Heideggers Verlagerung[1]

Sein Neues zu begreifen, – das doch wesentlich in der Neuheit der Grundfrage liegen soll.

Der Anspruch, daß darin die abendländische Wende sich ankündigt –

nachdem Nietzsche die abendländische Metaphysik vollendet und zum Ende gebracht hat –

nun das Neue, – aber was?
am besten hieße es gar nicht mehr Philosophie.

Erkennt man in seinen Gedanken, was etwa asiatische Denker (besser und tiefer, weil in der Lebenspraxis damit stehend) gedacht haben, – so würde der Vorwurf sein, man verstehe aus einem anderen und Alten, was doch neu und ursprünglich sei – man mißverstehe, weil man es sich aneignen wollte in Übersetzung zu gewohnten und bekannten Gedanken. Dieser allgemeine Vorwurf, von dem bloßen Behaupten des Gegenteils, besagt nichts. Man muß im Text, in den Sätzen, in der Gesamtschrift aufweisen und die Frage an den Autor richten.
Man darf sich nicht dupieren lassen, daß man im Kreise gedreht wird, stets Behauptungen – Machtsprüche – hinnehmen muß, – und dann sie doch nicht als These, als Anstoß nehmen darf, – aber auch nicht als methodisches Mittel, sich und dem Leser indirekt zu sagen, was direkt nicht sagbar ist: wofür es vielleicht doch Mittel gibt, das Glaubwürdige vom Unglaubwürdigen zu unterscheiden.

161

Heidegger, Nietzsche

»Ewige Wiederkehr«: Die Deutung der einzelnen Stellen –, das Ganze: Metaphysik des »Seienden im Ganzen«

Wie das philosophische Gewicht fühlbar zu machen?
»Versuch«: Möglichkeit (in N.'s Ausdrucksweise an der einen Stelle)[1]

Die Deutung als indirekte Mitteilung: als Dichtung des Denkers Zarathustra, – aber welche künstliche »indirekte Mitteilung« –
als verschweigen im Sagen (die Geringfügigkeit der Veröffentlichung im Vergleich zu dem Umfang des Nachlasses).

Er unterscheidet eine Darstellung von der »Vorführung von N.'s Meinungen« (I, 318):
»auf eine Mitte zusammenlaufen«
damit »die Grundzüge dessen, was nachher Nietzsches metaphysische Grundhaltung erkennen läßt«[2]
vgl. auch I, 325: »nicht bloß Bericht, sondern Auslegung«[3]
oder I, 325: »erst zu *fragen* haben, was dieser Gedanke gestaltmäßig in sich und von sich her sei«.

I, 311: »die Lehre zur Leier«[4]: »für das ganze eine bequeme Formel und hält sich selbst[5] heraus aus jeder Entscheidung«
aber: welche Entscheidung?
wo überhaupt finden Entscheidungen statt?
nicht in bloßen Denkakten, sondern in solchen Denkakten, die wirklich, in der Praxis, in der inneren Verfassung (untrennbar von ihrer äußeren Erscheinung) mit ihnen eins sind[6] oder aus ihnen nicht logisch, sondern existentiell folgen[7].

162

Geistige Herkunft und Lebensform: von Anfang an Philosophie – Theologie, – keine Berührung mit Wissenschaft und Praxis, – beides, wo es geschieht, knabenhaft und ungemäß.
Sein Unwille als Lebensstimmung – schon als Assistent bei Husserl –

Der »Nihilismus« in der Teilnahme am Nationalsozialismus. Seine Reden damals, – der aktive Nihilismus durch Aufstellung eines Absoluten: Hitler: »Sehen Sie seine Hände«[1] – praktischer, nicht theoretischer Nihilismus – das war eine kurze Zeit – was bedeutet dies Faktum für Heideggers Wesen?

Ein Ernst von Anfang an: es wirkte in ihm ein philosophischer Antrieb, eine Führung, deren Sinn er nicht vorher wußte, – hier das ursprünglich Echte –
von vornherein als einsam von ihm empfunden,
hier eine Gewißheit in ihm und ein natürliches Selbstbewußtsein von Anfang an –, der Zweifel an sich war nicht Zweifel an der Substanz dieses Antriebes, sondern vorübergehend an dem, was er durch sein Tun und Leisten dazu vermöchte.

163

Heideggers Nietzsche[1]

Beschränkung auf die begriffliche Spekulation, die metaphysischen Erkenntnisse, – das »System« Nietzsches, den vermeintlich einen Gedanken darin.

Diese Spekulation des »Denkens« in einem spezifischen Sinn gemeint: als Philosophie, als »strenges« Denken (strenger als die exakteste Mathematik) –
Dieses Denken, das nicht im Bericht von Lehre da ist, sondern erst in jenem Vollzug, den Heidegger zu tun glaubt, und zu dem er den Leser führen möchte, – vielleicht das, was Kierkegaard »inneres Handeln« nennt?
aber ganz in der »Sache« im Denken, bei dem die persönliche Existenz gleichgültig ist, und ersetzt wird durch einen Ernst von Wirklichkeit im Denken als solchem, diesem Denken, das Philosophie ist.
Ob daher die Stilform: ein ständiges Versprechen, es wird noch kommen, es wird hier noch nicht gesagt, es kommt aber nie, das Versprechen wird nicht eingelöst, – denn ein paar Dichterworte sind dazu nicht imstande.

Die Stilform der Breite (noch anders in Sein und Zeit):
Das Problem hat H. mit mir gemeinsam: Die Mitteilung, die im Leser etwas erzeugt, das existentiell relevant ist.
Die spezifische Bedeutung eines meditativen Denkens, das alsbald zum »Leierlied« (N.'s ewige Wiederkehr) wird, – das also in Bewegung bleiben muß –
aber welche Bewegung?
sie bedarf des Begriffsvermögens –
sie bedarf des Berichts
sie vollzieht sich in Abwandlungen, das Eine umkreisend –

Der Unterschied von Heidegger und mir:
Ich will Dichtung zum Gedanken
Bei mir geht *vorher* das »Grundwissen« als Lehre vom Umgreifenden.
Ich will methodologisch Bewußtes
Heidegger steht noch in der Tradition einer Sachverhalts-Philosophie, einer fragenden Philosophie, die allgemeingültig das Wahre trifft oder treffen will.
Was ich 1928 sagte: durch Zitate stehe er in der Professorenphilosophie, – und er antwortete: und ich stände darin den Inhalten und der Sprechweise meiner Philosophie nach[2], – Heidegger hat durch jene Zitate nur sprachlich zum Ausdruck gebracht, was er tatsächlich tut: die Sachphilosophie, die Schule bildet, erörtert, erweitert, hin- und hergewendet werden kann.
Ich bin Professor bewußt und mit der Idee, aber mit dem Bescheid[3] und mit dem Willen zum weitesten Horizont und zum Ernst, – Heidegger ist Professor, ohne es zu wollen und zu begehren – aber faktisch dem Denktypus nach mehr als ich.

164

Heideggers Nationalsozialismus

1. Er wußte 1933 so wenig wie wir alle, was daraus werden würde: Wohl war gewiß: Rechtswidrigkeit, Beeinträchtigung der Juden, Beraubung von Positionen (bei uns der Erste: Radbruch[1]) –
er ahnte nicht (so wenig wie wir): Mord, planmäßige Tötung –

allgemein spürte man und wohl auch H.: es wird schließlich zum Kriege kommen.

2. H. beteiligte sich als Rektor, als ausführendes Organ an den Rechtswidrigkeiten, – ohne Zögern, ohne Erregung seines Gewissens, ohne Ergriffenheit eines Rechtsbewußtseins.

3. Die Koinzidenz – für den Augenblick – zwischen seiner philosophischen Anschauung und seinen Zielsetzungen mit den Nazizielen, von denen er offenbar entschieden bestimmt war.

4. Seine Beziehungen vor 1933 zu Nazis, – seine Briefe (von denen Frank[2] erzählte) – PG.[3] wurde er, soviel ich weiß, erst im Sommer 1933.

5. Seine Zielsetzungen gingen (in der Univ.-Rede Heidelberg) damals weiter als das, was öffentlich damals von Nazis gesagt wurde: Herabsetzen der Gehalte
Vor allem: Vorläufig bleiben die Professoren im Amt, obgleich sie ohne Ausnahme unfähig zur wesentlichen Erziehung der neuen Jugend sind, – wir können sie noch nicht entbehren – in zehn Jahren werden wir Lehrer herausgebildet haben, die sie ersetzen können, – dann wird keiner der jetzigen sein Amt behalten können[4].

165

Meine[1] Stellung zu Heidegger damals ganz unklar. Ich war betroffen, hielt es für unmöglich, dachte an Heidegger, der mir seit 12 Jahren gut bekannt war.
Seine persönliche Beziehung zu mir im März 1933 und wieder im Sommer in der Art und Weise im wesentlichen unverändert: Im März: wir hörten von der Platte gregorianischen Kirchengesang – plötzlich reiste er ab: »man muß sich einschalten« – im Sommer ein anderer, aber im persönlichen Umgang, schien mir, noch das gleiche Vertrauen[2].
Was er sagte, schien mir so absurd, daß ich es nicht glaubte und überhörte –
meinte, und, mich selber täuschend, wollte und es angesichts des früheren Heidegger, eigentlich für selbstverständlich hielt:

daß er sich eingeschaltet habe, um die Universität zu schützen – noch seine Rektoratsrede suchte ich zum Besten hin zu deuten –

Aber zugleich traute ich ihm nicht mehr. Daß ich dies nicht zum Ausdruck brachte, sondern mich nach dem Grundsatz verhielt: indem man das Beste erwartet, kommt der Andere, sofern man in langjährigen guten Beziehungen steht, entgegen, – während ein Ausdruck von Mißtrauen alles zerstört.

In der Situation, in der eine Univ. Reform verlangt wurde, trat in Heidelberg ein kleiner Kreis unter Vorsitz des Dekans (von Salis[3]) zusammen: einen Reformvorschlag zu entwickeln. Ich verfaßte ein langes Manuskript – das zum größten Teil in meine U.-Idee 1946 gelangte[4] – damals waren die Kollegen und ich in dem Irrtum, daß eine Reform in unserem Sinne möglich sei und wir die Führung durch die geistige Leistung des Publizierten [?] gewinnen würden.

Heidegger teilte ich die Existenz meines Manuskripts mit, in der Hoffnung, er würde es anfordern und mitwirken. Seine Sätze in Reden später überhörte ich wieder – willentlich – unwillentlich – unweigerlich!

Daß Heidegger weder meinen Entwurf anforderte, noch in irgendeiner sachlichen Beziehung zu mir blieb, und dann seine Rede im Sommer, waren große Enttäuschungen.

Eine naive, persönliche Treulosigkeit, die ihm selber garnicht bewußt wurde, hatte ich gelegentlich schon Anfang der zwanziger Jahre bemerkt, aber nach seiner Erklärung für eine Irreleitung durch falsche Berichte erklärt[5].

Jetzt war es mir gewiß, daß von Treue nichts zu erwarten sei.

Aber ich blieb dabei, das Beste herauszusehen noch bei seiner Freiburger Rektoratsrede (vgl. meinen Brief damals)[6]. Der geistige Rang war nicht verloren, obgleich der Inhalt seines Redens und Tuns auf ein unerträglich tiefes und fremdes Niveau gesunken war.

Ich konnte trotzdem nicht aufhören, ihn ernst zu nehmen, nun als substantiellen Gegner, als Medium einer drohend gefährlichen, für das, was mir verstehbar, ruinösen Macht.

Nach Maßstäben, die gewiß subjektiv sind, erschien mir sein Reden, Tun und Habitus so unedel, daß die substantielle Fremdheit in merkwürdigem Kontrast zu dem Fluidum des Philosophierens stand. Auch in diesem war Fremdheit, aber doch eine Verbundenheit in dem Betroffensein von dem, was uns eigentlich Philosophie erschien und worin wir damals einmütig zu sein meinten (ohne bestimmten Inhalt) – und wo ich heute noch einen Punkt finde, der, obgleich mir fast alles

bei H. in Verzerrungen, mir fremden Zusammenhängen, in einer Denkart, die von mir aus wie eine alles verdrehende Kontrasterscheinung erscheint, obgleich wir uns manchmal auf gleichen Denkbahnen zu treffen scheinen.
Es lassen sich Analogien aufstellen, die mit je anderen Worten und Intentionen, zuweilen mit gleichen Worten sich einen Augenblick berühren.

166

Zu[1] zeigen, wie die Grundverfassung dieses Philosophierens in der Praxis zur totalen Herrschaft führen muß.
Wo der Antrieb lag, 1933 (nicht als Mitläufer, nicht opportunistisch) mitzumachen, – und wo die Differenz lag, die dieses Mitmachen unmöglich machte.

1. H. ging damals in manchen Forderungen weiter als die Partei.

2. H. meinte selbständig für sich entscheiden zu können – er lehnte Rufe nach Berlin und München ab und zeigte der Partei dadurch, daß er ablehnte, er ist nicht ihren Wesens, er ist nicht gehorsam.

3. Er wollte als Philosoph eigentlich den Führer erziehen.

4. Er besaß keine Spur jener schlauen Politik, die Schritt für Schritt, mit dem Irrlicht der Macht, sich und die anderen betrügend, den Weg ging, von Etappe zu Etappe so fort zur Zerstörung Deutschlands, zunächst zur Steigerung der Staats- und Militärmacht, dann zum Kriege und bedingungsloser Kapitulation führte, – mit diesem Weg hat H.s Sinn nichts zu tun. Er steht darin wie ein dummes Kind, das seine Arme in den Gang der Geschichte streckt und dabei das Glück hat, vom Rad der Geschichte nicht zermalmt zu werden, sondern nur einige Schrammen davonzutragen.

5. Er hat nicht die geringste Ahnung auch nur von echter Politik, keinen Ansatz von Verantwortungsbewußtsein. Was er tut und erfährt, wirkt wie eine Operette, die er einen Augenblick mit einer unedel wirkenden Begeisterung spielt, und Handlungen begeht, die Symbole von Untaten sind, nicht merkt, welchen blutigen Charak-

ter die Sache hat, in den Clichés militärischen Heldentums, der Vergötterung von Hitler, Schlageter[2] und anderen redet, und schon ausgeschieden wird, bevor jener blutige Charakter auch für die Blindesten und praktisch Dümmsten zu Tage tritt, – und dann noch bleibt er eigensinnig, distanziert sich und macht doch auch mit, tritt 1937 im Herbst noch für den Hitlergruß ein, den der damalige Rektor als Begrüßung in den Vorlesungen aufhob, – blieb »philosophischer« Nationalsozialist.

Wie dieser ganze Verlauf mit seiner Philosophie zusammenhängt – seine Praxis und sein Denken sich gegenseitig erhellen, – wie er, so scheint es, heute noch nicht im Grunde begriffen hat, was geschehen ist und was er getan hat.

Diese Unfähigkeit zur Erfahrung bezeugt den granitnen Grund in seinem philosophischen Denken. Er bleibt jederzeit der gleiche. Was als Entwicklung erscheint und von ihm selbst als Gang sehr wichtig genommen wird (die Datierungen, Einordnungen seiner Schriften), ist unwesentlich, aber in der Erscheinung dennoch die Abwandlungen, die Reihe der Symptome, oder der Objektivierungen, oder der Verdeutlichungen dessen, was aus ihm spricht.

Dies ist etwas, ist nicht Theater, geht, durch Störungen des Lebens und der Ängste nur kurze Zeiten unterbrochen, von Stimmungen abhängig, durch die Jahrzehnte. Hier das, was er selbst nennt (nach Schopenhauer): jeder große Philosoph hat nur einen Gedanken. Aber die Größe ist abhängig von der Größe dieses Gedankens und dem Wesen dieses Gedankens.

167

Was[1] der Mensch sei, – wer der Mensch sei . . .?

Was H. 1933 tut, das waren die »unmenschlichen« Folgen einer Philosophie, der der Mensch in seiner Freiheit, seiner Verantwortung, seinem Selbstsein verloren gegangen ist,

zugunsten einer existentialen Apparatur von Funktionen, deren For-

men von vornherein infolge der Ontologisierung und Objektivierung nicht einmal Formen, sondern leere Hülsen sind,
die ansprechen die unter den Modernen vorkommende Auffassung zur Radikalität an sich, zur Revolte, zum Funktionalen, das nun in das allem Funktionalen Widerstrebende hineingetragen wird, durch den Formalismus erregt, ohne zu wissen wozu? – Metaphysik des eigenen Nichts, befreit von der Freiheit, –
den Theologen dupiert, weil er meint, in die Leere den christlichen Glauben füllen zu können –
Diese Wildheit gegen Humanitas (sowohl das Humane wie die Humanität), gegen »Kultur«, gegen »Bildung« – (Johst[2]: höre ich das Wort Kultur, entsichere ich meine Pistole)
diese Bejahung der Barbarei
in Formen der sprachlichen Disziplin, der Goldschmiedearbeit (oft mit Talmi-Material)

Dies ist alles in Heidegger, aber ist nicht er selbst – er verfällt daran, – etwas ganz Anderes ist im Spiel – nicht nur ein ungewöhnliches Maß des Verstehens von Dichtung und Musik, – sondern eine metaphysische Betroffenheit.

168

Heideggers Neigung

Jeweils die Sache pompös in ihrer Bedeutung zu steigern, – eine Art Aufmachung des Gedankens, – ein in Spannung setzen – man erwartet und wartet, und sieht sich gefangen in allgemeinen Wendungen über Philosophie, oder über Sprache, oder in sprachlich kunstvoller Formulierung wie einem Kultus von Worten und ziselierten Sätzen – es bleibt aus, worauf die Spannung erweckt war, und man ist enttäuscht, –
aber nicht ganz, denn die Spannung erzeugte in der Tat – wenigstens in glücklichen Fällen – die Spannung auf das eigentliche Philosophieren hin, – und wenn es ausbleibt, so ist doch diese Spannung zwar in der Form ihrer Erzeugung, aber nicht in dem Betroffensein selber unwahr.

Es kann anmuten wie eine Mimikry großen Philosophierens, die als Mimikry doch noch Bezug dahin hat, aber eben doch nicht ist, als was sie sich gibt. So ist es wieder zu viel gesagt: denn das Hervorbringen solcher Mimikry bedeutet irgendeine wunderliche Verwandtschaft zu dem, was es selber nicht ist.

169

Was[1] wir hier tun, ist ein Kampf der Philosophieprofessoren, – altbekannt, nicht ernst zu nehmen, ein Gegenstand der Neugierde und des Amusements –

Vielleicht handelt es sich um die ernstesten Dinge; uns kann es so scheinen; aber wir wundern uns: all dieses Denken ist für die wirkliche Welt ganz gleichgültig, wie die Erfahrung zu zeigen scheint, – es fließt hinein in die Literatur und die literarischen Sensationen, – wird da, fast immer nicht entsprechend, behandelt, findet ein falsches Echo, das selber wie schon im Entstehen verwelkende Blätter rasch vom Winde der Zeit hinweggeblasen wird.

Wenn es aber ernst ist, dann ist es der Ernst der tiefsten Kämpfe existentieller Mächte, die durch uns immer wieder Sprache gewinnen und die immer schon waren, in neuer Gestalt wieder erscheinen, von uns nicht übersehbar.

Unsere einst in früher Jugend uns bedrückende Enttäuschung, die Philosophie, die wir suchten, nicht zu finden, sie glücklicherweise vielleicht in Menschen inkarniert zu finden, die nicht ausdrücklich philosophierten – an den Universitäten von den Lehrstühlen der Philosophie uns von Philosophie verlassen zu fühlen, unsere Bemühung und tiefe Befriedigung beim Ergriffensein von den großen Philosophen der Vergangenheit, schließlich unser Wagnis, zu philosophieren – einen Augenblick vielleicht in der Erwartung, uns zu treffen als Angehörige der Universität, die an diesem Ort von einem Lehrstuhl her philosophieren – endet es mit der Enttäuschung, mit der es begann?

Nein, nun haben wir Erfahrung, nun wissen wir es besser, nun wissen wir im eigentlichen Nichtwissen, jeder auf ganz andere, anscheinend dem anderen unzugängliche Weise.

Eine Wüste hat sich zwischen uns gelegt? Ist das von einer mehr als subjektiven Bedeutung? zeigen sich Mächte, die sich wenigstens begegnet sind, sich angesprochen glaubten, aber auseinanderliefen und nun sich gar nicht mehr verstehen? sich auf eine tiefere Weise nicht verstehen, die allein die Chance hat, sich – bei einer utopischen Umkehr – erst eigentlich treffen zu können nach einem Gang durch völlig verschiedene Erfahrungen, Zielsetzungen und Absichten? die nicht Freunde sein können, die symphilosophieren, aber ritterliche Feinde, die im Kampfe verbunden sind durch etwas, das beide nicht wissen, aber vielleicht einmal ahnen.

Oder muß das alles in privaten Unzulänglichkeiten untergehen?

170

Heidegger sagt »Seinsvergessenheit«, nicht »Selbstvergessenheit« – beides ist wahr, die Betonung des einen oder andern nicht gleichgültig.

171

Heideggers Nietzsche[1]

Es ist kaum möglich, ein Buch über Nietzsche zu schreiben, das nicht ergreifend ist, nämlich durch das, was darin durch Nietzsche selber gesagt wird, durch die Zitate.
Für den Autor kennzeichnend: was ihn vor allem ergreift, was er für die eigentliche Philosophie N.'s erklärt.

Heidegger wählt:
Ewige Wiederkehr und Wille zur Macht – und was dazu gehört: »Übermensch«, »Dionysos«
Es ist wie eine metaphysische Lehre, die Nietzsche vorträgt

Heidegger nimmt sie für sich, läßt aus:

1. N.'s »Einklammerung«: sie kann falsch sein –
2. Was vor 1881 liegt.

Er hat in gewissem Umfang recht für die Zeit, die zusammenfällt mit der psychopathologisch feststellbaren Verwandlung, –
aber auch für diese Zeit läßt er alles aus, was nicht in den Kreis jener Begriffe gehört, die wie ein Lehrganzes einer Metaphysik sich darstellen lassen[2] –, den ganzen Umfang des Fragens und Klopfens und der Erfahrungen mystisch-mythischer Art seit 1881 –
Bei H. ist ein Zusammenhang der Welt Nietzsches infolge ihrer Reduktion auf jenen Kreis

Darin Übereinstimmung mit Löwith.

Es ist richtig, daß im Nachlaß – und dieser bezeugt erst den gesamten Umfang des N.'schen Denkens, Anschauens, Wahrnehmens, Schaffens – sehr viel die Rede ist von jenem Begriffskreis – es ist richtig: Wiederkehr und Wille zur Macht zusammenzubringen (1. weil beide lehrhafte Metaphysik, 2. weil durch N. ausdrücklich auf einander bezogen) es ist richtig, daß N. hier denkt, argumentiert, naturwiss. Studien machen will, viel Naturwissenschaften liest – und richtig, daß es sich im Ganzen trotzdem um keine naturwiss. Frage handelt –

Aber ich sehe keine denkende Aneignung, sondern doch nur ein Reden darüber, was es nicht sei, und was es sei, – ein Behaupten eines anderen, philosophischen Denkens, aber nicht der Vollzug eines solchen Denkens im Falle der ewigen Wiederkehr, – daher schließlich doch nichts Anderes als »Bericht« – und demzufolge: Zweideutigkeit in der eigenen Stellungnahme und Aneignung – Heidegger sagt nicht, was ihm in seinem Denken der Gedanke bedeutet, er entwickelt kein Denken, das selbst dabei ist –

172

Die Stelle in dem Aufsatz an Jünger[1]

»helle Räume« – »entnommen« den Vorstellungen usw.[2]
Es ist nach den gewählten sprachlichen Wendungen leider kein Zweifel, daß ich[3] gemeint bin.

Und zwar nicht so, wie es sinnvoll sein kann, zur Schilderung eines Typus, der in vielen Gestalten auftritt und der von Leitfäden eines oder mehrerer Individuen – sogar so, daß ein Bestimmtes vor Augen steht – konstruiert wird, ohne daß das Individuum als solches gemeint und getroffen ist. Dann sind eine Reihe anderer da und man kann sie nennen. In diesem Falle Heideggers sehe ich nicht den Typus, sondern das offenbare Zielen nur auf meine Person.
Hier beginnt eine Häßlichkeit, auf die ich mich nicht weiter einlasse.
Sofern es in der Philosophie Prioritäten gibt, mögen Spätere sich veranschaulichen, wenn dergleichen sich überhaupt lohnt, welche Grundverfassung und welche Vorstellungen seit meinen ersten Büchern und seit Heideggers ersten Büchern da sind –, da gibt es Wirkungen, aber keine Prioritäten, denn da läßt sich nichts nachmachen.
Die Koinzidenz in Werten ist die Gemeinschaft des Einflusses Kierkegaards, Nietzsches, Hegels, Schellings, Kants, Meister Eckharts und anderer.
Die Differenz von Anfang an ist H.'s antike – scholastische Schulung.

173

»Priorität«

worin? inbezug auf was?
1. Begriffsbildungen, Formeln, Konstruktionen
2. Gehalte, Ursprünge, »Verfassungen«

In der Philosophie hat 1. nur Sinn inbezug auf 2.
2. ist seinem Wesen nach nicht als Priorität zu kennzeichnen:
entgegenkommen, koinzidieren, sich treffen oder ganz anders:
berührt sein, aus anderem Ursprung verstehen, ein Schein der Nähe, der grade das Unvereinbare verbirgt – aber wodurch die Täuschung möglich?
überhören des Heterogenen im Anfang –
das Drängen zum Gemeinschaftlichen –
die faktische Gemeinschaft in einer Negation: das Nein, wenn auch anders begründet, zu einem mächtigen Bisherigen –

das Analoge in den Haltungen und Methoden, das im Rückblick eine immer deutlichere Charakteristik und Kontrastierung ermöglicht. Im Analogon von Formen das Unvereinbare im Grunde. Die Erscheinung des Gegners nun als Verkehrung und Täuschung der Wahrheit –

Daher die noch subjektiv oder objektiv relevante Frage: was hat wer mißverstehend dem andern abgesehen?

wo liegen die Naivitäten?

174

Nietzsches »System«[1]

Wird das für Nietzsche Wesentliche getroffen, wenn ewige Wiederkehr, Wille zur Macht, Umwertung aller Werte zur Mitte wird, zum Maßstab, zum Hintergrund alles anderen?

Daß es für N. selber wesentlich war von 1881–1888, daran ist kein Zweifel.

Aber die Frage: was er aus ganz anderen Ursprüngen sieht, erfährt, urteilt – vor 1881 und gesteigert und erweitert nach 1881 bis zum Ende.

Soll das in den Schatten jener drei Momente eines Einen treten?

Ist, insoweit N. das bei den Plänen seines Hauptwerks gemeint hat, nicht gerade dies

der Boden der existentiellen Unmöglichkeiten?

etwas, das ohne die geistigen Veränderungen psychopathischer Natur, die schließlich zum Zusammenbruch 1889 führen, nicht entstanden wäre?

etwas, das gegen N.'s Denkungsart zugleich wie ein verzweifelter Anker im Nihilismus und als eine widervernünftige und widerphilosophische Besessenheit wirkt?

Und ist, soweit es Gehalt hat, dieses gerade nicht in den metaphysischen Formulierungen, sondern in den Erfahrungen gelegen, die in der Tat ihm eine Tiefe zeigten, von der er Kunde gab auf mannigfache Weise und auch durch ein Begriffssystem Kunde geben wollte –

wobei dieses Begriffssystem, wie H. richtig sieht, den Denkenden selber mit einschließt –

Nietzsche

Deutlich bei Heidegger, Nietzsche I, 410
Der Gedanke der ewigen Wiederkunft des Gleichen
Nietzsche: »Vielleicht ist er nicht wahr: – mögen andere mit ihm ringen!«[2] Ich habe diese Stelle betont.
Hier der sich immer gleich bleibende Nietzsche
H.'s Motto I, 7, »Experiment des Erkennenden«[3] ...
H.'s Erörterung dazu:

»möchte man schließen:
»Nietzsche hat selbst an der Wahrheit des Gedankens gezweifelt und ihn nicht ernst genommen,
mit ihm nur als mit einer Möglichkeit gespielt.« 1.
»Das wäre äußerlich gedacht.« 2.

(Wie aber denkt H. »innerlich«?:)
»Nietzsche hat freilich an diesem Gedanken gezweifelt wie an jedem wesentlichen Gedanken,
denn dies gehört zum Stil seines Denkens. 3.
Aber daraus darf *nicht* gefolgert werden: also hat er den Gedanken selbst[4] nicht ernst genommen;
zu folgern ist vielmehr: also hat er ihn ernst genommen, immer wieder durch sein Fragen hindurchgeschickt, ihn geprüft und so sich selbst auf sein Denken gestellt
und sich ins Wissen gebracht: daß das Wesentliche des hier zu Denkenden die *Möglichkeit* ist. 4.
Jenes ›vielleicht ist er nicht wahr‹ nennt diesen Möglichkeitscharakter deutlich genug.
Nietzsche kennt nur Gedanken, mit denen gerungen werden muß; 5.
eine andere Frage bleibt immer, ob er des Gedankens Herr und Sieger bleibt, oder ob erst andere noch mit ihm ringen müssen.«[5]

Dazu: 1. Ist »spielen« gleich »nicht ernst nehmen«?
Spiel ist von Spielerei zu unterscheiden.
Spielen als Gedanken ist der Versuchscharakter des Lebens und Denkens bei Nietzsche.
Was ist »ernst nehmen«: eine Verbindlichkeit im Gedanken erfahren, – ihn durchdenken nicht als Gedankenspielerei, sondern unter Führung eines »existentiellen Interesses« – denn »Sachen« gibt es

hier nicht, die gibt es nur in den Wissenschaften, – was hier »Sache« zu nennen möglich ist, ist der eine Flügel des ernsten – philosophischen Denkens –

2. Unterscheidung in äußerliches und innerliches (von was sonst?) Denken: Was ist »äußerlich«; doch ein Denken mit bloßem Begriffsmachen, ohne dabei zu sein, – aber einen gemeinten Sinn im Text feststellen, ist nicht äußerlich – mit dem »freilich« ein unwilliges Zugeben dessen, was nun so gedeutet wird, daß die eigene Voraussetzung hinfällig wird: der zu erfragende Sachbestand, Sachgehalt.

3. »Stil seines Denkens«: Mit dieser Redewendung aus dem geläufigen Reden, mit dem man das nicht Begriffliche bezeichnet, das doch wesentlich als ein Allgemeines, wie als ein Allgemein-Einziges ist, wird das Entscheidende so genannt, daß es in der faktischen Denkhaltung H.'s übergangen wird.
Was ist hier »Stil«? – das hier Entscheidende wird mit einem Wort bezeichnet, das gar nicht selbstverständlich ist, aber zugleich das Ganze umfassen soll in seinem innerlich durchgehenden Wesen, das zur Erscheinung kommt.

4. Erst hieß es »nur mit einer Möglichkeit gespielt« jetzt: »das Wesentliche des hier zu Denkenden ist Möglichkeit«; »vielleicht ist er nicht wahr« nennt diesen Möglichkeitscharakter.
Was H. hier als wesentlich anerkennt, ist das, was meiner N. Deutung zugrunde liegt, –
Hier – die einzige Stelle inbezug auf den Wiederkunftsgedanken – spricht der alte, der bleibende, trotz aller auf dem Boden der Erkrankung wachsenden Verführungen sich durchhaltende Nietzsche: der die neue Philosophie seit 1881 schließlich doch, wie immer als Spiel – ein wahrhaftig sehr ernstes Spiel – trieb. Aber dieser Charakter des Versuchenden wird in der H.'schen Deutung, die als metaphysische Deutung im Grundcharakter (mit anderen Frage- und Auffassungsweisen) die Bäumlers[6] und Löwiths[7] ist: Nietzsche in die Reihe der dogmatischen, unkritischen, vorkantischen Metaphysiker stellt, der er zum Teil in den kranken Spätjahren wurde, sogar in einer eigentümlich großartigen, wenn auch perversen Gestalt, – großartig durch die Einschläge des Zweifels, des Versenkens, der Selbstüberlegenheit, – und großartig durch die neuen Grunderfahrungen, die in

solcher Weise kein Mensch ohne Erkrankung so vollziehen, erleiden, verwirklichen, – wohl aber verstehen kann und analoge, wenn auch nie sie selber haben kann.
Das bloße Phänomen des déjà vu verbreitet, nicht an schwere Erkrankung gebunden, aber immer mit anderen psychopathischen Erscheinungen verknüpft, –[8]

5. Was heißt »ringen mit dem Gedanken«?

a) Die Verfahren der Forschung? (in den Wissenschaften)

b) das Durchdenken, wenn der Gedanke begriffene Form angenommen hat, – die aus ihm sich ergebenden Folgerungen und Fragen ins Auge fassen

c) das existentielle Ringen mit dem Wahrheitsgehalt, der vor aller Logik liegt und erst im Logischen Klarheit gewinnt, dadurch in Abwehr und Aneignung, in Kampf gerät.

175

In die Schwebe bringen aller Chiffern – die Vieldeutigkeit – die Bewegung
bedeutet das dasselbe wie: Fragen, weiter fragen, »durchfragen« und Endigen mit der Frage?
Nein, aber hat Bezug aufeinander.

176

Heideggers Nietzsche[1]

Wenn ich für uns beide eine gemeinsame und übereinstimmende Übergangsposition konstruiere, aus der wir nach radikal verschiedenen Richtungen gehen, dann finden sich »Entsprechungen«, wo eines wie ein Zerrbild oder Umdrehung oder Davonlaufen gegenüber dem anderen erscheint.

H: Überwindung der gesamten abendländischen Metaphysik – und dies durch Einverleibung und Überschreiten

J: Verwandlung der abendländischen Metaphysik (*soweit* sie objektives Wissen zu sein beansprucht) aus Seinswissen in schwebende Chiffer.

H: Der Gedanke selber ist Sein – das drum herum reden und Hinweisen, ohne zu ihm zu kommen –

J: Der Gedanke hat existentielle Relevanz – die er im inneren Handeln des Meditierenden bezeugt (vorbereitend, zum Ausdruck bringt) und in der Lebenspraxis wirklich werden läßt – ohne daß dies im philosophischen Werk geschehen kann.

H: Betonung der Bedeutung des »Begriffs«, des »strengen Denkens« – strenger als alle Wissenschaft –

J: Die Schärfe des Denkens im Dienst der Vernunft, die Aufhebung des Gedachten in die Schwebe des Möglichen.

H: Charakterisiert die Wissenschaften als Nichtwissen und für Philosophen belanglos, wenn sie nur die Philosophie nicht verderben.

J: Unterscheidung der Philosophie von den Wissenschaften, aber so, daß Wissenschaften – wissenschaftliche Haltung und Methodenbewußtsein nunmehr für die Wahrheit der Philosophie unerläßlich sind.

H: Von mir her gesehen: Philosophie in Gestalt einer Pseudowissenschaft.

J: Von H. her gesehen: nicht ernst nehmen des Begriffs.

H: Betonung des Denkers als Moment des Gedankens. Äußerste Aristokratie: Wenige oder keiner versteht.

J: Der Gedanke, der nicht ernst wird für die Existenz, ist gleichgültig, überflüssig, endlos –

H: Will das, was die Wahrheit selber, das Sein selber ist – beim denkenden Umgang mit den großen Denkern, deren Biographie gleichgültig oder störend – im Widerspruch zum Wesen des Denkers als selber Sein, ein Denken der Sache.

J: Betonung des Umgreifenden, in dem wir uns denkend bewegen, Subjekt und Objekt beide von gleichem Gewicht – in den verschiedenen Weisen des Umgreifenden von verschiedenem Charakter auf beiden Seiten.

H: Eine Geschichtsanschauung als Sein und »Geschick«-Wissen.
Die »Geschichte« als neue heraufkommende Macht.

J: Forderung der realen Forschung, der verstehenden Aneignung – und – in klarer Trennung – die sich widersprechenden, schwebenden Chiffren möglicher Anschauung der Geschichte im Ganzen.

H: Verweigerung der Probe und Bewährung des philosophischen Denkens in der Praxis, des privaten und öffentlichen und politischen Lebens des Augenblicks und des Zeitalters – mit einem radikalen, wie verzweifelten und närrischen Durchbruch ins Gegenteil 1933.

J: Nicht Deduktion aus der Philosophie, was zu tun ist, aber Bewährung ihrer Denkungsart in der Weise des wissenschaftlichen Tuns und aller Praxis.

H: Bewunderer N.'s in dem Denken von 1881–88, und hier nur im Hinblick auf die »Metaphysik«, den »einzigen Gedanken« und den um ihn liegenden Begriffskreis.

J: Bewunderer N.'s im Ganzen seiner Denkerfahrung unter Abwertung gerade jener »Metaphysik«, sofern sie aus der Schwebe der Möglichkeiten in einen Glauben übergeht, in Lehre und gar »System« als Gedankenganzes, – wo H. Nietzsches Größe sieht, sehe ich seine ihm selbst widersprechende verzweifelte Entgleisung, der er doch noch immer wieder in Augenblicken Herr wird durch die ursprüngliche Kraft seiner das ganze Leben tragenden – von Anfang an wirksamen – Denkungsart.

H: Meint N. erst eigentlich ernst zu nehmen in jenem »einen Gedanken«.

J: Meine N. ernst zu nehmen in der Freiheit seines gegenwärtigen, alles Denkbare, Menschliche und Theoretische [?] ergreifenden, wirklich ins Offene stets voranschreitenden Denkens, –

177

Heideggers »Durchfragen« als Methode zu untersuchen –
sie ist selber nicht methodisch bewußt gemacht –
H. fragt oft nach den Voraussetzungen, aber nicht nach den Voraussetzungen dieses Verfahrens –
Dieses Fragen ist oft mehr Manier als wirklich Fragen, – der Sinn der Schritte von Frage zu Antwort, zu neuer Frage ist sehr heterogen – an welches Kriterium? mit welchen Selbstverständlichkeiten?

N.'s Vordringen ins Bodenlose nicht wirklich mitvollzogen, – oft mehr abstrakt an einzelnen Zügen aufgewiesen –
Bei H. fehlt der Gehalt des Anfangs bei N., all das Noble und Große –
fehlt die Auswirkung auf Politik und Psychologie –
die Auswirkung auf Geschichte bei H. im Vordergrund, aber nun von H. selber zu einem gehaltlosen Etwas gemacht, im Gegensatz zu Nietzsche: bei H. Ahnung ohne Anschauung, »Heraufkommen der Geschichte« als eines neuen Faktums –

Bei H.: Mangel an Anschauung von Größe – bei abstrakter Betonung der »Größe« –
Das Niederziehende auf die Ebene ahnungsvollen Fragens, berührt von der Tiefe N.'s; aber er tritt in sie nicht ein –
Es ist ein Nivellieren auf die Ebene, die an sich als die philosophisch-spekulative Frage und Fragen dauernd den hohen Anspruch stellt und sehr selten verwirklicht.

178

Heidegger

Die Ablenkung dieses Philosophierens von der Verantwortung in der Lebenspraxis und der Politik.

Die Entfernung von den existentiellen Wirklichkeiten.
Die Unerforschbarkeit für wißbare Realitäten.
Die Unbereitschaft zu praktisch-verständigem Tun.

Ein Raum der philosophischen Besinnung, der uns gemeinsam ist, wird abgeschlossen, und in der Isolierung treibt er phantastische Blüten, mit dem falschen Bewußtsein, damit im innersten Gang der eigentlichen Geschichte zu stehen.

179

Heideggers Werk

ohne Liebe, ohne die Stimmung der Liebe, ohne den Eros der großen Denker.

Nicht mißzuverstehen: H. darf mit solchem Urteil nicht biographisch als Person gemeint werden, – nach meiner Erfahrung in der Jugend glaube ich für seine Persönlichkeit das Gegenteil bezeugen zu dürfen, wenn es auch nicht kraftvoll durchstrahlte und übergriff, – sondern sich aus einer Verschüttung in aggressive, bittere, gehässige Lebensauffassung herausarbeite[te], dann still leuchtend, ohne Leidenschaft, vielleicht sich selbst mißtrauend.

Das Werk: Die »Sache selbst«, von der es handelt, liegt nicht in einer Atmosphäre der Kühle, die Ausdruck scheuer Liebe ist, sondern in Kühle der Erbarmungslosigkeit, Herzlosigkeit – der Kraft des Zersetzens, in Frage stellens, Verneinens, aber aus der Verzweiflung der Liebe, die das Gegenteil möchte –

Er erfährt die Einsamkeit, mißtraut jedem Schritt aus ihr heraus, leidet an ihr, und hält sie trotzig für unentrinnbar.

Das Ansprechende (für Manche) dieser Härte, als ob sie doch die eigentliche Wahrheit wäre, – die Teilnahme an der Stimmung der Revolte – die Befriedung durch reine »Sache« bei Anspruchslosigkeit an die persönliche Existenz –

Die Stimmung der Verachtung

Und die Stimmung des Außerordentlichen, Einzigen, je Weltwendenden dieser einsamen Person.

180

Heideggers Nietzsche[1]

Eine enorme Simplifikation (analog Klages, Bäumler). Der Unkundige merkt es nicht, da das, woraufhin simplifiziert wird (Heidegger – Schopenhauer – »der eine Gedanke«), sehr eingehend, in vielfachen Erörterungen mit schlagenden Zitaten aus Nietzsche dargestellt wird.

H. hat unter diesen einen Vorzug:

1. durch das Hinstreben auf das Ungesagte –
2. durch kritische Erörterungen über Philosophie überhaupt –
3. durch ein anderes Maß und eine andere Weise der eigenen Beteiligung –

Aber es bleibt angesichts des Ganzen Nietzsches eine für den Kundigen unerträgliche Simplifikation. –
Nietzsche verschwindet fast – er ist nicht als der umfassende Denker da, sondern nur als der Denker jenes von 1881–88 stark hervortretenden Begriffskreises,
der als eine Metaphysik aufgefaßt, als Vollendung gar der abendländischen Metaphysik, nicht einmal beherrschend ist, sofern er bis zuletzt frei läßt N.'s nach allen Seiten ausgreifendes, bis in die Wahnsinnszettel[2] sich behauptendes, sinnvolles Denken in seine Welt, unsere Welt, in die Geschichte, in das Zeitalter, in den Grund hinein.
N.'s Denken hat gerade in jenen Linien, auf die hin H. es simplifiziert, den Typus der dogmatischen Metaphysik als unwillkürliches Vorbild,

aber, soweit er ihm folgt unter vorübergehender Preisgabe des Versuchscharakters, in der ihn oft bestimmenden Meinung, den Grund des Seins in Begriffen und Anschauungen zu vergegenwärtigen, gleitet N. vom Wesen seines im Gesamtwerk und den Briefen und Nachlaß sichtbaren Denkens ab – warum? nicht angemessen zu motivieren:

1. aus der Verzweiflung des Nihilismus, um in ihm selber den Boden zu finden und ihn dadurch zu überwinden –

2. aus den Wirkungen der Erkrankung, die einerseits Grund unerhörter Erfahrungen, Inspirationen, einer Erregung aller in ihm schlummernden Gedankenmöglichkeiten und Erfahrungsmöglichkeiten sind, – andrerseits in aller eher noch gesteigerten Helligkeit (bis in die Handschrift gleichsam leibhaft vor Augen) ein Versagen der Kritik ermöglichen (die aber immer wieder auftritt)

3. aus den Tendenzen des Zeitalters, das diese Form einer Metaphysik immer noch als die Philosophie erstrebte – in nachkantischen oder in das Vorkantische zurückfallenden Formen – (Wundts Willensaktualitäten[3], – Hartmanns Unbewußtes[4] u. dgl.: was alles Nietzsche doch verhöhnte) – aber N. verhöhnte wegen des Unernstes, während bei ihm der verzweifelte Ernst dessen, was objektiv zum Unsinn wird, und existentiell ohne Chiffernkraft bleibt, den Gedanken noch den Zauber gibt, und sogar das Etwas von Wahrheit, das bei ihm das Umgreifende ist und in diese Abgleitungen noch hineinwirkt.

181

Nietzsche[1]

Heidegger »glaubt« dem Nihilismus, den Nietzsche im Ganzen sieht, vollzieht,
und überwinden will –
Er hält in dieser Überwindung – dem spekulativen philosophischen Gebilde – an einem Schritt der Wahrheit der Geschichte fest – hält sie für die Mitte und Hauptsache des Nietzsch'schen Denkens – wie Löwith, den er nicht nennt.
Diese Grundhaltung zu Nietzsche ist von der meinigen radikal ver-

schieden, so sehr, daß alles, was N. sagt, bei uns in ein völlig verschiedenes Licht rückt:

dann, was wir glauben und nicht glauben, –
wie wir in der Folge urteilen über die Ereignisse und die Politik –
welche innere Verfassung wir anstreben –

H. will als Person sich ausschalten – auf sie kommt es nicht an.
Ich sehe in dem persönlichen Leben und Alltag die bleibende Stätte philos. Prüfung und Bewährung und Erfahrung, – den Grund, aus dem ich philosophiere.
Kein abgesondertes Philosophieren, das den Schnitt macht zwischen der eigenen Realität und den Stunden einsamer Besinnung.
Die »Verantwortung« für die Nietzsche-Auffassung!
Nähe zu N. und Kampf mit N. um N.'s eigene Idee, – wo er sie verläßt, wo er wie in ihr unangemessene Ordnungen und Maßlosigkeiten und Extreme gerät – sich selbst verlassend (und N. weiß es und kämpft um sich und uns).

Das Revolutionäre an sich – als Antrieb – und das Diktatorische an sich als Wahrheit –
während Nietzsche: im ganzen Umfang die Möglichkeiten des Menschen, – die Einsenkung[?] in Perspektiven, in Anblicken, in Denkwegen – in die letzten Schlupfwinkel der Seele
in die letzten Möglichkeiten der Philos.
N.'s eigene, ihm bewußte Verantwortung.

Wie zu deuten die Einbrüche und Entgleisungen bei gleichzeitigen wahren Blicken und Schätzungen:

aus der Sache?
aus Entgleisungen innerhalb der Sache?
aus dem Krankwerden?

Meine Auffassung und Weise der Aneignung N.'s
schon von Löwith als versagend beurteilt: N.'s eigentliches Philosophieren ignoriere ich, – ich verharmlose ihn –
gegen mich: konservativ, romantisch, restaurativ kein Mut zur Wirklichkeit der Katastrophe[2].

182

Das gegenwärtige, das je eigene Philosophieren zeigt sich in der Weise des Umgangs mit den früheren Philosophen.
Es bezeugt sich dabei durch das, was gesehen und nicht gesehen, was mitgedacht, nachgedacht und was im Denken der Philosophen ignoriert wird.
Es bezeugt sich im Urteil, in der Aneignung und im Abstoßen,
im Bilde des Philosophen, d. h. seiner Gedankenwelt, das deutend vor Augen gebracht wird.
Der Denker spiegelt sich im Denker, auch der kleine im großen.
Die Frage ist: gelangt er in eine Gemeinschaft mit ihm? nimmt er ihn ernst? worin und worin nicht? was verwirft er, was verleugnet er, was ergreift ihn?
Welche Methode des Umgangs? als ob gar keine Person da wäre, sondern nur eine Sache, – als ob nur eine Person da wäre, eine Biographie und keine Sache – oder so, daß dem Deutenden alles auf alles bezogen scheint, sich gegenseitig erleuchtet und klärt?
Die Frage nach dem Sinn der Philosophiegeschichte.

183

Heidegger: Nietzsche

I, 527f. »Die abendländische Metaphysik als Logik«

Dazu 1. Das Bewußtsein der Grenze der Logik für Seins- und Existenzbewußtsein –
schon bei Griechen
bei Petrus Damiani[1] – die Linie von dort her –
fast so alt wie die Philosophie
und in Asien

2. Warum als »abendländisch«? nämlich in diesem absoluten Sinn (statt in dem relativen der Fragestellung und der konkreten, vergleichenden Untersuchung Max Webers), – es gleichsam als Abendland

als Ganzes in die Hand nehmend? Es soll geschichtlich – seinsgeschichtlich gedacht werden, nicht sachlich als Erhellung des Bewußtseins überhaupt.

3. Die Dogmatik auf Grund philosophischen Wissens oder Wollens von Seinsgeschichte – nicht der Versuch des zeitlosen Erhellens der Weisen des Umgreifenden –
stehen H. und ich auch hier einen Augenblick auf dem selben Punkte des Sehens, um dann nicht in entgegengesetzten Richtungen zu gehen, sondern sogar den Punkt selbst nicht als denselben ansehend, sondern disparat oder heterogen philosophierend?

184

Heidegger: Nietzsche

I 31/32 Ewige Wiederkehr

»Aber Jaspers bringt diesen Gedanken trotz der Rede vom Sein nicht in den Bereich der Grundfrage der abendländischen Philosophie und damit auch nicht in den wirklichen Zusammenhang mit der Lehre vom Willen zur Macht. Für Bäumler ist die Lehre von der ewigen Wiederkehr mit der politischen Auslegung Nietzsches unvereinbar; für Jaspers ist es nicht möglich, die Lehre als sachhaltige Frage ernst zu nehmen, weil es nach ihm in der Philosophie keine Wahrheit des Begriffes und des begrifflichen Wissens gibt.«

Dazu I, 531

»Herrschaft der Technik und Empfänglichkeit für den Aberglauben gehören zusammen. Nicht nur der Irrationalismus, sondern erst recht der Rationalismus – dieser nur versteckter und geschickter – ›leben‹ und sichern sich aus der *Angst vor dem Begriff.*«

Löwith[1] *gegen Heidegger*

Das Strampeln in den Fesseln seiner Denkgewohnheiten, eingeübt und verfestigt bei dem gläubigen Schüler, – vergeblich –
Die Attacke auf Politik, Widersprüchlichkeit u. dgl., scharf und in einer gewissen Enttäuschung auf Grund bloß geläufiger, nicht philosophisch gewordener politischer Anschauungen treffen die Privatperson, losgelöst von der philosophischen Lehre,
statt das Philosophieren im Privaten und das Private im Philosophieren sich spiegeln zu lassen und zu klarerer Wesensanschauung zu bringen – das Private, ohne es im Licht des Philosophierens zu sehen, ist das *nur* Private, das es bei einem Chemiker oder Physiker, nicht bei einem Philosophen gibt.

Löwith nicht uninteressant als Typus wesenloser Kritik einer abhängigen Schülernatur, – die Philosophie mit bloßem Verstand, das »Handwerk« als lesbaren Journalismus betreiben, – in wunderlicher Neutralität der Stimmung, harmlos, ohne Ernst, – fähig, gut zu zitieren, Gedanken in ihrer Intellektualität aufzunehmen, – privat in liebenswürdigen Anhänglichkeiten lebend, – und in etwas eitlen Ablehnungen, – auch hier ohne Entschiedenheit – keine Spur eines wirklichen Kämpfens, – naive Selbstbezüglichkeiten, wo er nicht zur Geltung zu kommen meint – objektiv ratlos bei subjektiver gedankenloser Ruhe, die für den Partner bei aller privaten guten Gesinnung für Löwith so langweilig ist.

186

Befreiung und Geschichte[1]

Es ist, als ob eigentlich keine wesentliche Entwicklung gewesen sei, seit im Anfang die Befreiung durchbrach. Es gibt keinen Fortschritt, aber es wandelt sich die Erscheinung. Wir sehen sie in großen geschichtlichen Gestalten, erweckend für immer, nicht aber allgemeingültig in irgendeiner bestimmten Erscheinung.

In der Geschichte der Befreiung des Menschen erkennen wir uns wieder. Seit dem Anfang des letzten Jahrtausends vor Chr. sprechen aus China, Indien und dem Abendland die Zeugnisse zu uns. Die Befreiung aus der Dumpfheit bloßen Lebens, aus den Zwängen von Magie, aus der Gebundenheit in fraglos beherrschenden Vorstellungen geschah und geschieht heute durch Philosophie, durch meditatives Verhalten (Sichbesinnen), durch spekulatives Denken, durch asketische Überwindungen.

Wir sehen die Befreiung nicht als identisch übertragbares Wissen, nicht in lehrbarem und einzuübendem Verfahren (beides ist eine Form der Überlieferung in kostbaren, weil bewahrenden, aber auch unheilvollen, weil tötenden Gefäßen).

Die moderne Befreiung hat als eine neue Bedingung die Wissenschaften. Aber diese selber als solche befreien noch nicht. Als bloße Wissenschaften werden sie vielmehr eine neue selbst geschmiedete Fessel.

187

Das Entsprechende

H: Es verstehen wenige oder keiner.
Es geschieht im großen Denker.
Der »Begriff« in der Philosophie: »Sachhaltig«

J: Über den Verstand hinaus, ohne den Verstand zu verlieren.

Was im Ganzen geschieht, kann niemand wissen: Hegels Anschauung, von H. übernommen, aber, im Unterschied zu Hegel, nicht ausgeführt, sondern als Frage gestellt, im Grundsatz behauptet, ahnungsvoll berührt.

Die »Sachhaltigkeit« ist hier ein gnostischer Zauber.

Die Chiffren sind die Sprache von Möglichem, vieldeutig, haben ihre Wahrheit erst im existentiellen Hören, nicht in der »sachlichen« Besinnung.

188

Sein und Seinsgeschichte [1]

Wie kann H. davon reden?

Mit seinem »Durchfragen« bis dorthin?

Nicht als Lehre von Etwas –, nicht auf eine Weise, wie es noch »ewige Wiederkehr« und »Wille zur Macht« waren.

Aber findet von dorther die Richtung seines Denkens.

Weil es selbst nicht auftreten kann, unsagbar bleibt, muß er anders davon reden. Wie?

Nietzsche II, 484: Nicht das Werk »solcher Köpfe«: »Allein man denkt so nicht das Denken als Denken des Seins. Eine seinsgeschichtliche Erinnerung geht in den Anspruch der lautlosen Stimme des Seins und zur Art ihres Stimmens zurück . . .«

Nietzsche II, 484: »Diese (Grenze) wiederum besteht darin, daß der Denker sein Eigenstes selbst nie sagen kann. Es muß ungesagt bleiben, weil das sagbare Wort aus dem Unsagbaren seine Bestimmung empfängt. Das Eigenste des Denkers jedoch ist nicht sein Besitztum, sondern das Eigentum des Seins, dessen Zuwurf das Denken in seine Entwürfe auffängt, welche Entwürfe aber nur die Befängnis im Zugeworfenen eingestehen.«

Nietzsche II, 484: »Die Geschichtlichkeit des Denkers die nicht ihn [2] (die notwendig mißdeutenden Meinungen bei ihrem öffentlichen Umlauf) meint, sondern das Sein, hat ihr Maß in der ursprünglichen Treue des Denkers zu seiner inneren Grenze. Diese *nicht* zu kennen, und zwar nicht zu kennen dank der Nähe des ungesagten Unsagbaren, ist das verborgene Geschenk des Seins an die Seltenen, die auf den Pfad des Denkens gerufen werden. Die historische Verrechnung dagegen sucht die innere Grenze eines Denkers darin, daß er über jenes Fremde noch nicht unterrichtet ist, was Andere und Spätere nach ihm und zuweilen auch nur durch seine Vermittlung als Wahrheit übernehmen.«

dort die Seiten weiter lesen . . .

Dazu: 1. Über den Umgang mit den großen Philosophen, – darin ein wahrer Anspruch von H. erhoben

2. Ob aber die »innere Grenze« – das Unsagbare, – seinsgeschichtlich erfaßt werde – da liegt der unerhörte Anspruch –
Voraussetzung: die Wahrheit eines »geschickten«, und eines »verborgenen Geschenkes«, und eines Rufens
Dies »nicht beweisbar aus dem Seienden«[3], aber es wird doch innerhalb der Welt des Seienden behauptet, in Urteilen ausgesprochen, sich darauf berufen –

3. Das Inkommunikable und Unsagbare soll mitteilbar werden dadurch, daß es den Denker »bestimmt« – die Wahrheit der Kantischen Idee – die aber im »Schema« bewußt wird – das Geheimnis des »Einfalls«, – alles, was in der Erfahrung des mir Zukommens, des nicht von mir Gemachten, und in der rückblickenden Ansicht des Weges wie Führung anmutet, deren Ursprung ich nicht kenne –
dies für all unser Leben und Existieren, insbesondere auf das Denken hin gewendet.

4. »die Seltenen«, – als grundsätzlich verschieden von der Menge, von den Menschen als Menschen –, was bedeutet es dann für diese Menschen –

5. »Ausnahme« und »Krankheit«
Das Eigentümliche dieser Größe (in Verhängnis und Opfer), – und das Eigentümliche ihrer Bedeutung für die Anderen,
im Unterschied von denen, die für alle Denker und sich alle gleich wissen (Kant)
Die Verwechslung dessen, was es kostet, Ausnahme und Krankheit zu sein, mit dem, was weder Ausnahme noch Krankheit, sondern faktischer Anspruch der Besonderheit kunstvollen Raunens ist.
Das Verhalten zu van Gogh, Hölderlin, Kierkegaard, Nietzsche –

Die Aufgabe der »Aneignung« der Ausnahme –
Die Aufgabe des Allgemeinen
Die Verwechslung von Größe, Begabung, Genie und Ausnahme.

6. Heideggers Berührung von etwas Wesentlichem, und sein Verdrehen und in falsches Licht ziehen und zu falschem Anspruch bringen.
Die Normalität des Gesunden, der vergeblich und fälschlich eine Gebärde der Ausnahme annimmt?
Die hohe Begabung, die sich mit Ausnahmen der Existenz verwechselt.
Das Verquerte, Unaufrichtige im gesamten Dasein als Folge: Universitätsprofessor
Politik
und sonst?

7. Trotzdem das zuweilen Ergreifende, – und nicht zu bezweifeln: ein von früh an beherrschendes Bewußtsein einer noch nicht gekannten, doch langsam ihm deutlicher werdenden Aufgabe, – was mir 1921 peinlich war in der Weise seines Redens über die Möglichkeit seines Mißerfolgs: von vornherein das Bewußtsein des Beeinträchtigten, Verdrängten –
Wie diese Aufgabe sich ihm entfaltet hat, ist im Zeugnis seines gesamten denkenden Tuns zu sehen, nicht nur in den Denkwerken, auf die er sich zurückgezogen hat.

8. Heidegger zu verstehen (soweit das möglich ist) fordert das Eingehen auf das, was ihm im Denkwerk das Ernsteste ist: Sein, Seinsgeschick, Schickung, Seinsgeschichte, –
das Unsagbare als innere Grenze, das dann gezeigt wird, und in dem, was und wie es gesagt wird, zur Geltung zu bringen und nach seinem möglichen Sinn für andere zu prüfen ist –
und zu prüfen, wie solche Aufnahme bei Anderen stattfindet, – was zwar mehr für diese Anderen und ihre Typen charakteristisch ist, – aber auch rückstrahlend das Licht der Reflexion auf H. wirft, ohne daß man ihn dafür geradezu verantwortlich machen könnte, – und die Frage: wie reagiert er darauf?
Es scheint: durchwegs ablehnend, ja verachtend –
»Heideggergegacker« nannte er es.

189

1933 sagte Heidegger sich durch die Tat und das Wort endgültig von dem los, was uns einmal für Augenblicke wirklich, der Möglichkeit nach vielleicht auf die Dauer hätte verbinden können.
Die Worte, die ich von ihm jetzt hörte[1], klangen unwahr, für mich wie wahnsinnig.
Er sprach von »Scheitern«, mit dem meine Philosophie schließe, aber es klang nicht nur anders, sondern mit einem mir ganz fremden Sinn.
Er schien einen Augenblick durch mich in meinem Büchlein Max Weber zu verstehen, aber im gleichen Augenblick – so klangen seine Sätze – meinte er »weiter« zu sein und es gar von mir annehmen zu können.

190

Das »Durchfragen« als wirkliche Methode, der man sich reflektierend auf bestimmte Weise logisch bewußt werden kann?
Oder als Stil von Sprechen und Schreiben und Darstellen, der eine Dramatik erzeugt, bei der zu fragen ist, was sie bedeutet:
Suggestion eines wirklichen Weges, eines Scheinweges?
Form der Spannung des Lesers, die erwartet und am Ende das Versprochene nicht antrifft und nun entweder enttäuscht oder mit Staunen und Betroffenheit vor der geheimnisvollen Leerheit steht?
Faktisch auf Strecken hin die gewohnten Argumentationsmethoden, – Auslegungen von Worten und Texten –
Die immer wiederkehrenden Fragen: Sätze, Worte, Thesen, Begriffe, die nicht sagen, was sie dem durchschnittlichen Verständnis bedeuten, sondern etwas anderes, – daher die Abwehr des entwickelten Mißverstehens, aber das rechte Verständnis nicht daneben, sondern eine Offenheit, mit sonderbaren Wortfiguren, Anweisungen, Gleichnissen erfüllt.
Die plötzliche Möglichkeit: das »Geviert« u. dgl.

191

Heidegger

1. Das Sein wird von ihm nicht durch methodisches Denken gewonnen,
das Durchfragen erfolgt nicht, das durch die Fragen Schritt für Schritt im Denken erreicht würde –
es ist immer plötzlich, und sprachlich, da: als Schickung, als Schikkung des Denkens, das er auffängt, – als Lassen, als Sichereignen, als Seinsgeschichte usw.

2. es wird gewonnen durch das Ineinsnehmen der ganzen abendländischen Metaphysik (die indische und chinesische wird nicht zur Frage) und den dadurch geforderten Akt der Überwindung der Metaphysik –
worin die Einheit: in der Leitfrage: was ist das Sein des Seienden im Ganzen.
Dies Verfahren des Ineinsnehmens ein Gewaltakt im Stile Hegels – »das Andere« bleibt unberücksichtigt.
Das schwache Licht, das durch dies Eindringliche des Wiedererkennens der »Leitfrage« auf die großen Philosophen fällt.
Die Gegenfrage: ob solche »Leitfrage« nicht ungeschichtlich zum Denken des Menschen gehöre und überall auftrete, wird nicht gestellt.

3. es handelt sich um ein Analogon christlichen Glaubens, – dies ist im Besonderen zu charakterisieren – aber nicht des Glaubensinhalts, sondern des Bezugs auf Transzendenz und der gnostischen (aber inhaltslos) bleibenden Spekulation.

192

Vergleiche die beiden kurzen Sätze
von mir über Heidegger in der Psychopathologie[1]
von Heidegger über mich im Anfang seines Nietzsche[2].

Durch ein Wort soll das Charakteristische des Anderen kritisch getroffen werden.

Beides würde aber erst in der Explikation klar:

a) bei meiner Wendung: was die Objektivierung und Existentialien [?] heißt, die ich verwerfe

b) bei Heideggers Wendung: was der »Begriff« heißt, dessen Mangel Heidegger meinem Denken vorwirft.

193

Heidegger

Zu zeigen, wo historische Tatsachen der Philosophie vorliegen, die die »Leitfrage«: »was ist das Sein des Seienden« durchbrechen.

Wie faßt H. Schelling auf? Ist dessen positive Philosophie nicht voll der Elemente, die H. seiner Seinsgeschichte zum mindesten analog ansehen müßte?

Ist von dort – von Schelling her – vielleicht sogar eine wesentliche Inspiration erfolgt? – hat er dort Vorstellungen »entnommen«, die[1] seinem Drang »darüber hinaus« entgegenkamen?

Steht H.'s »Position« so in der Geschichte, daß sie zwar ihren Grund und Absprung in der »gesamten abendländischen Metaphysik« hat, aber selbst etwas radikal Neues ist dank dem Zuspruche des Seins, dem Seinsgeschick?!

Ist, wenn derartiges behauptet wird, eine kritische Untersuchung zu verweigern? als gegenstandslos für eine solche Sache zu betrachten? Oder liegt hier ein Feld, wo eine These auch durch Forschung widerlegbar ist?

Muß man sich immer im Kreise herumjagen lassen: Mißverständnis, eigentliches Verständnis (»Wenige oder keiner«), Vorbereitung?

Ist es als neue Gründung, Stiftung gemeint oder aufgefaßt? (wenn auch nur die Dichter »stiften« nach H.)

194

Heidegger

Der Charakter des ganz dabei seins im Denken der Seinsgeschichte, des Seinsgeschicks.
Die Identifizierung dieses Philosophierens mit dem Aufdecken, Finden eines Sachgehalts.
Die Verwerfung des methodologischen Bewußtseins als dem technischen Denken angehörend.
In der Form des Durchfragens im Grunde und zuletzt das feste Behaupten.
Husserl'sche Schule: nun nicht mehr »Wesensschau«, nicht »Wissenschaft«, aber dieselbe Grundhaltung des sachlichen Findens.
Bei Husserl war die Folge: die persönliche Unsicherheit und Ungleichheit, nicht an der Grenze seines Denkens, sondern in konkreten Fragen des Hier und Jetzt.
Bei Heidegger die Folge des »entschlossenen« Einsetzens für einen Wahn, – nicht ein Irrtum, sondern eine Denkverfassung der totalen Kritiklosigkeit bei raffinierten, aber unzuverlässigen, zersetzenden, polemischen Kritiken philosophischer Gedanken Anderer.

195

Nietzsche: Frage von Ordnung und System

Will man seine Gedanken ordnen, systematisieren, in einen Zusammenhang bringen oder nicht?
Wenn ja, welche Form des Zusammenhanges ist die angemessene, der Natur, den Antrieben und Zielen dieses Denkens entsprechende?
Es gibt eine Reihe von Möglichkeiten. Hat eine den Vorzug? und zwar dadurch, daß sie die anderen sich einzuordnen, als für Richtungen oder Bereiche gültige annehmen und aufzunehmen vermag?
Ist ein Kampf gleichgewichtiger Möglichkeiten, die sich ausschließen, sinnvoll? Woher gewinnen wir die Einsicht in solchen Vorrang, in die Rangordnungen?

Forderung: alles, was N. geschrieben hat, aufzufassen und an seinen Ort im Ganzen zu bringen – ein Zusammenhang, der das nicht vermag, muß darum unangemessen sein.
Der »Ort« aber ist nicht der eines deduzierten Systems, nicht in einem sich schließenden Begriffskreis (alles derartige zeigt sich als untergeordnet, da es sehr vieles und Gewichtiges ausfallen lassen muß), sondern, bei glücklichem Gelingen, der Ort in Denkbewegungen –

dies 1. aus der Natur der Sache faktisch von Nietzsche vollzogen, aber aus den zerstreuten Bruchstücken zusammenzubringen

2. bei Nietzsche selber, an seinen eigenen Gedanken gemessen, als Abgleitungen aufzufassen –

Grundsatz: Keine Machtsprüche, sondern aufzeigen!
Aber: Rang der Gehalte, – nicht rationale Ordnung, sondern Ordnung der existentiellen Denkbewegung.

196

Ein Problem der Polemik[1]

Einen philosophischen Autor zu verstehen dadurch, daß man unter bekannten, schon eingenommenen Positionen subsumiert und erledigt: nichts Neues, ist ein eigentlich bösartiges Zugreifen, das dem Autor mit der Originalität auch die Ursprünglichkeit abspricht. Denkt man so, soll man nicht über ihn reden, sondern vorübergehen.
Etwas Anderes ist es, das Verständnis dadurch zu gewinnen, daß man es in Beziehung zu der großen geschichtlich vorliegenden Philosophie setzt. Wie ohne Kontinuität im Sinne der gemeinsamen Sprache, so ist ohne Kontinuität im geschichtlichen Philosophieren kein Verständnis möglich.
Das tut H. selber in großem Stile: er faßt die gesamte abendländische Metaphysik als ein Ganzes zusammen durch den Versuch des Aufweises ihrer von ihr selbst nicht mehr befragten Leitfrage. Diese meint er zu entdecken, diese gesamte Metaphysik kritisch zu überblicken durch den Blick auf ihre Voraussetzung und damit ihre Grenze, um sie sich

gleichsam einzuverleiben und zu überschreiten mit der Grundfrage, mit der er ein angesichts der Jahrtausende neues Philosophieren – wenn er den Namen der Philosophie dafür überhaupt noch bewahren will – oder ein neues Denken zu beginnen [meint], und zwar so, daß er dessen Möglichkeit und Notwendigkeit erblickt, mit seinem Fragen ihren Raum eröffnet, aber deren Verwirklichung mehr vorbereitet als vollzieht.

Um dem zu folgen, ist es sinnvoll:

1. In der Geschichte aufzusuchen, was in dieselbe Richtung – über jene Leitfrage hinaus – weist oder nur zu weisen scheint, – um dann, wenn es nicht dasselbe in anderer geschichtlicher Erscheinung ist (die großen Gedanken wiederholen sich und sind in der Ursprünglichkeit immer neu) [festzustellen], worin die Unterschiede liegen. – Wenn es schon da war, kann die seinsgeschichtliche Bedeutung der Metaphysik in H.'s Sinn nicht aufrecht erhalten werden.

2. Jener objektive Aufweis stößt an Grenzen: Jedes ursprüngliche Denken wiederholt, aber wiederholt auch nicht, – in seine unvertretbare, eigene und zugleich verstehbare Denkungsart einzudringen, läßt etwas fühlbar werden, das in der Einmaligkeit doch Gefäß der großen Mächte ist – wenn wir diese Chiffer für das gegenständlich nicht angemessen Sagbare aussprechen[2], in deren Kampf wir durch unser geistiges Tun stehen: Die Frage ist,
ob solche Macht durch erhellendes Aufweisen im Mitdenken fühlbar gemacht werden kann,
ob wir sie als eine radikal feindliche erfahren, gegen die wir, sie in ihrer Erscheinung aufzeigend, kämpfen –
ob wir eine in jedem Falle unwahre existentielle Verkehrung meinen deuten zu können.

Daß es sich hier nirgends um Beweise handelt, wohl aber um Evidenzen existentiellen Einklangs und Widerstreits, ist offenbar.

Aber wir können Machtsprüche aufzeigen und uns gegen sie wehren. Wir können jede Grundfrage noch einmal in Frage stellen – nicht durch endlose logische Kniffe –, sondern durch Erfassen des Chiffrencharakters der Frage selbst: Zu sehen, was darin liegt, daß sie gestellt wird – und dann erhellen, in welchem Sinn und in welchem Umkreis unseres Verstehens wir nicht harmlos einen logischen Irrtum, eine sachliche

Verfehlung, eine gegenständliche Blindheit oder blinden Fleck feststellen,

sondern im Ernste – sagen wir, uns als Selbstsein gegen radikal anders gegründetes Selbstsein stellen, das nun als Selbstsein gleichsam nicht standhält, – oder sagen wir als Diener einer Macht gegen den Diener einer anderen Macht stehen, – oder sagen wir, daß wir uns in der Welt über die in der Denkungsart liegenden Folgen vordergründlich begegnen und kämpfen, mit dem dunklen, nicht durchschaubaren Hintergrund, aus dem erst die Erhellung kommen könnte.

Die Weise der Polemik kann durch alle Richtungen und Ebenen sich bewegen, in denen Mitteilbarkeit möglich ist, und wird doch am Ende, im Blick auf den Hintergrund oder Ursprung, vordergründlich bleiben: was die Inkarnation des Gedankens in dieser Persönlichkeit, und was die »Macht« betrifft, die sich inkarniert.

Das alles ist so wenig harmlos, daß es im geistigen und im existentiellen Raum nur Wahrheit hat, soweit es rückhaltlos, ohne Tricks rationaler Verdrehung, ohne Belastung durch ungegründetes Schelten, – eine[3] Gemeinschaft noch der Denker, trotz der radikalen Feindschaft der Mächte, in ihren Persönlichkeiten möglich macht – den »ritterlichen« Kampf.

Dieser hört auf:

wenn Gewalt im Dasein oder potentieller Wille zur Gewalt im Dienste der vermeintlichen Wahrheit begehrt, zugelassen oder gedankenlos vollzogen wird –

wenn ein Verschweigen, Außerachtlassen oder die Gleichgültigkeit irgendeiner persönlichen Realität gefordert wird –

Er kann nur gelingen bei dem Willen zur vollkommenen Redlichkeit. Daß kein Mensch ihn[4] rein verwirklicht, ist die Realität unseres Daseins. Es kommt darauf an, ob wir es uns zur Idee setzen, es wollen, und, wo es uns nicht gelingt, uns selber der Kritik unterwerfen –

Wobei diese Kritik selber wieder ihren letzten Ursprung in der Kommunikation selber, eine gleichsam objektive Instanz nur im Vordergründlichen, hat, das der Tiefe immer näher kommt[5].

197

Heidegger versäumt mit der totalen seinsgeschichtlichen Kritik, die ins Phantastische eines mystifizierenden Ganzen geht, die echte Kritik, die sachlich-wissenschaftliche und existentielle Relevanz hat.

Ist seine Seinsgeschichte – in ihrer Unausgeführtheit und ihren Andeutungen und plötzlichen Machtsprüchen und Gleichnissen –
eine Chiffer? Wenn ja, für welche Existenz?

Die Preisgabe des Gegenwärtigen zugunsten einer gedachten Imagination: einer in einsamer Arbeit erzeugten, sich in sich schließenden, in fragender Meditation sich beglückenden.

Mit einer merkwürdig partikularen, mikroskopischen Textkunde – den weitesten Scheinhorizont eröffnend und durch Außerachtlassung der Philosophie in ihrem substantiellen Ganzen: Die Blindheit zeugungskräftig für diese Imagination im röhrenskotomischen[1] Gesichtsfeld.

198

Heidegger spielt gegeneinander aus, was aufeinander aufgebaut ist, oder zueinander in Beziehung steht –
Mit der Kritik der Verabsolutierung des »Wissens« und »Machens« macht er zwei Fehler: diese Verabsolutierung selber, und die »seinsgeschichtliche« Vernichtung.

Er verwandelt in Seinsgeschichte – etwas völlig Dunkles, in nichts Gezeigtes, in keinem Denken, das faktisch über das Denken hinausgeht, Vollzogenes – was ein Beieinander ist durch alle Geschichte.

Er versäumt die echte Erkenntnis und die ihrer Grenzen, die durch Max Weber angebahnt ist: mit seinen großen weltgeschichtlichen Fragen, die in konkreter kritischer Forschung, indem sie in Teilen beantwortet werden, als Fragen dann nur um so größer und unbeantwortbarer im Ganzen hervortreten.

Es ist bei H. am Ende eine große Mystifikation durch »Seinsgeschichte«.

Es ist bei ihm die alte Wahrheit, aber verschüttet: das Gefängnis, in dem wir denkend sind.

Sein Denken in Gleichnissen – manchmal schön und treffend – wiederholt und als Wiederholung einen Denkgang beanspruchend – spricht etwas aus, was der Kritiker in seinem Grunde sehen muß – und hier der nicht logischen, sondern existentiellen Kritik aussetzt.

199

Nietzsche II, erste Abhandlung [1]

Oft meine Frage:
Was ist Nietzsche selbst?
was ist Beziehung von Nietzsche auf die Welt der »Machenschaft«?
was ist Kritik und Charakteristik N.'s,
was Kritik und Charakterisierung der »Vollendung« der Neuzeit?

Ist N.'s abgleitende »positive« Philosophie als Philosophie des Zeitalters – seinsgeschichtlich die Neuzeit, nein die ganze Metaphysik seit Anfang vollendend und damit in ihrem Nihilismus enthüllend,
so hingestellt, daß wir zustimmen? Liegt diese Zustimmung oder Verwerfung an irgendeiner Einsicht oder am Hören und Wollen der Existenz selber, die sagt: das ist der falsche N., dessen Vokabular von anderen, die er mit Schrecken selber kommen sah, benutzt wurde.

Descartes und Leibniz von H. als repräsentativ für diese Neuzeit hingestellt – insofern wahr –
und nicht als Philosophie

1. völlig heterogener Art

2. repräsentativ für Irrgänge, die schon damals auch vermieden wurden – also als Philosophen, die damals wie heute der Kritik unterstehen, nicht als Repräsentanten des ganzen Zeitalters, sondern von Bewegungen und Haltungen in ihm.

200

Heidegger sieht
die Metaphysik der Machtsteigerung im »Willen zur Macht«, sieht sie mit N.[1] als Wertsteigerung, lehnt das Quantitative der Philosophie für den Sinn dieser Steigerung ab, –
aber macht in solchem N.-Verständnis gerade das zunichte, was N. – wie wir ihn im Ganzen verstehen – das Wesentliche war:

die Steigerung des Adels (4. Buch des Zarathustra)
die große Sorge vor den falschen Führern, welche kommen
die Überwindung der Moral nicht zu einer Lässigkeit, bloßem Leben, Willkür hin, sondern zu mehr als Moral, strenger »Moral« (zu Salomé: »nichts als das Leben wollend«)[2]

Das alles tritt bei H. in den Hintergrund, mehr: es wird ignoriert, – und nur benutzt, um abstrakt eine andere Tiefe in der Steigerung der Macht zu behaupten, – hier in der Tat N.'s Intention folgend, aber nicht den massenhaften N.'schen Sätzen, in denen er in das brutale und das biologische Denken, im Drang zu Provokation, abgleitet (in seinem eigenen Sinn abgleitet).

Sein und mein Bewußtsein:
N. wäre mit meiner Darstellung zufrieden.
Ich denke: er würde von H.'s Anschauung denken: das ist meine Ableitung im Ganzen auf das Günstigste interpretieren, aber dies zur Hauptsache machen und all mein Gesagtes sonst zu ignorieren, ist empörend.
Mein Zutrauen zu N.'s Urteil ist vielleicht ebenso unberechtigt. Aber zu meinen Gunsten kann ich anführen:
die Möglichkeit umgreifender Darstellung aller seiner Motive – und die Wahrscheinlichkeit des Treffens meiner einenden zentralen Deutung.

201

Die Sprache verläßt ihren Dienst, wenn sie sich selbständig macht.

Sprachanalyse als Spiel im Philosophieren, bei Gelegenheit, – so Plato, so Hegel, so Schelling –

Sprache als Thema:
als Sprachinhalt
als das Geheimnis an der Grenze
Durch Sprachanalyse keine philosophische Einsicht, –
durch Sprachspiel Entbergung [?] und Täuschung.
Der Reiz der etymologischen Wörterbücher.
Klages.
Grundsätzlich anders bei Heidegger. Wie?

202

Heidegger hat 1933 öffentlich gehandelt, und zwar mit dem ganzen Einsatz seiner Leidenschaft und seiner Begabung.

Wie er dieses Handeln in der Folge aufgefaßt hat, wie es ihn rückschlagend philosophisch ergriffen hat, was daraus in ihm für die Kritik seiner Denkungsart und der Erkenntnis der Situation und der Setzung der Aufgabe für heute geworden ist, das hat er öffentlich nicht gesagt.

Daß eine innere Umkehr geschehen ist, sollte man erwarten; – daß er sein Tun 1933 einfach für einen Irrtum hält und damit erledigt, ist nicht anzunehmen, wenn man ihn philosophisch ernst nimmt.

Daß Öffentlichkeit des Tuns öffentliches Verhalten zu den Folgen und sich selbst verlangt, ist nur zu bestreiten, wenn man in die totale Einsamkeit und Schweigen sich entzieht, dadurch klar indirekt sprechend.

Sonst ist es Verlogenheit,[1] –
Rechnen auf Vergeßlichkeit und Verschleierung aller Dinge in der

Öffentlichkeit, der man sich einstweilen durch Publikation, Reden, Verkündigungen überläßt.

203

H.'s[1] Philosophie hat den Anspruch und Stil einer Verkündigung.
Es handelt sich um Einsicht, die nicht als Einsicht zur Erkenntnis kommt, sondern dem, der sie mitteilt, nicht weniger wie dem, der sie hört, geschickt wird. Er begreift sie nicht als Mensch, sondern als Mensch in diesem Augenblick der Geschichte, in den die Seinsgeschichte durch den Denker hineinspricht.
Was mit solchen Maßen auftritt, muß mit entsprechendem Maß gemessen werden, muß als Anmaßung erkannt und verworfen, oder als nunmehr begründende Wahrheit mit dem Ernst angeeignet werden, aus dem sie kommt.
Aber das Wesen dieser Verkündigung scheint Vorbereitung zu sein, – das, wozu vorbereitet wird, ist nur zu »ahnen«.
Kann diese Wahrheit als Vorbereitung angeeignet werden?

Zu unterscheiden: für den Nichtjegegenwärtigen, aus der Vorbereitung, aus einem Nichts der Zukunft, aus einer Erwartung Lebenden
für den Gegenwärtigen, der den Sinn alles Gegenwärtigen so erfährt, daß er in ihm zugleich Ewigkeit und Zukunft geborgen weiß.

Das Zweideutige, heute oft auftretende: »Vor den Toren der neuen Zeit« –
das Grundbewußtsein, vor dem Offenbarwerden zu stehen, – das Wesentliche noch nicht gesagt, das Eigentliche noch nicht getan zu haben.

Die Flucht in die Zukunft, –
die Stimmung des Neins zur Gegenwart, –
das Ineinander von Romantik, Sentimentalität, Nihilismus, Brutalität, – Leiden und Lust der Verzweiflung, die nicht bis in die Wurzel geht, sondern von einer Vitalität gehalten bleibt und in die Welt ruft und sich zur Geltung bringt als Geist, – mit absurden Aktivitäten der Politik (Brecht, Heidegger selbst) – nicht als wahrhaft ergreifender, erwecken-

der, durch eigene Gestalt und Gegenwärtigkeit überzeugender Ruf zur Buße, zur Umkehr.
Meine begründete Selbstkritik, wo ich auf diese Wege gerate. Die Analogie und der Unterschied.

204

Bei Heidegger eine Tendenz:
In die Welt des Machens (die »Machenschaft«) alles hineinzuziehen,

was Wissenschaft ist –
was Aktivität ist, –
was methodisch ist und methodologisch gedacht wird –

Er unterscheidet nicht:

das sinnvolle »Machen« in dem ihm zukommenden Bereich, die Großartigkeit der Technik –
von der Übertragung auf alles, vom imaginären Machen, (seit Descartes und Bacon in Gedanken und Erwarten, – doch sie gerade nicht das Wesen der neuen Entwicklungen, sondern ihre häßliche Begleiterscheinung, Sachverhalt, aber sachungemäß), etwa von der Denkweise: was ist, ist machbar.
Nicht dahin gehört Kant: »ich erkenne nur, was ich machen kann« – hier ein wesentlicher Sinn der Art des Erkennens in Wissenschaften, in Idealtypen erfaßt – dieses »Machen« ist nicht H.'s »Machenschaft«.

H. unterscheidet nicht diese Denkart, die das Machen in seinem Bereich vollzieht, aber es übergreift, mit Sinn begabt – und das Machen als das Dasein und Sein überhaupt. Daher seine falsche, ungerechte, blinde Beurteilung des Geistes der gesamten »Neuzeit«.

205

Nietzsches ungeheure Erregung – sein Schreien, Provozieren, seine Magie des Extremen – ist zwar der Sache und Situation angemessen, kommt aber aus der Krankheit, und verdirbt durch die Weise ihrer Erscheinung die Erscheinung seines mit höchstem Ernste erweckenden Denkens.

H. ignoriert das, –
und H. macht im Ernst zur Hauptsache und Mitte N.'s, gerade das, was zweideutig auf die Sache als durch sich selbst erregend, und auf die Leidenschaft einer krank gewordenen, sich nun kritiklos klammernden Denkungsweise bezieht.

206

Dieses[1] Buch steht im Kampf. Es möchte, was dem Verfasser als unwahr gilt, vernichten, das heißt ihm die Überzeugungskraft nehmen. Das kann nur gelingen, wenn es selber, das doch nicht im Besitz der Wahrheit ist, wahrhaftig vorgeht.
Es ist ein geistiger Kampf, der die Personen der Kämpfenden verbinden kann noch da oder gerade da, wo sie in heftigstem Gegensatz zu einander stehen.
In solcher Polemik ist die kritische Frage an sich selbst, ob der Zorn, ob die Empörung ihn verführt zu ungemäßen Mitteln des Verächtlichmachens, zu Tricks rationaler Auflösung, zur Überbetonung von zufälligen Schwächen des Gegners. Es kommt darauf an: die im Gegner wirksame geistige Macht, die zugleich als feindselig und unwahr begriffen wird, in ihrem Wesen so rein wie möglich zur Erscheinung kommen zu lassen.
Diese Macht liebe ich nicht, sondern hasse sie, während ich für die Person des Gegners Neigung empfinde. In der Idee könnten Menschen, durch die Mächte gegeneinander auftreten, sich persönlich verbinden in der Ritterlichkeit, das notwendige Schicksal dieses Kampfes durchführen zu müssen.

Sie sind sie selbst und nicht nur sie selbst.
Die Mächte geben auch den Personen ihre Prägung, entfernen sie voneinander. Aber beide sind Menschen und Schicksalsgefährten noch wo sie kämpfen müssen, – Schicksalsgefährten nicht in der Verbundenheit, sondern in dem Erleiden und Vollziehen des dem Menschen in seinem Wesen auferlegten Unheils des Kampfes der Mächte, die doch kein Mensch zu übersehen vermag – denn dann wäre der Kampf beendigt.
Wenn eine Beendigung des Kampfes eine Revolution der Denkungsart, eine Umkehr bei einem oder bei beiden der Kämpfer voraussetzt, so ist eine solche Beendigung sehr unwahrscheinlich.
Möglich ist nur das viel Bescheidenere, beizutragen zur Klarheit darüber, um was es sich handelt.

207

Ob H.'s Chiffer der Seinsgeschichte als Metaphysik anspricht? Ja, es ist etwas von Großartigkeit in dem Aspekt, der, unsere gesamte Geschichte überblickend, sie in etwas Umfassendem zu zeigen scheint, das kommen wird (nach langer Frist der »Vollendung der Neuzeit«, die unser Tun ist), und zugleich da ist.

Ob dieser Anspruch in seiner existentiellen Entsprechung charakterisierbar ist? Ja, er ist etwas existentiell Auflösendes, im Nein faktisch alles Böse gehen lassend, zum Totalitären, nihilistischen Handeln vorbereitend (1933 ohne solches Denken bei H. für ihn selbst nicht möglich)
Es ist das Verlassen aller nächsten Aufgaben, sich zu retten in etwas Anderes, wo es keine Aufgaben gibt, sondern das Sein selbst da ist, mit den Folgen für jetzt, das Gegenteil zu fördern.
Die Praxis (ungewollt), den Nihilismus zu Ende zu führen, zu vollenden, um ihn zu überwinden.
Die Methode begrifflicher Erörterung von »Sachverhalten«, mit dem Ergebnis einer Chiffer –

208

H.'s Absetzung gegen »Existenzphilosophie«, »Existentialien«. Ihm ist es um das »Sein« zu tun.
Er glaubt eine Frage zu fragen, die noch nie gefragt ist – die ihm ein einziges durchgehendes Irren der Metaphysik des Abendlandes aufdeckt, – dieses ganze Denken gleichsam in die Hand bekommt, – um das Neue zu setzen, in dem die Geschichte der Metaphysik ihren Platz als Überwundenes hat (aber noch sehr lange wird das zu Überwindende, die Neuzeit, dauern)

Was ist dieser Grundgedanke, dieser »eine Gedanke« – Wir sagen: eine Chiffer –
Daher zu befragen nicht nach Richtigkeit und Wahrheit – dieses wird eingeschlossen in das zu Überwindende – Wahrheit ist nun etwas Anderes, – was?
Der Gedanke ist nicht zu begründen, nicht zu beweisen, er hat keine angebbare Methode. Er überfällt als Geschichte des Seins den Denker, der ihn auffängt.
Er ist das nunmehr Vorausgesetzte. Er gründet sich auf die Seinsschikkung.
Gründet er sich auch auf die »Destruktion« der abendländischen Metaphysik?
Der Denker gibt sich ihm gefangen.

Zu befragen nach seiner existentiellen Bedeutung, dies zu zeigen
1. durch Sinnbeziehungen

2. durch praktische Folgen in der Verfassung, dem Verhalten, dem Handeln, dem Urteilen und der Urteilskraft des Denkers.

209

Wenn[1] ich frage, so mit verschiedenem Sinn:

1. Die Frage enthält die durch sie nahegelegte Antwort, – sie ist die Form der Höflichkeit, die die Chance offen läßt, daß die Antwort irrig sei.

2. Die Frage ist beantwortbar. Dann ist sie eine Mitteilungsform dramatischer Entwicklung, die Darstellung des Weges, auf dem ich mir (was faktisch meistens unbestimmt am Anfang in mir ist) die Einsicht kläre und den Leser oder Hörer vermöge der ständig eintretenden Spannung fessele. Er erwartet die schließliche Antwort – und kann dann rückläufig die Schritte von Fragen und Antworten in kurze Fassung bringen.

3. Die Frage ist unbeantwortbar. Dann ist sie die Form einer denkenden Haltung, in das Offene blickend.
Solche Fragen können sehr billig und massenhaft sein.
Sie können die letzte Grenze offenbar machen.
Als Frage ist diese Frage schon eine Einsicht.
Daß ich sie stelle, macht betroffen.
Wodurch zu prüfen auf ihre Echtheit?

   a) Aus dem gesamten Begriffszusammenhang, aus dem sie entspringt, und den sie voraussetzt. Damit wird die Frage mitsamt dem Zusammenhang als Ganzes der neuen Frage unterworfen.

   b) die Erfahrung der möglichen Existenz in dieser Frage: wie spricht diese an? was liegt in der Frage?

4. So ist das Fragen ohne Ende. Denn jede Frage kann, weil nach ihren Voraussetzungen befragt, wieder in Frage gestellt werden.
So ist entsprechend auch ein Antworten ins Endlose möglich. Indisch: worauf ruht die Erde? auf einem Elefanten? und dieser? auf dem Rücken einer Schildkröte? und diese? ... beliebig fortzusetzen.
Wo liegt der Unterschied zwischen dem formalen Trick des Weiterfragens und dem Gehalt solchen Denkens?
Er liegt in der Voraussetzung einer »Grundanschauung«, einer radikalen zur Bewußtheit drängenden Verfassung der möglichen Existenz.
Fehlt diese, so handelt es sich um den Trick, der einen Augenblick verblüfft, dann aber langweilig wird.
Dadurch der Unterschied von Endlosigkeit und Unendlichkeit.
Damit die Forderung der maximalen Bemühung um das Offenbarwerdenlassen jener Grundvoraussetzung in der Existenz.
Diese Voraussetzung ist kein Satz, Prinzip, Axiom, das angewandt wird, sondern die *Existenz, diese* Existenz und damit diese geschichtliche Existenz selber (eine Geschichtlichkeit, die nicht in totale Historie eingeordnet und übersehbar werden kann).

In dem Maße, als diese Voraussetzung im Umkreisen, in Entwicklungen, in Thesen hell werden kann, wird sie – und das ist der entscheidende Punkt der philosophischen Wahrhaftigkeit – in der Reflexion auch von außen gesehen, methodologisch bewußt gemacht, – als eine unter anderen, oder besser, als eine zu anderen verstanden, –

die Absolutheit der Aussagen für die Existenz ist Versklavung unter Gedanken – verschleiert in dem Anspruch, »Sachverhalte« mitzuteilen –

die Möglichkeit, [daß] das für mich schlechthin Einsichtige, aus dem ich lebe (und dadurch bezeuge, daß ich die Einsicht für wahr halte), zugleich verbunden ist mit dem Wissen: nicht für alle, –

hat zur Folge die unbegrenzte Bereitschaft zur Kommunikation –

zu wiederum wahrer Kommunikation, die nicht verkündigt und schweigt, sondern sich aufschließt in der Bewegung mit einander, in der beide suchend zu ihrem Selbstsein kommen, und zwar nicht durch abschließende Abwehr und Ausschließung und schärfere Bewußtheit des Trennenden, der »Unterscheidungslehre«, sondern in der Überwindung dieser Sackgasse durch das Betroffenbleiben einerseits und das Erheben des eigenen Unbedingten – innerhalb des aussagenden Denkens – in die Möglichkeit.

210

Ich[1] habe auf Heideggers Schriften innerlich nicht reagiert. Schon seine Kritik meiner »Psychologie der Weltanschauungen«[2] habe ich niemals zu Ende gelesen. Sie interessierte mich nicht. Sie war langweilig für mich.

So war es wieder beim Erscheinen von »Sein und Zeit«. Nur wenig las ich. Es sprach mich nicht an, verwunderte mich, schien mir mit dem, was ich als Gemeinsames meinte, nicht viel zu tun zu haben, aber berührte dieses ständig, wie mir schien in einer Verkehrung zu der traditionellen Manier, objektiv Lehre, Feststellung, Objektivierungen vorzutragen, in denen ich vermöge dieser grundsätzlichen Verkehrung das Entscheidende verloren sah[3].

Meine Frage damals: was erwirkte dieses Denken in Ihrem Leben, was bedeutet es für das Leben?
Die Ontologisierung nimmt die Bewegung des Existentiellen weg zugunsten einer Bewegung der sachlichen Konstruktion.
Die Lehre zerstört die existentielle Kraft.
Ich meinte daher: es sei ja doch wieder die überlieferte Professorenphilosophie in einem nur anderen Kleide. Symptom dafür sei das Zitieren der Professoren. Er antwortete:
Er halte vielmehr mein Denken für traditionell[4].
So war es damals nach Erscheinen von »Sein und Zeit«.

H.'s Enttäuschungen an mir

1. Vielleicht war H.'s erste Enttäuschung, daß ich auf seine Kritik hin in einer neuen Auflage meiner Psych. d. Weltanschauungen nichts änderte[5].
   Seinen Unwillen über die Nichtneubearbeitung beantwortete ich damals: ich arbeite weiter, aber ich mag nicht umarbeiten. Das Buch besteht als solches und muß so bleiben. Es wird ein neues Buch von mir kommen, aber frei und neu entworfen.

2. Meine Reaktion oder vielmehr Nichtreaktion auf »Sein und Zeit« hat er mir nie vorgeworfen. Als das Werk erschien, sagte er, pessimistisch in bezug auf den Widerhall wie beiläufig: Bultmann und ich würden es verstehen.
   Daß dies bei mir nicht der Fall war, hatte vielleicht die Verringerung seiner Besuche seit 1929 zur Folge.

3. Die dritte und größte Enttäuschung war gewiß die von 1945[6].

211

Die Faszination des »einen Gedankens« bei den großen systematischen Philosophen der Vergangenheit.
Folge: überzeugte Annahme, wie die eines Glaubens, – oder aber völlige Verwerfung, wie die eines illusionären Gebildes.

Unwesentlich: a) die artistische Lust an der Feinheit und an den Abwandlungen der Konstruktionen als kunstvoller Gebilde, – fähig hier und dort ein Licht zu werfen, das wahr ist, unabhängig von dem Kunstvollen.

b) das Zerreißen dieser kunstvollen Gebilde (aus der Substanz »eines« Gedankens) in Probleme, und diese für sich quer hindurch verfolgen – »Begriffsgeschichte« »Problemgeschichte« –

Beide nicht sinnlos, aber unwesentlich. Der Sinn:
ad a) die Verwandtschaft von Philosophie und Kunst, – die Schönheit als ästhetisch, nicht eigentlich philosophische Wahrheit (»Begriffsdichtung«)

ad b) die Übermacht über einen gemeinsamen Sprachgebrauch – wenn Geschichte der Terminologien – die Medien allgemeiner Verstehbarkeit – Abwandlungen und Verkehrungen von Bedeutungen – dadurch Klarwerden des spezifischen Gebrauches bei den großen Denkern, der aber gerade nicht subsumiert werden kann, sondern den Vorrang der Sinngebung hat[1].

212

1. Heidegger verwandelt in Geschichte,
was jederzeit eine Abfolge im denkenden Transzendieren ist – die »Realisierung«, »Verleiblichung« dieses Denkens.

2. Heidegger eröffnet eine Aussicht, deren Erfüllung durch Akte des Seins in der Seinsgeschichte erwartet wird, – der »Adventscharakter« dieses Denkens.

3. Heidegger bezeugt in Gleichnisbegriffen – in denen eigentliche Wirklichkeit: der Grund der Seinsgehalte und des Seienden liegt – gleichsam den Umgang des Seins mit dem Menschen und des Menschen mit dem Sein.

Der Charakter der Grundkonzeption als Chiffer.

213

Heideggers Philosophie ist
denkende Verkündigung der einen absoluten Wahrheit – in der Überlieferung desjenigen Stromes der Philosophie, der die Erbschaft der Theologie nicht abgeworfen, sondern umgesetzt hat.
Daher der hohe autoritäre Anspruch, die diktatorische Form des Auftretens.
Daher die Konzentration auf Metaphysik und nur Metaphysik in Gestalt der Überwindung der Metaphysik.
Daher die für einige faszinierende Wirkung durch eine Erfahrung des Dabeiseins bei den eigentlichen und wichtigsten Dingen, – nicht bei den ernsten Dingen, sondern bei den mächtigen Dingen, – nicht aus der Existenz, sondern aus dem Sein denkend,
die Existenz herabsetzend, das Sein erhöhend,
danach auf den Weg der Unverbindlichkeit führend,
solange dieses Sein Gegenstand des Denkens, Sache der Einsicht bleibt, und nicht Quelle des gesamten Handelns und Lebens und Verwirklichens wird, nicht fordert und nicht erfüllt.
Man möchte wissen, worauf es eigentlich ankommt, und erfährt bei Heidegger – unter Ausschluß der Existenz und ihres Ernstes – nichts, und dazu einige wunderliche Formeln von Schickung und von Geviert und dgl., – und ein Ganzes, das als eine Chiffer, als der eine Gedanke Gegenstand einer Kritik ist, die hier nur existentiell mit Chiffer gegen Chiffer geführt werden kann.

214

Was heißt für Heidegger »Denken«
und der Vorwurf: man denke nicht –
und der Anspruch, »strenger« zu denken als alle Wissenschaften?

215

Die Anklänge, die ich, in manchem, in vielen Stellen, an mein Philosophieren spüre, beruhen auf der Gemeinsamkeit der Herkunft, vor allem aus Kierkegaard, Nietzsche, Hegel, Meister Eckardt, Plotin u. a. Aber ich meine fast immer, im Vergleich zu dem, wie ich jenes Denken erfahre und aneigne, gleichsam ein verzerrendes Spiegeln jener Überlieferung zu sehen.

Diese Analogien, die jeweils aus einer ganz anderen Mitte ihren Sinn haben, werden gerade darum so abstoßend. Es scheint ein selbes zu sein und ist gar nicht dasselbe. Es ist nicht einmal auf gleicher Ebene, sondern aus anderer Herkunft.

Es ist wie eine Umfärbung all dessen durch einen zu anderen Geschmack. Geschmack aber ist hier die Folge einer Grundverfassung der möglichen Existenz.

Wir begegnen uns in scheinbarer Nähe unter radikalem Abstoßen. Das wurde mir erst langsam klar, hatte sein Symptom darin, daß ich Heideggers Schriften mit Unlust oder gar nicht las, bis sie mir nach den Erfahrungen der Lebenspraxis im Rückblick nun von großem Interesse erscheinen aus einem ganz anderen Gesichtspunkt, unter dem ich nun beobachtend, nicht teilnehmend lese.

216

Ontologisierung und Ästhetisierung der »Existenzphilosophie«
Zu Heidegger

Die Verwandlung des existenzphilosophischen Denkens in Lehre, des bewegten und bewegenden Denkens, das den »anderen Flügel« braucht, in existentiales Denken, das die Indirektheit vernichtet, den Gehalt und die Kommunikation verliert, im Kategorischen und im Analogen verharrt, – die Verwandlung von Existenzphilosophie in Ontologie und Gnosis, – des »Entschlusses« in das Existential »Ent-

schlossenheit«. Die Fixierung der Existentialien als Pseudowissenschaft einer Philosophie, die in ihrem Sinn unverbindlich wird und Unverantwortlichkeit ermöglicht, –
die Verwandlung des zur Umwendung erweckenden Gedankens in ästhetische Gebilde, der im Wort geschaffenen Wirklichkeit in den Kult des Wortes selber.

217

Das methodologische Bewußtsein
Heidegger

»Die Sache«:

In der Professorenphilosophie. Bei Husserl. Und noch, und zwar für das Ganze entscheidend, bei Heidegger.

Heute dazu: die existentielle Wirkung, aber nur als dazu, nicht als im Wesen der Sache gelegen.

Trotz aller gegenteiligen Theorien: die »Wissenschaft« in einer, trotz der modernen Wissenschaft, anderen, alten Form.

Gemeinsam: Die Befreiung von der Existenz, auch wenn die Existenz selbst, sie objektiviert in Existentialien, zum Thema gemacht wird.

218

Worin liegt die Ergriffenheit durch einen philosophischen Autor?[1]

Die Frage, worin liegt die Ergriffenheit durch einen philosophischen Autor?
Die Art dieser Ergriffenheit selber wird zu einem Wahrheitskriterium,

ist selber wieder Gegenstand der philosophischen Kritik. Daher »Charakteristik« möglich, die kritisch, aber nicht objektiv sachlich sein kann:

1. das Lernen von Brauchbarkeit für die Ausbildung zur Zukunft, ohne eigene Substanz – womit sich etwas machen läßt, literarisch –
2. die Öffnung eines Raumes des Möglichen, die Betroffenheit durch ein Bild unseres Daseins (so Heideggers »Sein und Zeit« für manche »moderne« Jugend: eine Erneuerung von N.T., Augustin, Luther, Kierkegaard – ohne deren Gehalt, aber in einer Objektivierung, die wie Wissenschaft anmutet)
3. die Erfahrung des höheren Anspruchs der Philosophie in der Gestalt des Denkens eines großen Philosophen, der als Person verläßlich da ist, während er gar nicht von sich spricht, aber stets als er selbst spricht und als Ganzes wie ein Vorbild und Maßstab wird.
4. Die Erfahrung von Visionen, Denkbildern, Entwürfen, der großen originalen Erfindungen, die in den Verkümmerungen wiederkehren und noch darin ergreifend wirken (»ja wenn sie Kants Ideenlehre für Wundts Philosophie halten, dann ist Wundt ein großer Philosoph«[2]). Hier die Originalität, nicht das Abbild, – die Originalität mit der Kraft der Existenz, die aus ihr spricht, – und, vielleicht, mit der Souveränität, die der eigenen Vision Herr ist (wie bei Plato).
5. Das Hineingenommenwerden in eines Philosophen Raum, den man nie wieder verlassen wird, – weil aufgeht, was Philosophie ist und wie der Raum sich erfüllt mit den großen Gestalten, die von keiner Stelle her ihr eigentliches Bild zeigen, sondern sich nur gegenseitig erhellen in einem unabschließbaren Prozeß –
6. Die fruchtbare Täuschung, die auf den Weg bringt, aber den Anlaß als Mißverständnis liegen läßt.

219

Schelling[1] hat einmal
das darüber sprechen und das ursprünglich sprechen gegeneinander gestellt[2]: Lessing und Böhme.

Die Frage des Schöpferischen in der Philosophie, – in dem Finden und Hervorbringen der Chiffer –

Das Schöpferische in existentieller Verwicklung [?]: Hamann, Villon –, in Geisteskranken: Hölderlin, van Gogh –

Wir hören auf die, die in sich selbst nicht jene philosophische Kontrolle haben –

Wir hören auf die, die, wie Hölderlin, diese Kontrolle im höchsten Maße besaßen, aber kündeten, was nicht gleichbleibend anzueignen ist, ohne unwahrhaftig zu werden.

Nicht nur wie bei jedem schöpferischen Geist der Unterschied des Schöpfers vom Aneignenden –

sondern grundsätzlich das Andere zwischen dem einmal auf dem Boden von Geisteskrankheit Gewachsenen und der Aneignungsmöglichkeit –

Es ist ein anderes Verhältnis:

Die geistigen Werke der Kranken sind nicht krank – sie sind verstehbar, – aber sie sind nicht assimilierbar wie die Werke der Gesunden, sondern mit dem Abstand der Ehrfurcht vor dem Sichzeigenden, wenn es ist wie bei Hölderlin, van Gogh, nicht bei jedem Geisteskranken gleicher Art.

Die Frage: was gemeinschaftlich, echt und wahrhaftig, allgemein werden kann, – konservativ? [?]

Ist Heidegger ein Schöpferischer in dem Sinne des Unkontrollierten? – Hat er Gebilde und Visionen in die Welt gesetzt, die wahr sind? – Oder ist zu viel Mimikry darin?

Das ist eine Frage, die sich objektiv nicht beantworten läßt. Auf mich hat er gewirkt in Funken, die dahin gehören, winzig, dann aber verkehrt geworden durch künstliche Feuer, durch Strohfeuer ohne Substanz.

Diese kritische Frage, unbeantwortbar, wird an Gewicht noch übertroffen durch die andere kritische Grenzfrage, die schlimmste, die gestellt werden kann: glaubt er, was er sagt? – in welchem Sinn glaubt er es? was für ein Glaube bezeugt sich darin?

Auch diese Frage ist nicht zu beantworten.

Denn beides ist angesprochen und nicht angesprochen, und kann das sagen. In Heidegger ist etwas von »Frömmigkeit« – mir Fernes, schwer Verständliches, aber nicht zu Bestreitendes –

In ihm sind nicht die Eigenschaften entlaufener Katholiken (Graf Hoensbroech[3] und andere), die katholisch noch bleiben in der totalen

Verneinung des Katholischen. Heidegger scheint mir in den Weisen seiner Frömmigkeit, die sich in Wendungen bezeugt, die der katholischen Frühgeschichte entstammen – das Abgefallensein dieser Philosophie ist nicht Ressentiment gegen die Herkunft, sondern Verbundenheit mit der Herkunft, die innere Unruhe bleibt und seinem denkerischen Dasein ein merkwürdiges Gewicht gibt.

220

Die[1] Berührung mit Heidegger durch Gespräche über länger als ein Jahrzehnt in den mittleren Jahren unseres Lebens ist eine Quelle meines Verstehens. Ich habe die Erfahrung der Augenblicke, als ob von fern her ein Treffen stattfinde, von fast völlig fremden und ursprungsverschiedenen Menschen, und dann die des Verwunderns. Ich glaubte menschliche Züge von Gewicht und Bedeutung zu kennen und zweifle an ihnen auch heute nicht und sah dann die Unbegreiflichkeiten.

Ich bin den Situationen mit Heidegger, wie die Folge gezeigt hat, nicht gewachsen gewesen. Weder im Vertrauen noch im Mißtrauen traf ich den rechten Punkt. Es war ein unsicheres Verhältnis.

Unbestimmte Erwartungen wurden nicht erfüllt. Dem, was mir wie maßloses Versagen schien, begegnete ich (mit einer Ausnahme 1923) durch Schweigen.

Wenn wir über praktische Dinge – die Universität, die Fakultät – diskutierten, war er auch nach Differenzen schließlich immer meiner Meinung.

Ich sah seinen Geschmack, seine feine Witterung, und seine dann um so mehr erstaunenden Geschmacklosigkeiten, – die totale Differenz am Ende in seinem physiognomischen Sehen Hitlers: wenn er sagte: sehen Sie seine Hände[2] an, wenn er in ihm eine fast übermenschliche Größe sah (ct. aus einer Rede![3]), etwas für Heidegger Hinreißendes, und ich nur das Unmenschliche, Niveaulose, am Ende und zuletzt im Einfachen, Dummen, so hätte er recht gehabt, wenn er die Intelligenz, die Methodik und die machtpolitische Instinktsicherheit und die elementare Schläue und die durch nichts beschränkte Unbefangenheit des

Lügens gemeint hätte, Eigenschaften, die ich unterschätzte. So wie er es meinte, nämlich substantiell (in dem Sinne, wie später manche unter den Gebildeten von »dämonisch« sprachen) war es mir damals wie heute ein Zeichen der Blindheit für Adel und Gemeinheit.

Es war, zuletzt vor unserem Scheiden, der krasseste Fall dessen, was mich eben oft befremdet hatte. Wenn wir über Menschen sprachen, war unser Blick oft völlig verschieden, ja wohl fast nie auf klare Weise einmütig. Wie Menschen für uns da sind, das war zwischen ihm und mir heterogen. Er sah in Freud den auch substantiell großen Mann, ohne daß er für die Psychoanalyse ein Interesse gehabt hätte.

Ich scheue mich die Namen zu nennen, die er verachtete und die mir lieb waren.

Seine physiognomische Sensibilität schien mir beträchtlich und interessant, aber wie die eines Spiegels, der nicht nur verzerrt, sondern vor allem breite blinde Flächen hat, um an anderer Stelle mit höchster Schärfe zu zeigen, was ist, in Isoliertheiten, die ich nicht in einen Zusammenhang bringen konnte. Es war die Vieldeutigkeit des Unerwarteten, wie in dem eigenen Wesen Heideggers, das in Zweideutigkeit sich mir entzog.

221

Früher sagte man: Ein philosophisches System wird nicht durch Gründe, sondern durch ein anderes philosophisches System widerlegt.

Ich würde hier nicht von Widerlegung sprechen. Vielmehr werden sich – in der Chiffer gesprochen – durch Menschen geistige Mächte einander ansichtig, die sich bekämpfen, ohne einen Schiedsrichter in der Welt zu haben, außer in den einzelnen Menschen, die sich der einen oder der anderen Macht verpflichtet fühlen.

Der Kampf findet statt durch geistige Akte, die im Ansichtigwerden charakterisieren. Polemik als Argumentation bezieht sich auf Elemente, die Symptome, nicht als sie selber relevant sind.

Der Kampf setzt – wenn er ritterlich ist – voraus, daß Menschen Menschen sind, nicht identisch mit den Mächten, die wir gegenseitig in uns bekämpfen und die jeder vielleicht zugleich in sich selbst bekämpft, sondern Stätte von dem Kampf, und als Menschen immer noch verbunden durch ein Übergreifendes, daher immer in allem Kampfe noch von der Möglichkeit zehrend, sich am Ende treffen, wieder treffen zu können.

222

Heidegger[1] scheint an einigen, wenigen Stellen geradezu zu sagen, was er will, behauptet, abschließend als den einen Grundgedanken meist:

die letzte Transzendenz: das Sein, das nach seiner Wahrheit selbst befragt wird? –
eine nach ihm noch nie gestellte Frage, –
eine Frage, die die gesamte bisherige Philosophiegeschichte – Geschichte der Metaphysik – aus den Angeln hebt – nachdem sie durch Nietzsche abgeschlossen ist – nun etwas ganz Anderes, das seine Anknüpfung vor aller Geschichte suchen müßte, von dem die Geschichte ein Abfall ist?

Und dies als Vorbereitung oder gar vorbereiten des Vorbereitens, als Anfangen des Anfangs –
und doch schon da, – aber wo?
»Geschick«, »Schickung« – Seinsgeschichte –
von dort angesprochen, von dort ein Wohlwollen?

Dies aufs Äußerste hin, auf das Ungeheuerliche und Gewaltigste – aber doch noch nicht erreichen, nur durch Frage von Ferne sichten.

Philosophie greift nach dem »Unmöglichen« – seit Plato bewußt, – aber jeweils zu fragen: was bei diesem Denken das Unmögliche ist, was es bedeutet, worauf es sich bezieht, was für Folgen im inneren Handeln es hat, was für Folgen für Urteil, Verhalten und Handeln in der realen Welt.

Der Wahn: ein »Werk«, eine »Sache« zu betreiben, die unabhängig wäre von dem, was ich bin und tue.

Heidegger: Nietzsches Name stehe für eine »Sache« – »Herr Nietzsche« hat für Philosophie keine Interesse[2].
H. verlangt offenbar die völlige Ausschaltung seiner eigenen Person, die als solche nichts mit seiner Philosophie zu tun haben soll.

Hier die Verwechslung von Philosophie und Wissenschaft oder von Philosophie und Prophetie.
Hier die Zuflucht, die die absolut einsame Meditation ohne Verantwortung gestattet, – und doch Wirkungswille ist.
Hier die gelegentliche These, daß keiner ihn versteht – und die nicht ungeschickte (übrigens durchaus legitime) Propaganda für den Zauber, den doch niemand vesteht.

1933: der Verfall an den Betrieb, – an die großen Worte, die Rhetorik ohne Gehalt, – die Emotionen der Selbst- und Massenberauschung in Wechselwirkung, – an das »man«, – an das »technische«. Die erstaunliche Blindheit dessen, der in dieser Blindheit, aber eben nur formal, gehandelt hat: als ob ein Wissen des auch eigenen Unfugs eines Plebejers, der heraustreten möchte, aber erst recht hineingerät.
Der Satz: »Größe« des N.S.[3] »die Begegnung mit dem technischen Zeitalter«.

Das eigene Schicksal, der Gedanke einer Berufung, die Egozentrizität im scheinbar absolut Sachlichen – daher die häufigen Entgleisungen.

Im Umgang ein Echtes – in der Zeit von objektiver Ohnmacht und geringer Hoffnung – in der Jugend. Ein Wille und Antrieb, – der als ein »roter Faden« schmal, aber sichtbar, die Masse des schlechten Stoffes des Lebens hindurch durchdringt.

Die Sprache der N.S.-Reden Heideggers ist dieselbe wie in seiner Philosophie. Hier aber steht diese Sprache in Konfrontation mit der Realität. Sie zeigt sich als hohl, von fern an Hitler erinnernd, Wendungen Hitlers aufgreifend, in dieser Linie sprachlich fortproduzierend in ständiger Unwahrhaftigkeit.

Wodurch das Ende 1934? Keine Dokumente. Jedenfalls kein Kampf gegen N.S., nicht Einsicht, sondern objektive Unbrauchbarkeit in der Politik. Er war wie ein Hampelmann gewesen, den man nun in die Ecke warf, als man ihn für den Anfang verwendet hatte.

223

Von Kritiken an Heidegger kenne ich nur wenige. Zumeist ist beim Lesen mein Antrieb, mich auf die Seite Heideggers zu stellen. Bei ihm ist doch wenigstens Philosophie, wenn auch meiner Erfahrung [nach] verkehrte Philosophie, bei jenen Kritikern die Unphilosophie.

224

Ein besonderer Abschnitt

Heideggers zahllose Formulierungen. Eine Sprachkraft, die bezwingend sein kann. Ein Denken, das auf etwas stoßen läßt, das man nicht umgehen kann.

Zugleich die zahllosen Künstlichkeiten der Sprache, ohne Kraft; sie fesselt nur dafür Bereite – die analoge Erscheinung innerhalb der modernen Dichtung und Kunst, wo sie von sich selber abgleiten, – und die sprachliche Gewaltsamkeit, auch im Übersetzen, die geradezu die Unwahrhaftigkeit fördert.

Die Selbstmacht des »Geistes«. Der Vorwurf: der wahre Gebrauch dieser außerordentlichen Begabung und der Mißbrauch in der Verabsolutierung des bloßen Geistes (als Effekt, Spekulation) und in der Dienststellung des Geistes für fremde Mächte (Ressentiments, Aggressivität, Nationalsozialismus).

Aber wem der Geist gegeben ist als eine ungewöhnliche Anlage, dem ist auch gegeben, ihn zu erfüllen, – aber in einer ständigen Alternative: die Wahl fällt einmal so, einmal anders aus. Es fehlt der existentielle Wahrheitssinn; die Unempfindlichkeit herrscht für richtig und falsch, wahr und unwahr.

Das Ärgerliche an dem Werk: zugleich angezogen und abgestoßen zu werden.

Ein hoher Sinn und ein niedriger Sinn. Kein Adel. Keine Reinheit, – der Sache nach Sinn auch dafür. – Die maßlosen Entgleisungen und der Trotz darin.

225

Kritik an der Ordnung der Darstellung, gemeint als Kritik am Grundentwurf

Heidegger: Meine Psychologie der Weltanschauungen hätte ich mit den Grenzsituationen beginnen sollen. Dann würde alles klarer[1].

Dagegen:

1. Forderung eines systematischen Ganzen,
   einer wahren Daseinsanalyse
   eines Systems des Daseins

   Dagegen meine Absicht:
   eine rational methodologische Ordnung – darin die Gehalte –
   die Ordnung der Darstellung ist an Gehalt weniger, – ja gleichsam aus Wasser, – als der Gehalt der besonderen Kapitel.
   Dadurch die Relativierung auch der Darstellung der ernstesten Dinge

2. Frage, ob es gut gelungen (bei mir jedenfalls nicht) zu unterscheiden von den grundsätzlichen Fragen, die diese methodologische Form, als die Freiheit im Philosophieren bewahren will, sozusagen in der Philosophie die Freiheit von Philosophie.
   Dies mir damals nicht klar bewußt, aber von der Psychopathologie an ein wesentlicher Antrieb.

226

Meine Kritik Heideggers muß dem, der ein entschiedenes Für und Wider gegenüber einer geistigen Erscheinung erwartet, ärgerlich sein. Ihm werden meine Aufzeigungen und Urteile nur eine Widersprüchlichkeit zeigen, die ihm bezeugt, daß ich den Gegenstand nicht verstanden habe.

Ein Grund dieser Widersprüchlichkeit ist: Unter den gegenwärtig lebenden Denkern sehe ich nur in ihm eine Macht wirksam, die [ich] in ihm gleichsam inkarniert sehe und als eine Gegnerschaft sehe, der ins Auge zu blicken sich lohnt, während sonst fast die [ganze] philosophische Gegnerschaft so schwammig ist, daß es nicht möglich ist, sich damit einzulassen; denn man stößt auf keine Substanz. Das bedeutet aber zugleich die hohe Einschätzung Heideggers und die bis an die Grenze des Abrückens vom Widerwärtigen gehende Verneinung. Die Einsicht in die Bedeutung zwingt zum Lesen seiner Schriften, die innere Ablehnung beim Lesen bis zu der Grenze, als ob ich es eigentlich mit nichts zu tun hätte und gleich wieder aufhören möchte, zu lesen. Denn ich fühle mich nicht beschwingt, ermutigt, verbunden. Aber das Begreifen der Form ermöglicht dann nicht nur die Lust an der Artistik. Es ist mehr: eine Verbundenheit dadurch, daß wir vielleicht am Ende auf einem Boden uns bewegen, auf dem man kaum jemandem begegnet. So war es mir manchmal und war mir einst zumute und doch weiß ich nicht, ob ich mich heute darin täusche.

227

»Noblesse«, einfache Anständigkeit, ist mir bei Bauern, Handwerkern, Arbeitern, Adeligen, wenn auch immer in der Minderheit, doch typisch begegnet. Sie fehlte den Bürokraten (Angestellten), Politikern, Akademikern und den meisten anderen Gruppen als Typus. Aber sie ist überall im einzelnen Menschen da, bei kirchlich Frommen und Kirchenfremden, bei allen Völkern.

Was ist diese Noblesse?
von Nietzsche entworfen – nachsehen!

Die Unterscheidung von wahr und falsch, von gut und böse – untrüglich im Willen dazu und durchweg im Blick auf Menschen und Dinge.
Die Distanz zu sich selbst und den anderen.
Die Dankbarkeit.
Die Treue.
Die Verpflichtung des Anstands in allen menschlichen sofort geschichtlich bestimmten und je einmaligen Beziehungen.
Die Sachlichkeit.
Die Trennung der Sphären des Lebens und Denkens, – aber die Einheit im Ja zu einem Menschen, – die Zurückhaltung im Nein.
Der Stolz der inneren Ehre, in der Bescheidenheit.

Die Unabhängigkeit von Herkunft, soziologischen und psychologischen Bindungen, – selbst da sein.
Redlichkeit.
Offenheit. Klares Schweigen aber nicht ausweichendes Schweigen. – Rede und Antwort stehen.
Keine Pathetik.
Das Wort gilt.
Wie dieses alles noch zu unterscheiden vom »Existentiellen«?

Ich vermisse bei Heidegger jede Noblesse.

228

Das Zitieren der großen Philosophen durch den Interpreten:

1. »Montage«: ein Aufbau zum Zweck des »Effekts« als solchem, ohne Wahrheitswillen, mit einem jeweiligen Ziel der Emotion, ohne Zusammenhang durch eine leitende Idee und eine Grundverfassung im Interpreten.

2. Auswahl nach Willkür, um das eigene Denken zu bestätigen, die eigene Auffassung zu verabsolutieren, unter Weglassen alles Anderen, – vielleicht eine Linie, – erst sinnvoll, wenn methodisch als partikular begriffen, und wenn keine verkehrenden Vergewaltigungen das Gemeinte verkehren.

3. Herausheben und in Zusammenhänge bringen, was so dem Philosophen selbst vielleicht nicht zum Bewußtsein gekommen ist, – ihn in seinem Ganzen nicht etwa überblicken, aber alle Aspekte ergreifen, eindringen, je partikular, – Idee eines relativ Ganzen –

Am Beispiel: Nietzsche.
Faktische Trennung von »Sache« und »Biographie«.
Vor allem, wenn die »Sache« ein herausgegriffenes Moment ist.

229

Die Frage angesichts Heideggers Text- und Philosophen-Interpretationen:

wo ist die rationale Durchkonstruktion?

wo liegt das bloße Weiterfragen, das im Weiter sich genug tut, ohne in der Frage oder im vorläufigen Antworten einen Gehalt zu fassen?

wo verläßt er die rationale Konstruktion zugunsten des Bildes?

wo zwingt er sie in weltgeschichtliche Einordnungen? So, daß der Intensität der gleichsam zerkauenden Analyse eines Satzes gegenübersteht die welthistorische Schematik und Verknüpfung?

wo ist er an Sätze, Textstücke gebunden ohne die Philosophie der behandelten Philosophen im Ganzen zu vergegenwärtigen?

was greift er heraus?

was nennt er »Sache« im Unterschied [zu] der für ihn als gleichgültig behaupteten Person und Biographie und Realität des Philosophen,

wo verändert er geradezu den Textsinn, »vergewaltigt«? gegen besseres Wissen?

Was meint er von der Philosophie und den Philosophen, wenn er solches für berechtigt hält und nicht als vereinzelten Lapsus ansieht?

230

Die Polemik stellen unter die Chiffer »Kampf der Mächte« –
Versuch der Darstellung der mir in Heidegger begegnenden Macht.
Diese Voraussetzung, die selber nur als Chiffer gelten kann, hat an sich einen begrifflich unbestimmten Charakter, ist daher keine rational definierbare oder in einer Axiomengruppe fixierbare Voraussetzung.
Sie gilt daher nicht als eine Voraussetzung, aus der abgeleitet würde, sondern als ein »Rahmen«, in dem aufgefangen wird.

Mit der Voraussetzung verbunden ist

1. daß der Mensch Heidegger als Ganzes nicht identifiziert wird mit der Macht, die sich seines Denkens in einem weiten Umfang bemächtigt hat, – daß es immer nur idealtypische konstruktive Auffassungen seines Denkens sind, mit denen ich, belegt durch die Texte und Handlungen, operiere.

2. daß es grundsätzlich möglich sein muß, zwischen Menschen, die unter verschiedenen Mächten stehen, Kommunikation stattfinden [zu lassen] (wenn es einmal so weit gediehen ist wie zwischen uns, dann über das Denken hin die freie Beziehung, die die Rückkehr zur menschlichen Beziehung zur Folge haben kann). Denn in jedem Menschen sind grundsätzlich die Ansatzpunkte der Möglichkeit, wo jede Macht eindringen kann, und der Mensch als Mensch ist fähig zu hören und dem Fremden zwar nicht sich anzuschließen, aber [ihn] als das, als was er ist und sich gibt, zu respektieren, ohne ja und ohne Anerkennung.

231

Alles[1] Denken hat einen offenen oder heimlichen Bezugspunkt, der, selbst unbedingt, dem Denken Bedingungen und Ziele setzt. Dieser Bezugspunkt entweder ein bestimmter, aufzeigbarer (subj. Urteilskraft) oder ein unbestimmter (Freiheit des Menschen, seine Offenheit, Geschichtlichkeit, Klarheit, sein Selbstsein in bezug auf Transzendenz, – die philosophische Idee) zu suchender, nicht als solcher allgemeiner, nicht geradezu mitzuteilender und nicht besessener, nur als kommunikative Wahrheit hervorgehender (»reflektierende Urteilskraft«).

Die Offenbarung der Vorsehung in der Führung des eigenen Lebens. Daraus kann entspringen der Hochmut der Legitimierung und des Übersteigerns der eigenen Bedeutung oder die Bescheidung im fortdauernden Hören des Nichtwissens, immer vor das Zweideutige in bezug auf das Zukünftige gestellt, mit scheuer Abwehr der Objektivierung solcher Fügung. –

Die Entscheidungsfragen der menschlichen Existenz sind zur Entscheidung im Glaubensbekenntnis geworden.

Das Nichtwissen nicht aushalten –
angesichts des Todes –
analog: in der Politik –
in der Medizin –
Die Abblendung, und die Versicherung, und die beruhigenden »sachkundigen« Erklärungen.

232

Geschichte der Metaphysik[1]

Geschichtlichkeit der Metaphysik

Notizen aus den 20er Jahren und ff. jedenfalls aus Heidelberg

---

Geschichte der Metaphysik
1. Als Weltorientierung zu den capita mortua[2]
2. Als Grund des eigenen Verstehens des Seins
3. Als Substanz des Gehalts: Raum des Möglichen
4. Als Ansprechen von Existenzen an gegenwärtige Existenz.
   Als Ansprechen der Geister an eigene Ideen.

Keine Metaphysik ohne ihre Geschichte
Weil kein allgemeines Wissen, sondern im Medium allgemeinen Wissens eine jeweilige Erfüllung.

a) Systematik mythischen Gehalts
b) Die großen Sprünge und Zentren.

Geschichte der Metaphysik
Eine Summe von Lehren (Logik und Kategorienlehre).
Die Geschichte der Mythen.

Geschichte des absoluten Bewußtseins, des Handelns.
Kultgeschichte.
Dogmengeschichte.
Kirchengeschichte.
Religionsgeschichte.

Geschichte der Metaphysik

1. Im Prinzip absolut persönlich-existentiell in Komm.[3]

2. Jedoch – bei Festhalten dieses letzten Sinnes – die Objektivitäten des Gesagten und Getanen. Diese in stufenweisem Abstand zunehmender Ferne –

3. Die Objektivitäten interpretiert (mit jenem Ziel)
   a) als die allgemeinen geschichtlichen jeweiligen Welten (mit Basis der Soziologie)
   b) als typische kategoriale Strukturen
   c) als historisch wirksame große individuelle Systeme
   d) als einzelne metaphysische Erhellungen.

4. Die Metaphysiken im Kampf
   Die faktischen Unbedingtheiten. Wofür und in welchem Sinn die Menschen gestorben sind. Wofür sie alles wagten.

5. Die prinzipiellen Konsequenzen
   die Vollendungen.

E. v. Hartmann[4]: Voraussetzung der einen wahren Metaphysik
Ungeschichtlichkeit. Seine Kritik an einem Maßstab.
Ganz rational eingestellt, für das Kategoriale ergiebig.

Geschichte

1. Die Zustände der Massen
2. Die typischen aristokratischen oder sektenhaften metaphysischen Weltbilder
3. Die persönlichen Gestalten

Geschichte der Metaphysik
Die kategorialen Verabsolutierungen (Hegel)
Das absolute Bewußtsein, das sich in diesen ausspricht.

Ich lebe und handle jeweils in den gewußten und im Bild gesehenen Situationen – umschlossen vom Weltbild und seinen Möglichkeiten und einem Wissen vom Sein.

Stufenfolge dieses Wissens:
1. empirisch-reale Partikularität, Mittel und Zweck
2. Grenzsituationen
3. Ideen und Mächte außer mir – und in mir (beides heterogen)
4. Kommunikation zu Existenz
5. Ein metaphysisches Seins-Wissen

Historisch in umgekehrter Reihenfolge – Weg wieder zur Erde. Historisch jeweils Schemata und bereitliegende Formen des jeweils allgemeinen Bewußtseins. In der Aneignung stets verwandelt.
Die Schemata des Mittelalters: Christus, Kirche, Hierarchie, Himmel und Hölle und Weltbau, Antichrist. Weltaltar (Joachim von Fiore)[5]

Daraus die modernen Schemata:

Gottesgnadentum und daraus abfließende Weihe der Ämter.
Staatlichkeit, Gesetz (von Friedrich II. her)
Humanitas

Äußerliches Sehen der möglichen Schemata – und Selbsterhaltung des eigenen Lebens in einer transzendenten Substanz.

Wurzel der Metaphysik
nicht im Wissen, sondern im absoluten Bewußtsein,
aber nicht in diesem als unmittelbar gegebenem, sondern als der Existenz, die sich in den Grenzsituationen erhellt;
die »Realität« der Gegenwart der Transzendenz, partikular im Kult

Die Entwicklung des Kultus, dessen »Säkularisierung« mystischen und philosophischen absoluten Bewußtseins, dies zugleich eine Sublimierung und Reinigung.
Kult und Magie bei den Propheten: Gebet des Einzelnen.

Frage der Substanz in der Tradition der Transzendenz. Kirche und Kultus als Erziehung und als Bewahrerin – aller Freiheit und existentieller Verbindlichkeit durch Befreiung von ihr, durch Wege ohne sie, durch Übersetzung ihrer Substanz in persönliche Existenz – aber in der Tradition die Freiheit nicht objektiv als solche fortzupflegen, da persönlich gebunden, und stets persönlich zu erwerben.

Die Tradition der Freiheit:

a) Durch Möglichkeit angesichts bestehender kultisch-kirchlicher Substanzen, durch »Philosophie« als Denken.

b) Durch ethische Erziehung in Wahrheit, Wahrhaftigkeit, Treue und Ehrfurcht: Voraussetzung dieses Ethos bei den Eltern, ihre Würde und Haltung, ihre Vorbildlichkeit, Distanz[6].

Metaphysik stets in der gegenwärtigen Wirklichkeit als aufgefaßter und gewußter.

Die soziologische Seite. Diese gibt jedem, auch dem anscheinend der Gesellschaft Fernsten seine Farbe: dem Tod, der Existenz des Einzelnen. –
Gebundenheit an diese Relativität als absolute.

Nicht ein zeitloser absoluter Bestand, der in der Zeit hier und dort partikular durchbricht und sichtbar wird. Sondern das Schweben der Existenz in der Erscheinung ihrer Transzendenz im Medium des Bewußtseins.

Ich möchte wissen, wie es ist – und erfahre nur erlernbare Objektivitäten, Möglichkeiten – oder absolut gegenwärtige Geschichtlichkeit aus unbedingtem Bewußtsein in seiner Transzendenz.

Die Unmöglichkeit, die Metaphysik objektiv und allgemein zu wissen weder sie selbst als vermeintlich bestehende noch die »erlebte«, historische als vermeintlich psychologische Objektivität[7].

Geschichtlichkeit der Met.
Der falsche Wille, die Transzendenz als einen Bestand allgemein wissen zu wollen. Sie ist nur zugänglich durch das geschichtlich Konkrete der Existenz.

Die Transzendenz kann nicht als sie selbst, als ein Sein erkannt werden, sondern wie sie sich jeweils in der einzelnen Existenz und der Komm. der Existenzen offenbart. Nicht »Gott« wird erkannt, sondern wie er in meine Seele tritt.

Das Allgemeine sind die Kategorien, die Objektivität als Erscheinung, die »Welt« als Gegenstand der Orientierung.

In diesem Allgemeinen spricht sich auch metaphysisches Wissen aus. Denn ohne die Form des Allgemeinen keine Aussagen und keine Mitteilung.

Daher notwendig: in aller Metaphysik durch das Allgemeine als das bloße Medium hindurchzublicken, die Substanz in Komm. zu übersetzen und darin anzueignen oder zu sehen in möglichem Kampf, in gelten lassen, in wundern und schaudern.

Dieses Hindurchblicken nimmt selbst täuschende Formen an, die als Formen notwendig sind:

a) das psychologische Erfassen der Gründe und Ursprünge, der Motive und Befriedigungen

b) die logischen Voraussetzungen und Konsequenzen formulierter Aussagen

c) die Beziehung auf einen allgemeinen Typus

Aber der Sinn: wo wirklich Ursprung, etwas absolut Geschichtliches in seiner Einmaligkeit und durch es auf die Transzendenz[8].

Metaph. Geschichtlichkeit
Metaphysik: Historisch: zunächst auf Volk und Staat begrenzt, dann universal. Hierin die Dialektik: geschichtlich – durch das Allgemeine in Frage gestellt – dadurch vertieft und eigentlich geschichtlich:

alle Metaphysik als wahre ist geschichtliche Erhellung der Existenz in einer objektiv geschichtlichen Gestalt.

Wäre das Allgemeine auch metaphysisch das Wahre, so versänke das Individuum als der Einzelne zum Schauplatz und zum Fall. Das Problem, warum es viele Individuen gibt, ist dann entweder nicht, oder nur so lösbar, daß das Individuum seiner Substanz beraubt wird.
Denn immanent ist das Individuum als Existenz nur Existenz unter Existenzen. Es gilt keine Objektivität als absolute und letzte. Alle Metaphysik als objektiv werdende ist immanent geworden, sie ist wahr jeweils als Erhellung der Existenz in ihrer Transzendenz, nicht als objektives Wissen vom Transzendenten durch ein Bewußtsein überhaupt.

Daher weiß ich als allgemein weder die Vielfachheit der Individuen als Pluralismus, noch die Transzendenz; sondern ich als ich selbst erhelle mich in Komm. mit Existenzen.

Aber Metaphysik als ausgesagte nimmt die Form des Allgemeinen an. Um sie zu verstehen und mit ihr in Komm. zu treten, zu fragen, woraus gefragt und gesprochen wird, was sich darin erhellt. Die objektive nur ausgesagte Sache als sie selbst ist stets nur wesenlose Phantasie. Der Boden, die Wurzeln und die Umsetzungen in den Aneignungen offenbaren erst ihre Wahrheit[9].

233

»Sprache«[1]

»Ich bin nichts, Gott ist alles«[2] – »Es ist genug, daß Gott ist«[3] – »Der Ewige ist.«[4]

Noch diese abstrakten Chiffern bleiben Chiffern. Ohne das Wort verstehen wir uns selber nicht. Aber das Wort als solches ist wiederum in dem Felde der Nichtigkeit. Wenn die Chiffern nicht ertragen werden, vielmehr die Leibhaftigkeit dem dunklen Drange nicht entrinnen soll, dann wird das Wort selber zur Leibhaftigkeit, gleichsam der Kultus des Wortes an die Stelle der Leibhaftigkeit gesetzt, das Wort gleichsam wie eine Hostie hochgehoben.

Wir können nicht denken, ohne zu sprechen. Wir vergewissern uns der Transzendenz unumgänglich im Hören und Prägen von Chiffern. Aber Sprache und Chiffern sind für uns der einzige Weg, des Unsagbaren gewiß zu werden in der Mitteilung. Nur durch Sprache kommen wir dorthin, wo Sprache vielmehr Schweigen wird.

Aber dieses Schweigen ist gleichsam das eindringlichste Sprechen, nicht das leere Schweigen. Es wird nicht wirklich dadurch, daß ich das Sprechen unterlasse, sondern dadurch, daß ich es zum Äußersten treibe, wo es umschlägt, uns alsbald von neuem in der Zeit wieder Sprache wird.

»Im Anfang war das Wort«[5], dieser vieldeutige Satz kann das Leibhaftigmachen des Wortes in der Transzendenz bedeuten. Dann hebt er den Chiffercharakter auf und läßt mich die Wirklichkeit selbst an eine falsche Realität verlieren.

Wohl ist die Sprache das Geheimnis des Menschseins. Als Gegenstand der Forschung wird ihre Realität in allen greifbaren Erscheinungen beschrieben. Die Frage nach der Entstehung der Sprache ist so unbeantwortbar wie die nach der Entstehung des Menschen, obgleich die Frage zu besonderen Entdeckungen geführt hat, die ohne sie nicht gefunden wären.

Aber das Geheimnis bezieht sich auf das Menschsein, nicht auf die Transzendenz.

Bleibt der Zirkel, daß von dem gegenständlich gesprochen wird, was nie angemessen Gegenwart werden kann?
Und dadurch die durchgehende Falschheit dieses Sprechens?

In der Tat unüberwindbar, außer dadurch, daß man im Vollzug solchen Denkens weiß, was man tut. Dann soll die Helligkeit das Gegenständliche stets sogleich wieder auflösen.

Die unendlich wirksame Gegenwart dessen, was sogleich in der Faßlichkeit aufs höchste gesteigert wird (durch die Kraft der Phantasie, des

Geistes, des Hörens auf das Sichgebende), aber in dieser Steigerung selber als Realität verschwebt, um Existenz und Transzendenz aufgehen zu lassen in den Grund, aus dem Existenz in der Zeit ihre Impulse, innere Verfassung, Möglichkeit ihrer Bezeugung, Gegenwart in Kommunikation hat?

234

Die[1] Grundantinomie unseres Denkens
der Transzendenz ist:

Für uns bleibt alles, was wir denken, gegenständlich, ein Gegenstand in der Welt. Wir werden uns bewußt dieser Gebundenheit. Aber wir können sie nur überschreiten am Leitfaden von gegenständlich Gemeintem.

Unser Bewußtsein wird immer leerer, wenn wir das Gegenständliche fallen lassen. Aber in diesem Leerwerden soll sich die Tiefe auftun, aus der uns die Fülle selbst entgegenkommt.

Das Leerste ist das Wahrste, weil kein Bild, kein Gegenstand mehr bleibt – aber wir erreichen diese Leere nicht mit unserem Bewußtsein.

Das Vollste ist das Wahrste, weil es der Fülle der Transzendenz näher kommt, die immer noch mehr ist, als das Reichste, was wir im Bewußtsein gewinnen.

Im Leerwerden ist Wahrheit nur, wenn damit die Fülle wächst. Im Reichtum des Gegenständlichen ist Wahrheit nur, wenn damit das Gegenständliche selbst schwindet.

Fülle ist in den Weisen des Umgreifenden, die als Dasein, Bewußtsein überhaupt und Geist die Sprache in der Subjekt-Objekt-Spaltung gewinnen.

Fülle ist in geschichtlicher Gegenwärtigkeit dieser Weisen.
Fülle ist im Sichgeschenktwerden der Existenz.

Aber keine dieser Weisen der Fülle ist die Transzendenz selbst. Daher ist die Fülle der Transzendenz allein durch das Hören auf jede dieser

Sprachen, ohne an die Sprache zu verfallen, d. h. ohne das Gegenständliche für die Transzendenz selbst zu nehmen. Wir dürfen der Sprachlichkeit als solcher nicht glauben, nicht den Bildern, nicht der Musik. Aber sie sind Medien, als solche gerechtfertigt, wenn sie uns als Leitfaden dienen. Die Sprache verführt zum Besitz, sie hilft zum Aufschwung über sie hinaus. Mit ihr sich aufzuschwingen in die Leere ist der Weg zur Fülle.

Es ist ein unlösbarer Zusammenhang zwischen dem Bewußtsein der Unüberschreitbarkeit der Formen unseres Denkens und dem Bewußtsein von der Transzendenz.

Ohne jenes Bewußtsein der Grenzen des denkenden Bewußtseins wird Gott unausweichlich zum Objekt, Gegenstand, Bild, zu einer Sache des Behauptens wie von einem Gegenstand. Die Freiheit zur Tiefe des Gottesgedankens ist formal gebunden an das Denken des Denkens, durch das jeder Gegenstand wieder aufgehoben wird.

Aber durch die Klarheit dieses Grenzbewußtseins wird nicht der Gehalt des Gottesgedankens gegenwärtig, sondern nur seine Reinheit möglich. Sein Gehalt tritt geschichtlich in naiver Gegenständlichkeit ohne solches Denken in Erscheinung.

Werden wir uns bewußt, daß im Denken des Ursprungs, des Seins selbst, der Transzendenz jedes Wort sie fälschlich schon in eine Kategorie faßt, und gehen wir mit der Methode des formalen Transzendierens darüber hinaus, so erfahren wir zweierlei:

die rechte Form kann im spekulativen Gedankenzusammenhang zu rechter Zeit von überwältigender Wirkung im Bewußtsein sein: es ist als ob wir plötzlich offen würden für Transzendenz, in das Eigentliche kämen im höchsten Aufschwung, wenn auch nur im Gedanken, –
– dann aber wird die Methode des Transzendierens zu einer beliebig wiederholbaren Form, wird leer, eine gleichgültige Eintönigkeit des Nichts.

Porphyrius (Nestle[2] II, 341):
»Den höchsten Gott verehren wir durch reines Schweigen oder durch reine Gedanken über ihn.«

---

ad 1. Das Denken versagt, wenn es das Unendliche denken soll
a) – es zerbricht und zeigt im Zerbrechen – im Widersinn – indirekt das Unendliche:

durch »formales Transzendieren«
durch Nichtwissen.

Das ständig sich erzeugende Denkunmögliche – endet im Schweigen: Augustin: de doctr. christ. I, 6:

»Ac per hoc ne ineffabilis quidem dicendus est Deus, quia et hoc cum dicitur, aliquid dicitur. Et fit nescio quae pugna verborum, quoniam si illud est ineffabile, quod dici non potest, non est ineffabile quod vel ineffabile dici potest. Quae pugna verborum silentio cavenda potius quam voce pacanda est.«[3]

235

Vergleich[1]

Wie Hitler die Perversion des Führercharismas Max Webers –
so Heidegger die Perversion des Philosophen.

Das Übereinstimmende die Form des Geschehens, der soziologischen Struktur, der philosophischen Totalität des Ergriffenseins –

die Differenz nicht nur, sondern die Perversion: das Hinweisende, –
der Form nach gemeinsam gegen die Kraftlosigkeit, Unverbindlichkeit, gegen den Unernst –
die Differenz in der Weise des Ernstes –

Dieser Vergleich wäre durchzudenken, –
und zu sehen, wo er stimmt und wo er nicht stimmt.

236

Heidegger[1] Juni 1933. Rede vor Studenten und Professoren. Wohnte, wie immer, bei uns.

Am nächsten Tag hatte ich Vorlesung: Ein ungeheures, nicht aufhörendes Trampeln. Ich berichte Heidegger: Wunderlich, daß ich für Sie den Beifall einkassieren soll! Heidegger: Nanu! Was ist denn das! – Einige Tage später, als Heidegger abgereist war, frage ich beim Testieren einen Studenten in SA-Uniform: Warum trampelten Sie so maßlos? Der Student: Wir wollten uns zu Ihnen bekennen gegen Heidegger.

Man hörte gelegentlich von Vorträgen, bei denen Studenten ihre Abneigung gegen Heideggers Wesen unter sich aussprachen. Die offizielle Presse war nicht repräsentativ dafür, was Studenten dachten.

Ich hörte 1933

Von oberer Instanz kam an Universitäten ein Aufruf, der von den Rektoren am schwarzen Brett bekannt gemacht werden sollte. Darin fanden sich Sätze wie »Ein Jude, der deutsch spricht, lügt«. Der Heidelberger Rektor ließ den Anschlag durch, nicht Heidegger. Er soll zu dem ihn Auffordernden gesagt haben: »Blamieren Sie mich nicht.«

237

Einige[1] der schönsten Stellen, der tiefen Gedanken heraussuchen und abdrucken:

> wer das kann, ist etwas
> da spricht etwas Anderes als die übrige Erscheinung –
> Vergleich: moral insanity und Blumen zeichnen.

Möglich: ein beunruhigendes Mitgefühl, –
mit dem Verhängnis des Soseins –
in der Welt keine »Entschuldigung« –
wo nicht Einsicht, nicht Reue, da ist nichts zu tun, als Bedingungen schaffen, unter denen der Weg zur Freiheit durch sich selbst möglich wird –
die Masse der Theologen –
eigentlich vergeblich – bewirken nur eine Erscheinungsform und Sprechweise –

philosophisch möglich – aber nicht als Hilfe, – nur als sokratischer Schicksalsgefährte – nicht als der schlechthin Besserwissende – nur in Redlichkeit und Offenheit – nicht die leiseste Unwahrhaftigkeit (diese verdirbt alles und mehr, als unter freundlichen Umständen das Irren in Freundschaft)

Daher trotz Kommunikationswillen schweigen, warten, die Voraussetzungen nicht (wie ein Pfarrer dem Beichtkind) mitteilen (dann die Schauspielerei) – schweigen bis zum Ende des Lebens – oder reden, das im Entscheidenden doch Schweigen bleibt.

Der Daseinszustand befördert die Unwahrhaftigkeit: im Gefängnis – in der Freiheit –

bei Heidegger: in der Ohnmacht und Gedrücktheit und im Obenaufsein, – ganz verschiedene Haltung, verschiedener Ton.

In der Ohnmacht die schlechteste Chance – erst wo die Macht wieder da ist, auch die ganze Rücksichtslosigkeit möglich, vor der man sich aus »Humanität« scheut, vollen Gebrauch zu machen, wenn es dem anderen schlecht geht.

238

Die[1] Philosophie der Chiffer als eine philosophische Sacheinsicht, – nicht als Chiffer im Reich der Chiffern –
ist wie eine Religionsgründung,
in Analogie zu einigen Metaphysiken der Vergangenheit, besonders Schellings.

Die Grundstimmung der Kritiklosigkeit in der Entfaltung dieser totalen Einsicht – im Wissen von der Gesamtgeschichte[2] der Philosophie des Abendlandes, die von einem einzigen Knirps zugleich anerkannt wird (als Geschichte) und überwunden wird.

Es ist wie eine Narretei, die, analog zum N. S., es daraufhin wagt – das selber nicht merkt und sich selber natürlich nicht so sieht – durch das

Maßlose dieses Anspruches gerade nicht verworfen, sondern respektiert zu werden, –
nach dem Prinzip Hitlers:
die größte, unverschämteste Lüge wird geglaubt, die halbe und gemäßigte Lüge nicht.

239

Den heute Philosophierenden ist gemeinsam, daß sie heute in einer Welt leben, in der man sie nicht hört.
Mit Heidegger, meinem schlimmsten Gegner unter den Zeitgenossen, verbindet mich, daß ich zu spüren meine, er wisse auf eine Weise, wenn vielleicht auf eine verkehrte Weise, was Philosophie sei und vollziehe ein Philosophieren, wie ich, der von ihm her gesehen als auf verkehrte Weise seinen philosophischen Weg geht. Es ist doch, als wenn wir uns – als Gegner – doch wenigstens in diesem Reich begegnen, das heute von der öffentlichen Welt nicht gekannt und nicht geachtet wird.
Darüber kann die literarische Tatsache nicht täuschen, daß unsere Bücher verkauft werden, und daß es literarische Kreise gibt, die sich mit ihnen beschäftigen und kann uns auch nicht täuschen, daß manche »Stillen im Lande« uns Briefe schreiben, die ein uns ergreifendes Verständnis bezeugen. Wir sind nicht ganz allein.
Daß wir uns in einem Reich begegnen, und auch wieder eigentlich nicht begegnen, aber doch wenigstens in diesem Reiche aneinander vorbeigehen, einem Reiche, in das heute Wenige eintreten, hat eine merkwürdige Folge: Die zahlreichen Kritiken an Heidegger, soweit ich von ihnen Kenntnis gewonnen habe, drängen mich zumeist paradoxerweise auf die Seite Heideggers, nicht weil ich zu ihm stände, sondern weil die Weise dieser Kritik das, was mir philosophisch wesentlich scheint, nicht trifft. Es gibt Ausnahmen schlichter, klarer Urteile, die dann nur darum nicht befriedigen, weil sie auf die philosophischen Gedanken nicht eingehen.

240

Wer[1] war ein Nationalsozialist? Niemand.
Als die Siegermächte nach Deutschland kamen, wurde von ihren Männern oft die Verwunderung ausgesprochen, daß sie keine Nationalsozialisten fänden.
Worin das Gemeinsame, daß dieser Name doch so vielen anhängt? allein, daß ein Bezug ihres Denkens und Handelns auf die Errichtung einer Gewaltherrschaft bestand, deren Wesen vielleicht kaum jemandem damals klar war.
Was darauf Bezug hatte, waren mannigfache Denkungsweisen, Vorstellungen, – war eine geläufige Sprache mit pathetisch-unbestimmten Begriffen (Nation, Rasse, Blut und Boden, Risiko, Entschlußkraft – und alle die Worte, die das Gegenteil dessen bedeuteten, was geschah: Freiheit, Ehre, Frieden, Selbstverantwortung, Selbstbestimmung) – war die Fähigkeit des bedenkenlosen Eroberns, der Macht und Gewalt mit allen Mitteln (in voller Konsequenz und mit der dafür »genialen« Begabung des Abmessens der faktischen Mächte, des Auffindens der schwachen Stellen, des Erpressens, des Intrigierens, des Versprechens, während es im gleichen Augenblick schon gebrochen wird, der Täuschungen der Anderen mit den ihnen geläufigen Wünschen und Vorstellungen usw. – vollendet bei Hitler allein) – war Wehrmacht und Treueid – war Blindheit, Selbsttäuschung, schuldhaftes Nichtsehenwollen, was schon sichtbar war.
Der Unterschied: des selber Teilnehmens an der Gemeinheit dieser Gewalt. Intrigen, Treulosigkeit – das Nichtteilnehmen, aber Mitdienen unter anderen Vorstellungen.

Man kann von jedem sagen: er war »eigentlich kein Nationalsozialist« – alle waren etwas anderes. Nationalsozialist war, wer während der Jahre der totalitären Gewalt durch diesen Titel eine Vorzugsstellung hatte.
Man muß das Bild von Hitlers Handlungen und Wesen von Anfang an (als er schnell die bedingungslose Führerschaft und Gehorsam in seiner kleinen Partei erzwang) vor Augen haben, um das Skelett der Ereignisse zu sehen.
Dieses ist gerade nicht eine »Weltanschauung«. Daher der Eindruck: eigentlich sind alle betrogen im Selbstbetrug, – nachher sagten sie: wir sind mißbraucht.

Aber die in ihrem Denken und Urteilen innerlich frei und hellsichtig Gebliebenen? Die später erst hellsichtig Gewordenen, Enttäuschten und dann allein zum Widerstand Schreitenden?
Ist irgendwo »Irrtum«? Das Wort ist unpassend. An den entscheidenden Stellen war es kein Irrtum, sondern eine innere Handlung. Irrtum ist partikular und korrigierbar. Die innere Handlung ist total, kann – selten – zur Umkehr führen, wird aber meistens auch bei völliger Veränderung der Machtverhältnisse nicht begriffen.

241

In den öffentlichen, gedruckten Äußerungen Heideggers findet sich keine antisemitische Bemerkung.
Er besaß, wie ich aus zwölfjährigem Umgang weiß, keine antisemitischen Instinkte.
Er hat den aufgetragenen Anschlag: »Der Jude, der deutsch spricht, lügt« als Rektor auszuhängen, sich geweigert.
Aber er hat in Handlungen als Rektor die antisemitisch begründeten Maßnahmen durchgeführt.
Er konnte in einem Brief an eine Parteiinstanz vom »Juden Fränkel« schreiben[1].
Er konnte in den letzten Gesprächen, die ich 1933 mit ihm hatte, von der Gefahr des internationalen Judentums reden[2].

242

Heidegger sagt: Der Name Nietzsche stehe für eine Sache. »Herr Nietzsche« sei dabei völlig gleichgültig[1]. Will er damit sagen, daß das, was in einer Broschüre 1933 mit dem Titel »Aber Herr Heidegger!«[2] gesagt wurde, vielleicht mit Herrn Heidegger, aber nichts mit seiner Philosophie zu tun habe[3].

243

Ott[1]
Buri,[2] *Jaspers – Heidegger*

S. 89
»Wie Heidegger seinerzeit infolge seines unkritischen Hörens auf das vermeintliche Geheiß des Geschicks des Seins bösen Irrtümern erliegen konnte, so steht Ott in Gefahr, sich ebenso wehrlos einer ›je und jäh‹ sich als nicht weniger diktatorisch entpuppenden Offenbarungstheologie auszuliefern, wenn er in aller Harmlosigkeit erklärt, für den Theologen trete selbstverständlich an die Stelle des Heideggerschen Seins die biblische Offenbarung. Als ob es diesen nach ihm vorgegebenen Offenbarungsglauben je anders als in der Form von Theologie, Kirche und Kultus gegeben hätte, deren dämonischen Selbstverabsolutierungen und unmenschlichsten Machtansprüchen wir ausgeliefert sind, wenn wir ihre Geschichtlichkeit mit einem Geschick verwechseln, dem wir nicht mehr widersprechen, sondern nur noch entsprechen, demgegenüber wir nicht mehr fragen, sondern nur noch antworten dürfen.«

Dagegen: 1. »Irrtümer«? – etwas Wesentlicheres, anders zu Verantwortendes, –

2. richtig »je und jäh« – das Diktatorische, verborgen Machtwillige, und Gehorsam Suchende und Leistende, die Preisgabe der menschlichen Vernunft und Solidarität –

3. wo sieht Buri die Wirklichkeit, die nicht Chiffer ist? in der Heiligkeit Gottes von Jesus Christus! –

244

Aber es wurmt Dich wie mich. Was mich betrifft, so denke ich immer noch gelegentlich eines Tages könnte alles durchbrochen werden, wenn ich den Impuls zur Verwirklichung einer kritischen Schrift bekäme und

diese mir gelingen würde, d. h. wenn dabei ihn die Erinnerung an das Wesentliche wieder anspräche.
»Privat« geht es mit mir nicht mehr, nur über die Philosophie – wie es auch einst war[1].

Unterscheidung: 1. Gnosis
2. Absolutes Wissen
im System, als die eine Wahrheit
Hegel ist nicht Gnostiker
Voegelins Schiefheiten[2].

245

Heideggers kunstvolle Diktion hat einen Reiz unabhängig von der Wahrheitsfrage. Man druckt Textstücke ab wie Gedichte. Man zeigt eine »philosophische Prosa« ihrer Sprachlichkeit wegen.
Das ist offenbar berechtigt. Man erkennt den Autor sogleich, wie ein Gedicht von Stefan George oder von Brecht. Es fragt sich, was das philosophisch bedeutet.

246

Heidegger

Philosophie bezeugt sich in der Wirklichkeit des Lebens, Urteilens, Handelns, – bis in jeden Grund in der Seele, – bis in jede Ecke des Hauses, – in allen Weisen der Kommunikation.

Die Sache von der Person zu trennen, ist gehörig in den Wissenschaften, nicht in der Philosophie. Der Philosoph sollte am Ende seines Lebens und während des Lebens sich zeigen als das, was er ist und tut, nicht über sich reflektierend der Öffentlichkeit sich[1] zeigen, nicht psychologisch sein Inneres darstellend wie ein Psychiater – beides kann von Belang sein, aber ist nicht notwendig: Sichverbergen ist an sich unphilosophisch.

Hier differiere ich von Heidegger wahrscheinlich radikal: Jenem ist Philosophie, so kann es scheinen, eine an sich bestehende Sache im Werk, – oder auch eine Erfahrung des Denkens, das sich abseits seines Lebens, das er für privat und philosophisch gleichgültig erklärt, abspielt, – er tritt aus der Realität des Daseins in den stillen Raum der Philosophie – die Tür wird geschlossen – zwischen beiden Bereichen gibt es keine Beziehung.

Aber was in jenem verborgenen, verschlossenen Raum geschieht, soll weltgeschichtliche, nein seinsgeschichtliche Bedeutung haben.

247

Sprache

Wenn jemand fragt nach der Kraft denkerischer Konstruktion, bezwingender Sprachkunst, ursprünglicher Formulierungen[1], oder nach der Weite des Spielraums zwischen einfacher Sprache und komplizierter, schließlich unverständlich werdender Sprachartistik, so werde ich Ihnen immer den Vorrang geben. Diese Begabung und Bilderkraft ist für die Philosophie nicht gleichgültig, aber, wie mir scheint, von nicht die Wahrheit selbst angehender, wesentlicher Bedeutung. Was in der Sprache mitgeteilt wird und welches Gewicht die Sprache als Sprache gewinnt, sind zwei Fragen. Wenn man darauf reflektiert, so ist die Mitteilungsfunktion des Gedankens, Weise und Sinn der Mitteilung, Gehalt des Mitgeteilten für das Philosophieren wesentlich. Die Sprachanalyse ist nicht uninteressant, aber scheint mir trotz des seit alters ausgesprochenen, in diesem Jahrhundert auf die Spitze getriebenen Gedankens, daß unser Denken Sklave der Sprache sei, von ihr in seinen Irrtümern festgehalten werde, unwesentlich. Der Mensch ist ebenso souverän in Benutzung der Sprache wie abhängig vom gegebenem Sprachmaterial. Sich der Sprache zuzuwenden, verführt zum Unernst zugunsten eines ästhetischen Gebildes eines Sprachkunstwerks.

248

So viele Menschen sind heute den Realitäten nah auf ihrem Fachgebiet, in ihrem Ressort –
und sogar da sind sie technisiert, operativ in der Weise der rationalen Auffassung und der Maschine nah, nicht der Wirklichkeit selber.
Dieser Mangel führt zur inneren Leere. Es bleibt nichts übrig, wenn die Arbeitswoche abgelaufen ist.
Die Ergänzung wird gesucht in Erscheinungen, Sensationen, Gedanken, die eine Ahnung zu vermitteln scheinen. Weil sie selber aber realitätsfremd, realitätsvergessen sind, bewegen sie sich in einem Medium, das wiederum ohne Folge ist.

Es bleibt aus die Kontinuität eines existentiell sich erfüllenden Daseins, bleibt aus die aus den weitesten Horizonten sich nährende Urteilskraft, bleibt aus die Einsenkung in die Realität, da nur dieser Weg ist von existentieller Wirklichkeit.
Philosophie als Ablenkung, aber nicht als Gründung, als ein Nebenher, nicht als Lebenspraxis –
Daher die phantastischen Illusionen und Zaubereien – die praktischen Torheiten und Entgleisungen, die Überwältigung von philosophiefremden Motiven, die den Menschen, – der Zerfall des dem Zeitalter anheimgefallenen Menschen –

ist Heidegger ein solches »Opfer«?

249

Heidegger

Die großen Fragen nicht berühren:
Geschlechtlichkeit, Freundschaft, Ehe, – Lebenspraxis – Beruf, – Staat, Politik, – Erziehung usw.

Und dann einmal plötzlich ausbrechen 1933, –
Geblendet von Realitäten der Macht und selbst ergriffen von der Massenhysterie –

blind und irreal und verantwortungslos –
die Sprache den Räubern [?] zur Verfügung stellen –
plötzlich der ersehnte Gehalt der sonst abseitsstehenden leeren Philosophie[1] –

250

Heidegger[1]

In seinen Schriften zu spüren, welcher inneren Qual und deren Überwindung sie entsprungen sind. Daher ernst zu nehmen in einem ihrer Ursprünge.

Was ich zu Heidegger sage, ist voller Widerspruch, wenn man erwartet, einen Menschen und ein Werk widerspruchslos als ein Ganzes sehen zu können.

Wir alle sind voller Widersprüche. In Heidegger sind für meine Auffassungskraft die Widesprüche grotesk und gar nicht in einem Übergreifenden zusammengehalten, wenigstens nicht in einem Übergreifenden, das ich zu sehen vermöchte.

In ihm scheinen tiefe Gedanken und das im Verhältnis dazu unbegreifliche Subalterne zusammen zu bestehen, – die Helligkeit eines Sehens von Substanz und Nichtigkeit und die Blindheit, die stärker ist als die durchschnittlichste von uns Menschen überhaupt, – das sublime Gehör für feine Nuancen und das grobe Urteil und die gewaltsame Behauptung, – die Wahrhaftigkeit an verborgenen Punkten und die gröbste Unwahrhaftigkeit, – die Hingegebenheit an die ewigen metaphysischen Fragen und die totale Egozentrizität des Fühlens und Urteilens.

Das Verhängnis hat uns zusammengeführt für mehr als zehn Jahre. Diese waren für mich in Augenblicken schön, in anderen verwirrend.

Soll ich das Verhängnis preisen? Ich kann es nicht, wenn ich daran denke, wie ich mit Heidegger auf andere Weise, wie mit irgendeinem

Menschen sonst, stillschweigend auseinandergekommen bin, eine Weise, die mir als sein Verrat erschien. Ich muß einstimmen in das Verhängnis, wenn ich an die Erfahrungen denke, die mir sonst unzugänglich geblieben wären, und die Grenzen meiner menschlichen Möglichkeiten, die mir sonst verborgen geblieben wären.

251

Wie die Denkungsart derer, die den Nationalsozialismus mit Enthusiasmus ergriffen – das Diktatorische, das Behauptende, das sich überlegen Dünkende, das eine allein Wahre, die Neigung zum Absurden, die primäre Aggressivität, Verneinung, der Machtwille – heute unverändert als solche fortbesteht, in andere Kleider schlüpft –
so in der Philosophie Heideggers und seiner Anhänger: hier ist, da sie im geistigen Raum erfolgt und nicht mit Staatsmacht konfrontiert ist – dieselbe Denkungsart heute frei – sie kann erscheinen und sich äußern – unter Bejahung der Demokratie mit Abneigung gegen sie und unter Mitwirkung an allen Tendenzen, die sie nicht entfalten, sondern untergraben – man merkt es nicht.

Und: die zahlenmäßige Überlegenheit bleibt dieselbe, – das Unverständliche ist das für die Meisten Beliebte: Tiefe, Macht, Anspruch, im spekulativen Raum die jeweilige Analogie[1].

252

Hoch[1] im Gebirge auf einem weiten felsigen Hochplateau trafen sich von jeher die Philosophen ihrer Zeit. Von da blickt man hinunter auf die Schneeberge und noch tiefer in die von Menschen bewohnten Täler und überall hin unter dem Himmel auf den fernen Horizont. Sonne und Sterne sind dort heller als irgendwo. Die Luft ist so rein, daß sie alles Trübe verzehrt, so kühl, daß sie keinen Rauch aufkommen läßt, so hell, daß ein Aufschwung des Denkens in unabsehbare Räume erfolgt. Der Zugang ist nicht schwer. Der auf vielen Wegen Aufsteigende muß nur entschlossen sein, seine Behausung immer wieder auf eine Weile zu verlassen, um in dieser Höhe zu erfahren, was eigentlich ist. Dort treten die Philosophen [in] einen erstaunlichen, gewaltlosen Kampf. Sie sind ergriffen von Mächten, die durch ihre Gedanken, die menschlichen Gedanken, miteinander kämpfen. Sie sprechen miteinander, hören, fragen, teilen mit im einen Raum, der sie trotz der Kämpfe verbindet. Denn es handelt sich ihnen um den großen Ernst der wesentlichen Gegenstände, die der Mensch berühren kann. Auf sie sind sie bezogen und gemeinsam. Aber auch tiefer gehen ihre Gegensätze als irgendwelche endliche Zwecke in den materiellen Kämpfen der Welt. Doch auch diese hohe Ebene ist noch in der Welt, ist das Wunder in der Welt: Menschen denken über jede Grenze hinaus und fallen nicht ins Leere.

Es scheint, daß dort heute niemand zu treffen ist. Mir aber schien es, als ob ich, vergeblich suchend in den ewigen Spekulationen, nach Menschen, die sie wichtig fänden, einen träfe, sonst niemanden. Dieser eine aber war mein höflicher Feind. Denn die Mächte, denen wir dienten, waren unvereinbar. Bald schien es, daß wir gar nicht miteinander sprechen konnten. Die Freude wurde zum Schmerz, zu einem eigentümlich trostlosen, als ob eine Möglichkeit versäumt würde, die greifbar nah war.

So ging es mir mit Heidegger. Daher finde ich die Kritiken, die er erfahren hat, durchweg unleidlich, da sie nicht auf jener Ebene dort oben stattfinden. Daher suche ich nach der Kritik, die wirklich wird in der Substanz des Denkens selber, nach dem Kampfe, der die Kommunikationslosigkeit des Unvereinbaren durchbricht, nach der Solidarität, die noch zwischen dem Fremdesten dort möglich ist, wenn es sich um Philosophie handelt.

Solche Kritik und solcher Kampf ist vielleicht unmöglich. Gleichsam einen Schatten von ihr möchte ich aufzufangen versuchen.

Anmerkungen

1

1. Notizen aus dem Jahr 1928, 4 Folio-Blätter und 1 Din A4 Blatt (= Nr. 1–4), vermutlich alle im Sommer 1928 geschrieben während eines Seminars über die Geschichtsphilosophie von Hegel.
Die Notizen zu Nr. 1 scheinen sich auf ein Referat von Dolf Sternberger über den Zeit-Begriff in Heideggers »Sein und Zeit« zu beziehen.
J. hat offensichtlich mehrmals im Zusammenhang mit Übungen über Hegel auch über Heidegger gesprochen. In den Jahren 1927–33 hielt er folgende Hegel-Seminare:

SS 1927	Phänomenologie des Geistes
SS 1928	Geschichtsphilosophie
SS 1929	Ästhetik
SS 1930	Phänomenologie des Geistes
WS 1930/31	Logik
WS 1932/33	Geschichtsphilosophie
SS 1933	Phänomenologie des Geistes

2

1. 1 Folio-Blatt, beidseitig beschrieben, in eine Mappe eingelegt, auf deren Umschlag steht: »Zeit/Dr. Jonas Heideggerreferat/ca. 1928?«
Es handelt sich um Notizen zu einem Referat, das Hans Jonas im SS 1928 hielt. – Jonas, geb. 1903, der Schüler von Husserl, Heidegger und Bultmann war, studierte im SS 1928 bei Jaspers. Er emigrierte im Dritten Reich nach England, Palästina, Kanada und schließlich in die USA. Er wurde in den dreißiger Jahren bekannt durch sein Werk »Gnosis und spätantiker Geist« und Ende der siebziger Jahre berühmt durch sein Buch »Das Prinzip Verantwortung« (Frankfurt 1979).

2. Kierkegaard.

3. Variante: »je«.

3

1. 2 Folio-Blätter, nicht durchpaginiert. – Fritz Ephraim hat bei J. mit den »Untersuchungen über den Freiheitsbegriff Hegels in seinen Jugendarbeiten« promoviert (= Philosophische Forschungen, hrsg. v. K. J., 7. Heft, Berlin 1928).

2. Verwiesen wird auf die Ausgabe »von Freunden des Verewigten«, Bd. 7a und dort auf den § 259 der »Naturphilosophie«.

3. Verwiesen wird auf die Ausgabe Georg Lasson von Hegels »Die Vernunft in der Geschichte«, Leipzig 1930 (= Philosophische Bibliothek Bd. 171 a), und zwar auf die beiden letzten Abschnitte von Kap. II, 2, e).

4. Vgl. Heidegger, Sein und Zeit § 82.

5. Hegel: ». . . macht also die Zeit«.

4

1. 1 Din A4 Blatt.

2. Anspielung unbekannt. Ein entsprechendes Referat befindet sich nicht im Nachlaß. Möglich wäre der Hinweis auf Nr. 1; dagegen spricht das andere Blatt-Format.

3. Namen nicht verifiziert. Vermutlich Studenten.

4. Vgl. den ähnlichen Wortlaut im letzten Passus von Nr. 10.

5

1. Die folgenden 9 Folio-Blätter (Nr. 5–11) sind in eine Mappe eingelegt, die beschriftet ist »Heidegger um 1930«. Ihnen liegt eine Anzeige des Buches »Von Husserl zu Heidegger« von Julius Kraft bei. Das Buch ist 1932 erschienen. Die Blätter werden vermutlich auf die Jahre 1930/31 zu datieren sein.

2. Heft 5 der ZS für Theol. u. Kirche enthielt drei Aufsätze, die im Hinblick auf Heidegger wichtig waren:
Karl Heim, Ontologie und Theologie,
Rudolf Bultmann, Die Geschichtlichkeit des Daseins und der Glaube,
Karl Löwith, Phänomenologische Ontologie und protestantische Theologie.

3. Eberhard Grisebach, Interpretation oder Destruktion? Zum kritischen Verständnis von Martin Heideggers ›Kant und das Problem der Metaphysik‹, in: Dt. VJS für Lit. wiss. u. Geistesgeschichte Bd. VIII, H. 2, pp. 199 ff.

4. Quelle unbekannt, gemeint ist aber vermutlich Franz Joseph Brecht, ein Schüler Heideggers, den Jaspers 1932 in Heidelberg zur Habilitation für Philosophie empfahl.

6

1. Oskar Becker, 1889–1964, habilitierte sich 1922 in Freiburg und lehrte dort bis 1931. Vermutlich verweist J. auf B.s Schrift »Von der Hinfälligkeit des Schönen und der Abenteuerlichkeit des Künstlers«, die 1929 in der Festschrift für E. Husserl erschienen ist.

7

1. Vgl. Heidegger, Sein und Zeit, p. 235 A. Heidegger sagt dort, daß Kierkegaard das Existenzproblem wohl als existentielles »ergriffen und eindringlich durchdacht« habe, daß ihm aber die »existentiale Problematik« so fremd geblieben sei, »daß er in ontologischer Hinsicht ganz unter der Botmäßigkeit Hegels und der durch diesen gesehenen antiken Philosophie steht. Daher ist von seinen ›erbaulichen‹ Schriften philosophisch mehr zu lernen als von den theoretischen – die Abhandlung über den Begriff der Angst ausgenommen.«
J. schrieb dazu in sein Exemplar die Bemerkung: »Ungerecht. Heidegger übernimmt z. B. ›Wahl‹, ›Übernehmen‹, ›Angst‹, ›Augenblick‹, ›Möglichkeit‹, ›sich zu sich selbst verhalten‹, ›je meines‹.«

9

1. 3 Folio-Blätter, von J. durchpaginiert 1–3.

10

1. Variante: »Sinn der Zukunft«. – Vgl. mit Nr. 4.

1. Benutzter Text: Martin Heidegger, Was ist Metaphysik? Bonn 1929. – Die ersten 6 Folio-Blätter der Notizen sind durchgehend paginiert; sie werden hier unter eine Nummer gebracht. Ihnen ist ein Zettel beigelegt (= 13). Alle Blätter sind in eine Mappe eingelegt, die beschriftet ist:
»Im Hegel-Seminar ca. 1930
oder 1931
über Heidegger«.

2. »Das Nicht entsteht nicht durch die Verneinung, sondern die Verneinung *gründet* sich auf das Nicht, das dem Nichten des Nichts entspringt. Die Verneinung ist aber auch nur *eine* Weise des nichtenden, d. h. auf das Nichten des Nichts vorgängig gegründeten Verhaltens.
Hierdurch ist in den *Grundzügen* die obige These erwiesen: *das Nichts ist der Ursprung der Verneinung, nicht umgekehrt.*«

3. »Einzig weil das Nichts im Grunde des Daseins offenbar ist, kann die volle *Befremdlichkeit* des Seienden über uns kommen. Nur wenn die Befremdlichkeit des Seienden uns bedrängt, weckt es und zieht es auf uns die *Verwunderung.* Nur auf dem Grunde der Verwunderung – d. h. der Offenbarkeit des Nichts – entspringt das ›*Warum?*‹. Nur weil das Warum als solches möglich ist, können wir in bestimmter Weise *nach Gründen fragen* und *begründen.* Nur weil wir fragen und begründen können, ist unserer Existenz das Schicksal des *Forschers* in die Hand gegeben.«

4. Namen von Schülern. Mit einem Fragezeichen versehene Namen konnten nicht überprüft werden.

5. Diese Wendung bei Heidegger gesperrt.

6. »In der hellen Nacht des Nichts der Angst ersteht erst die *ursprüngliche* Offenbarkeit des Seienden *als eines solchen*: daß es *Seiendes* ist – *und nicht Nichts.* Dieses von uns in der Rede dazugesagte ›und nicht Nichts‹ ist aber *keine nachgetragene* Erklärung, sondern die *vorgängige Ermöglichung* der Offenbarkeit von Seiendem überhaupt. Das Wesen des ursprünglich nichtenden Nichts liegt in dem: *es bringt das Da-sein allererst vor das Seiende als ein solches.*
Nur auf dem Grunde der ursprünglichen Offenbarkeit des Nichts kann das Dasein des Menschen auf Seiendes *zu*gehen und *ein*gehen. Sofern aber das Dasein seinem Wesen nach sich zu Seiendem, was es nicht ist und das es selbst ist, verhält, kommt es als solches Dasein je schon aus dem offenbaren Nichts her.

Da-sein heißt: *Hineingehaltenheit in das Nichts.* Sichhineinhaltend in das Nichts ist das Dasein je schon *über* das Seiende im Ganzen *hinaus.* Dieses Hinaussein über das Seiende nennen wir die *Transzendenz.* Würde das Dasein im Grunde seines Wesens nicht transzendieren, d. h. jetzt, würde es sich nicht im vornhinein in das Nichts hineinhalten, dann könnte es sich nie zu Seiendem verhalten, also auch nicht zu sich selbst.
Ohne ursprüngliche Offenbarkeit des Nichts kein Selbstsein und keine Freiheit.«

7. »Daß die Angst das Nichts enthüllt, bestätigt der Mensch selbst unmittelbar dann, wenn die Angst gewichen ist. In der Helle des Blickes, den die frische Erinnerung trägt, müssen wir sagen: wovor und worum wir uns ängsteten, war ›eigentlich‹ – nichts. In der Tat: das Nichts selbst – als solches – war da.«

8. »Das Nichts gibt nicht erst den Gegenbegriff zum *Seienden* her, sondern gehört ursprünglich zum Wesen des *Seins selbst.* Im *Sein* des Seienden geschieht das Nichten des Nichts.«

9. »Die Durchdrungenheit des Daseins vom nichtenden Verhalten bezeugt die ständige und freilich verdunkelte Offenbarkeit des Nichts, das ursprünglich nur die Angst enthüllt. Darin liegt aber: diese *ursprüngliche Angst* wird im Dasein zumeist *niedergehalten.* Die Angst ist da. Sie schläft nur. Ihr Atem zittert ständig durch das Dasein: am wenigsten durch das ›ängstliche‹ und unvernehmlich für das ›Ja Ja‹ und ›Nein Nein‹ des betriebsamen; am ehesten durch das verhaltene; am *sichersten* durch das im Grunde *verwegene.* Dieses aber geschieht nur aus dem, *wofür es sich verschwendet,* um so die *letzte Größe* des Daseins zu bewahren.«

10. »In der Angst wird das Seiende im Ganzen *hinfällig.* In welchem Sinne geschieht das? Das Seiende wird doch durch die Angst nicht *vernichtet,* um so das Nichts übrig zu lassen. Wie soll es das auch, wo sich doch die Angst gerade in der völligen *Ohnmacht* gegenüber dem Seienden im Ganzen befindet! Vielmehr bekundet sich das Nichts eigens mit und an dem Seienden *als einem entgleitenden im Ganzen.*
In der Angst geschieht *keine Vernichtung* des ganzen Seienden an sich, aber *ebensowenig* vollziehen wir eine *Verneinung* des Seienden im Ganzen, um das Nichts allererst zu gewinnen. Abgesehen davon, daß der Angst als solcher der ausdrückliche Vollzug einer verneinenden Aussage fremd ist, wir kämen auch mit einer solchen Verneinung, die das Nichts ergeben sollte, jederzeit zu spät. Das Nichts begegnet *vor*dem schon. Wir sagten, es begegne ›in eins mit‹ dem entgleitenden Seienden im Ganzen.«

11. »Die Hineingehaltenheit des Daseins in das Nichts auf dem Grunde der verborgenen Angst macht den Menschen zum *Platzhalter* des Nichts. *So endlich* sind wir, daß wir gerade nicht durch eigenen Beschluß und Willen uns ursprünglich vor das Nichts zu bringen vermögen. So abgründig gräbt im Dasein die *Verendlichung*, daß sich unserer Freiheit die eigenste und tiefste Endlichkeit *versagt.*«

12. »›Das reine Sein und das reine Nichts ist also dasselbe.‹ Dieser Satz *Hegels* (Wissenschaft der Logik I. Buch, WW III, S. 74) besteht zu Recht. Sein und Nichts gehören zusammen, aber nicht weil sie beide – vom Hegelschen Begriff des Denkens aus gesehen – in ihrer Unbestimmtheit und Unmittelbarkeit übereinkommen, sondern weil das *Sein* selbst im Wesen *endlich* ist und sich nur in der Transzendenz des in das *Nichts* hinausgehaltenen Daseins offenbart.«

13. »Und die Philosophie kommt nur in Gang durch einen eigentümlichen *Einsatz* der eigenen Existenz in die Grundmöglichkeiten des Daseins im Ganzen. Für diesen Einsatz ist entscheidend: *einmal* das Raumgeben für das Seiende im Ganzen; *sodann* das Sichloslassen in das Nichts, d. h. das Freiwerden von den Götzen, die jeder hat und zu denen er sich wegzuschleichen pflegt; *und am Ende* das Ausschwingenlassen dieses Schwebens, auf daß es ständig zurückschwinge in die *Grundfrage* der Metaphysik, die das *Nichts* selbst erzwingt:
Warum ist überhaupt Seiendes und nicht vielmehr Nichts?«

14. S. Anm. 9.

15. Zerstreute Glieder.

16. »*Einmal* umgreift jede metaphysische Frage immer das Ganze der Problematik der Metaphysik. Sie ist je das *Ganze* selbst. *Sodann* kann jede metaphysische Frage nur so gefragt werden, daß der Fragende – als ein solcher – in der Frage mit da, d. h. *in die Frage gestellt* ist.«

13

1. Mit Bleistift geschriebenes, schwer lesbares Notizblatt, das vermutlich Stichwörter aus einer Seminar-Diskussion enthält. Der mit einem Fragezeichen versehene Name konnte in den Beleglisten nicht überprüft werden. Bei den andern Studenten handelt es sich um Horst Rüdiger, Golo Mann, Nanni Homann und Hans-Jürgen Gass.

2. Unschärferelation: eine von Heisenberg aus der Quantenmechanik abgeleitete Relation, die zum Ausdruck bringt, daß Ort q und Impuls p eines Teilchens nicht zugleich mit beliebiger Genauigkeit bestimmt werden können.

14

1. Von J. so mit Bleistift nachträglich datiert.

2. Gemeint ist Heideggers Besprechung von E. Cassirers »Philosophie der symbolischen Formen«, 2. Teil: Das mythische Denken, in: Deutsche Literaturzeitung, 1928, Heft 21, Sp. 999–1012.

15

1. Dieses Blatt lag in der Mappe »um 1930«. Seine Rückseite ist aber eine Manuskriptseite der vermutlich vorletzten Fassung von »Nietzsche und das Christentum«. Das Blatt kann deshalb nicht vor 1938 geschrieben worden sein.

2. Anspielung auf Heideggers Werke »Die Kategorien- und Bedeutungslehre des Duns Scotus« (1916), »Sein und Zeit« (1927) und »Kant und das Problem der Metaphysik« (1929). Das erste wurde »Heinrich Rickert in dankbarster Verehrung« gewidmet, das zweite »Edmund Husserl in Verehrung und Freundschaft zugeeignet«, und das dritte erschien »Max Scheler zum Gedächtnis«. J. hat es Heidegger zeitlebens übel genommen, daß er diese Werke renommierten Fachphilosophen gewidmet hat.

16

1. Rückseite: Seite der Masch.abschrift einer frühen Fassung des Aufsatzes »Über Bedingungen und Möglichkeiten eines neuen Humanismus«, also vermutlich 1949, frühestens aber 1948 geschrieben.

2. Diesem »Aber« geht ein durchgestrichener Passus voraus:
»In welchem Sinne Einheit von Gedanke und Praxis?

Man fordert vom Philosophen, er solle ›nach seiner Lehre leben‹. Dieser Satz aber bezeichnet das Gemeinte äußerlich, subsumierend, und falsch. Denn der echte Philosoph hat keine Lehre im Sinne von Vorschriften, unter die die einzelnen Fakten des realen Daseins subsumiert werden könnten. Philosophische Gedanken lassen sich nicht anwenden, vielmehr sind sie die Wirklichkeit, von der man sagen kann: im Gedanken lebe der Mensch, oder das Leben [sei] mit dem Gedanken durchdrungen. Daher die Untrennbarkeit von Menschsein und Philosophieren und die Notwendigkeit nicht nur den Gedanken zu deuten, sondern im Gedanken den philosophischen Menschen anzusehen, der ihn denkt.«

17

1. Hinweis auf Heideggers Übersetzung von Platon, Politeia 497 d, 9, am Ende der Rektoratsrede. – S. Martin Heidegger, Die Selbstbehauptung der deutschen Universität, Breslau o. J. (1933), p. 22.

18

1. Zettel. Rückseite: Durchschlag einer Empfehlung (Gutachten?) für Dr. Werner Brock vom 10. I. 1938, was indes nicht auf die Datierung schließen läßt. J. hat damals, wie es in den Kriegs- und Nachkriegsjahren üblich war, oft altes und gebrauchtes Papier benutzt.

19

1. Zettel und Din A4 Blatt, von J. paginiert mit 1), 2); hier als eine Nummer aufgenommen.
Hier eingelegt Brief von Fritz Kaufmann an K. J. vom 21. V. 1947 über Heidegger.

20

1. 5. durch Einleitung und Nachwort vermehrte Aufl. Frankfurt a. M. 1949.

21

1. Von J. so mit Bleistift datiert. 3 Blätter, fortlaufend paginiert. Hier als eine Nr. aufgenommen. Auf den Rückseiten:
p. 1: Handschriftliches Inhaltsverzeichnis zum Aufsatz »Über Bedingungen und Möglichkeiten eines neuen Humanismus«,
p. 2: »Fünfte Vorlesung: Philosophie und Unphilosophie« (= Masch.abschrift aus »Der philosophische Glaube«),
p. 3: Fortsetzung von Rückseite p. 2.

2. Anspielung auf ein Tischgespräch, das J. im Heidegger-Kapitel der »Philosophischen Autobiographie« wie folgt beschreibt: »›Wie soll ein so ungebildeter Mensch wie Hitler Deutschland regieren?‹ – ›Bildung ist ganz gleichgültig‹, antwortete er, ›sehen Sie nur seine wunderbaren Hände an!‹« (K. J., Philosophische Autobiographie, erweiterte Neuausgabe, München 1977, p. 101).

3. Verwüstung?

4. Anspielung auf ein Gespräch, das J. in der »Philosophischen Autobiographie« wiedergibt: »Ich sprach über die Judenfrage, über den bösartigen Unsinn von den Weisen von Zion, worauf er: ›Es gibt doch eine gefährliche internationale Verbindung der Juden‹« (a. a. O., 101).

5. Überlieferung.

6. Vgl. Über den Humanismus, pp. 17, 41 f.

7. Spielt wahrscheinlich auf den Entschluß an, den J. in der »Philosophischen Autobiographie« erwähnt: »Seinen philosophischen Beruf hatte er durch einen Entschluß begründet von dem Stil großer Entscheidungen der Menschen, die zu Wagnis und Opfer bei der Wahl ihres Lebensweges bereit sind« (a. a. O., 92).

22

1. Heidegger, Über den Humanismus, Frankfurt a. M. 1949, p. 26:
»Das Heilige aber, das nur erst der Wesensraum der Gottheit ist, die selbst wiederum nur die Dimension für die Götter und den Gott gewährt, kommt dann allein ins Scheinen, wenn zuvor und in langer Vorbereitung das Sein

selbst sich gelichtet hat und in seiner Wahrheit erfahren ist.« – Eine Stelle, die geradezu eine »Lichtung des Seins« verspricht, ist hier nicht zu belegen. Vgl. aber p. 45, zit. in Anm. 1 zu Nr. 25.

2. »Die Technik ist in ihrem Wesen ein seinsgeschichtliches Geschick der in der Vergessenheit ruhenden Wahrheit des Seins« (27).

3. ästhetischen.

23

1. »Die Rede vom Haus des Seins ist keine Übertragung des Bildes vom ›Haus‹ auf das Sein, sondern aus dem sachgemäß gedachten Wesen des Seins werden wir eines Tages eher denken können, was ›Haus‹ und ›wohnen‹ sind.«

2. Vgl. Heidegger, Was ist Metaphysik, Bonn 1929, pp. 19ff.

3. »Nur sofern der Mensch, in die Wahrheit des Seins ek-sistierend, diesem gehört, kann aus dem Sein selbst die Zuweisung derjenigen Weisungen kommen, die für den Menschen Gesetz und Regel werden müssen. Zuweisen heißt griechisch νέμειν. Der νόμος ist nicht nur Gesetz, sondern ursprünglicher die in der Schickung des Seins geborgene Zuweisung. Nur diese vermag es, den Menschen in das Sein zu verfügen. Nur solche Fügung vermag zu tragen und zu binden. Anders bleibt alles Gesetz nur das Gemächte menschlicher Vernunft. Wesentlicher als alle Aufstellung von Regeln ist, daß der Mensch zum Aufenthalt in die Wahrheit des Seins findet. Erst dieser Aufenthalt gewährt die Erfahrung des Haltbaren« (Über den Humanismus, pp. 44f.).

4. Vermutlich spielt J. auf die Stelle an: »Weil gegen den ›Humanismus‹ gesprochen wird, befürchtet man eine Verteidigung des In-humanen und eine Verherrlichung der barbarischen Brutalität. Denn was ist ›logischer‹ als dies, daß dem, der den Humanismus verneint, nur die Bejahung der Unmenschlichkeit bleibt?« – Unterstrichene Stelle; am Rand: »aber es ist falsch wegen des N. S.« (National-Sozialismus).

5. Über den Humanismus, p. 30: ». . . die Sache des Denkens ist nicht dadurch erreicht, daß nun ein Gerede über ›die Wahrheit des Seins‹ und über die ›Seinsgeschichte‹ auf die Bahn gebracht wird. Alles liegt einzig daran, daß die Wahrheit des Seins zur Sprache komme und daß das Denken in diese Sprache gelange. Vielleicht verlangt dann die Sprache weit weniger das

überstürzte Aussprechen als vielmehr das rechte Schweigen.« – Unterstrichen, am Rand, auf der Höhe von »daß die Wahrheit des Seins zur Sprache komme« steht: »vormachen!«, auf der Höhe von »vielmehr das rechte Schweigen«: »allzubillig«.

25

1. »In welcher Beziehung steht nun aber das Denken des Seins zum theoretischen und praktischen Verhalten? Es übertifft alles Betrachten, weil es sich um das Licht sorgt, in dem erst ein Sehen als Theoria sich aufhalten und bewegen kann. Das Denken achtet auf die Lichtung des Seins, indem es sein Sagen vom Sein in die Sprache als der Behausung der Eksistenz einlegt. So ist das Denken ein Tun. Aber ein Tun, das zugleich alle Praxis übertrifft. Das Denken durchragt das Handeln und Herstellen nicht durch die Größe des Leistens und nicht durch die Folgen eines Wirkens, sondern durch das Geringe seines erfolglosen Vollbringens.« – Unterstrichen; am Rand Ausrufzeichen auf der Höhe von »Aber ein Tun, das zugleich . . .« Am Ende des Abschnitts die Glosse: »was heißt denn das?«

2. »Den Halt für das Verhalten verschenkt die Wahrheit des Seins. ›Halt‹ bedeutet in unserer Sprache die ›Hut‹. Das Sein ist die Hut, die den Menschen in seinem ek-sistenten Wesen dergestalt zu ihrer Wahrheit behütet, daß sie die Ek-sistenz in der Sprache behaust. Darum ist die Sprache zumal das Haus des Seins und die Behausung des Menschenwesens. Nur weil die Sprache die Behausung des Wesens des Menschen ist, können die geschichtlichen Menschentümer und Menschen in ihrer Sprache nicht zuhause sein, so daß sie ihnen zum Gehäuse ihrer Machenschaften wird« (45).

3. Nach diesem Blatt ist ein Karton eingelegt, der auf den Standort des Manuskripts »Kampf der Mächte« (= letzter Band der Weltgeschichte der Philosophie) hinweist. Er ist beschriftet: »Kampf der Mächte. Platz des Manuskripts. Vorzimmer rechts, unteres Fach.« Dieser Band sollte eine Weltgeschichte der Polemik und der Kommunikation umfassen.

26

1. »Alles«?

2. Nach diesem Blatt ein Zettel eingelegt, auf dem lediglich steht:
»Zu Heidegger

vgl. Kempski, Merkur Heft 5, pp. 783 ff.«.
Verwiesen wird auf einen Artikel von Jürgen v. Kempski »Zwischen Dichtung und Wissenschaft« (Merkur 5, 1. Jg./1947–48, pp. 780ff.). Ab p. 782 bespricht Kempski den Aufsatz »Methode des modernen Denkens«, den der Kunsthistoriker Werner Haftmann in der ZEIT (13. III. 1947) veröffentlicht hat. Ab p. 783 wird geprüft, inwiefern sich die »Methode des modernen Denkens« auch bei Heidegger und Jaspers zeigt.

27

1. 2 Blätter, von J. 1, 2 paginiert.

2. Weltanschauung.

3. Vgl. Anm. 2 zu Nr. 15.

4. Heidegger verweist erstmals in Nietzsche I auf Burckhardt.

5. Im damals bekannten Werk von Heidegger gab es nur einen einzigen Hinweis auf Spranger (s. Sein und Zeit, p. 394 A).

28

1. 3 Blätter von J. durchgehend paginiert und deshalb hier in einer Nummer untergebracht.

2. Zur Anekdote um Bloch vgl. Jaspers, Heidelberger Erinnerungen, in: Heidelberger Jahrbücher V/1961, p. 5: »Nach einem Vortrag von Lukacz sprach Bloch feierlich: eben ging der Weltgeist durch diesen Raum, es ist etwas geschehen – und ließ eine Pause folgen, ehe er weiter im gewohnten Stile verkündete.«

3. Unten auf Blatt 1 hat J. einen Zeitungsartikel von Helmut Alt aufgeklebt »Heidegger gibt ›Einblick in das, was ist‹« (Neue Zeitung, 7. XII. 1949), der über den Bremer Vortrag berichtet.

4. Beide Zitate stehen als Zitate in dem genannten Artikel. Sie sind von J. sinngemäß, aber philologisch nicht exakt übernommen.

5. Anspielung auf Jaspers' Erklärung »Gegen falsche Heroisierung« in der »Rhein-Neckar-Zeitung« vom 25. I. 1946, in der sich J. gegen einen damals zirkulierenden Artikel wandte, der aus ihm einen Helden machen wollte: »Unwahrheit ist auch dann schädlich, wenn sie aus freundlicher Meinung kommt ... Gegen eine falsche Heroisierung sind wir nach der Nazizeit empfindlicher als je. Ich bin kein Held und möchte nicht als solcher gelten.«

6. Lebenslehre, die die Weisheit Zarathustras erneuern will.

7. Anspielung auf die Davoser Hochschulkurse vom März 1929, während denen es zur Auseinandersetzung zwischen Heidegger und Cassirer kam.

8. Gemeint ist die erste Zeit von Heideggers Rektorat.

29

1. Aus »Nietzsches Wort ›Gott ist tot‹«: »Das Denken beginnt erst dann, wenn wir erfahren haben, daß die seit Jahrhunderten verherrlichte Vernunft die hartnäckigste Widersacherin des Denkens ist.« Am Rand dreifach angestrichen, mit Ausrufezeichen. Darunter: »Was ist hier ›Denken‹?« (Holzwege, Frankfurt a. M. 1950, p. 247). Heidegger hatte an J. im Dez. 1949 ein Dedikations-Exemplar übersandt.
»Nirgends begegnet uns ein Denken, das die Wahrheit des Seins selbst und damit die Wahrheit selbst als das Sein denkt. Sogar dort ist dies nicht gedacht, wo das vorplatonische Denken als der Anfang des abendländischen Denkens die Entfaltung der Metaphysik durch Platon und Aristoteles vorbereitet« (243).
»Jede Metaphysik von der Metaphysik und jede Logik der Philosophie, die in irgendeiner Weise die Metaphysik zu überklettern versuchen, fallen am sichersten unter sie herab, ohne zu erfahren, wohin sie selbst dabei fallen« (243). – Unterstrichen und am Rand vierfach angestrichen.

2. »Aber jede noch so vielkennende und noch so geistreiche Analyse des Menschen und seiner Stellung innerhalb des Seienden bleibt gedankenlos und erzeugt nur den Anschein einer Besinnung, solange sie unterläßt, an die Ortschaft des Wesens des Menschen zu denken und sie in der Wahrheit des Seins zu erfahren« (204f.). – Unterstrichen und am Rand angestrichen. Glosse: »was ist das? wenn nicht Kant?«

3. »Der tolle Mensch dagegen ist eindeutig ... derjenige, der Gott sucht, indem er nach Gott schreit. Vielleicht hat da ein Denkender wirklich de

profundis geschrieen? Und das Ohr unseres Denkens? Hört es den Schrei immer noch nicht? Es wird ihn solange überhören, als es nicht zu denken beginnt« (246f.; es schließt der erste Satz von Anm. 1 an).

4. »Die üblich gewordene, aber deshalb nicht weniger fragwürdige Zusammenstellung Nietzsches mit Kierkegaard verkennt, und zwar aus einer Verkennung des Wesens des Denkens, daß Nietzsche als metaphysischer Denker die Nähe zu Aristoteles wahrt. Diesem bleibt Kierkegaard, obwohl er ihn öfter nennt, wesenhaft fern. Denn Kierkegaard ist kein Denker, sondern ein religiöser Schriftsteller und zwar nicht einer unter anderen, sondern der einzige dem Geschick seines Zeitalters gemäße. Darin beruht seine Größe, falls so zu reden nicht schon ein Mißverständnis ist.«
Unterstrichen. Am Rand zu »Nietzsche«: »wo N. von sich abirrt«, zur These von Kierkegaard als religiöser Schriftsteller: »ja ahnungslos«. Die These Heideggers muß wohl als anonyme Polemik gegen Jaspers verstanden werden; denn dieser hat die »fragwürdige Zusammenstellung« der beiden Denker seit 1935 (Vernunft und Existenz, 1. Vorlesung) immer wieder vertreten.

31

1. Aus: »Die Zeit des Weltbildes«, pp. 89f.

2. Aus: »Nietzsches Wort ›Gott ist tot‹«: »Für die hier versuchte Besinnung handelt es sich darum, einen einfachen und unscheinbaren Schritt des Denkens vorzubereiten. Dem vorbereitenden Denken liegt daran, den Spielraum zu lichten, innerhalb dessen das Sein selbst den Menschen hinsichtlich seines Wesens wieder in einen anfänglichen Bezug nehmen könnte. Vorbereitend zu sein, ist das Wesen solchen Denkens.
Dieses wesenhafte und daher überall und nach jeder Hinsicht nur vorbereitende Denken geht im Unscheinbaren. Hier ist jedes Mitdenken, so unbeholfen und tastend es sich geben mag, eine wesentliche Hilfe. Das Mitdenken wird zur unauffälligen, durch Geltung und Nutzen nicht bewährbaren Aussaat von Säern, die vielleicht nie Halm und Frucht sehen und eine Ernte nicht kennen. Sie dienen der Aussaat und eher noch der Vorbereitung dieser.«

3. Aus: »Die Zeit des Weltbildes«, p. 92: »Descartes ist nur überwindbar durch die Überwindung dessen, was er selbst begründet hat, durch die Überwindung der neuzeitlichen und d. h. zugleich der abendländischen Metaphysik. Überwindung aber bedeutet hier ursprüngliches Fragen der Frage nach dem

Sinn, d. h. nach dem Entwurfsbereich und somit nach der Wahrheit des Seins, welche Frage sich zugleich als die Frage nach dem Sein der Wahrheit enthüllt.«

p. 88: »Durch diesen Schatten [daß der Mensch zum Subjectum geworden ist und die Welt zum Bild; Hrsg.] legt sich die neuzeitliche Welt selbst in einen der Vorstellung entzogenen Raum hinaus und verleiht so jenem Unberechenbaren die ihm eigene Bestimmtheit und das geschichtlich Einzigartige. Dieser Schatten aber deutet auf ein anderes, das zu wissen uns Heutigen verweigert ist ... Doch der Mensch wird dieses Verweigerte nicht einmal erfahren und bedenken können, solange er sich in der bloßen Verneinung des Zeitalters herumtreibt.«

p. 104: »Das alltägliche Meinen sieht im Schatten lediglich das Fehlen des Lichtes, wenn nicht gar seine Verneinung. In Wahrheit aber ist der Schatten die offenbare, jedoch undurchdringliche Bezeugung des verborgenen Leuchtens. Nach diesem Begriff des Schattens erfahren wir das Unberechenbare als jenes, was, der Vorstellung entzogen, doch im Seienden offenkundig ist und das verborgene Sein anzeigt.«

4. Besonders p. 204: »Der Bereich für das Wesen und das Ereignis des Nihilismus ist die Metaphysik selbst, immer gesetzt, daß wir bei diesem Namen nicht eine Lehre oder gar nur eine Sonderdisziplin der Philosophie meinen, sondern an das Grundgefüge des Seienden im Ganzen denken, sofern dieses in eine sinnliche und übersinnliche Welt unterschieden und jene von dieser getragen und bestimmt wird. Die Metaphysik ist der Geschichtsraum, worin zum Geschick wird, daß die übersinnliche Welt, die Ideen, Gott, das Sittengesetz, die Vernunftautorität, der Fortschritt das Glück der Meisten, die Kultur, die Zivilisation ihre bauende Kraft einbüßen und nichtig werden. Wir nennen diesen Wesenszerfall des Übersinnlichen seine Verwesung. Der Unglaube im Sinne des Abfalls von der christlichen Glaubenslehre ist daher niemals das Wesen und der Grund, sondern stets nur eine Folge des Nihilismus; denn es könnte sein, daß das Christentum selbst eine Folge und Ausformung des Nihilismus darstellt.« – Im Buch angestrichene und unterstrichene Stelle. Am Rand bei »Verwesung« mit Bleistift: »Kalauer«.

5. »... weil nur so zugleich jenes Fragwürdigste erfahren ist, das ein Schaffen in das Künftige über das Vorhandene hinweg von Grund aus trägt und bindet und die Verwandlung des Menschen zu einer dem Sein selbst entspringenden Notwendigkeit werden läßt. Kein Zeitalter läßt sich durch den Machtspruch der Verneinung beseitigen. Diese wirft nur den Verneiner aus der Bahn. Die Neuzeit aber verlangt, um in ihrem Wesen zukünftig bestanden zu werden, kraft ihres Wesens eine Ursprünglichkeit und Tragweite der Besinnung, zu der wir Heutigen vielleicht einiges vorbereiten, die wir aber nie schon bewältigen können« (89f.).

6. »Dort, wo die Vollendung der Neuzeit die Rücksichtslosigkeit der ihr eigenen Größe erlangt, wird allein die zukünftige Geschichte vorbereitet« (103). – Mit Bleistift am Rand: »höchst zweideutig«.
Die Seiten 245 und 244 sind nahezu vollständig unterstrichen.

7. Heidegger: »die Geschichte des Seins beginnt und zwar notwendig *mit der Vergessenheit des Seins.*«

8. Die Seiten 104 und 239 sind nahezu vollständig unterstrichen.
p. 229: »Wie überhaupt die Wesensbeziehung der Wahrheit des Seienden als solchen zum Wesen des Menschen innerhalb der Metaphysik gemäß ihrem Wesen zu denken ist, bleibt unserem Denken noch verhüllt.«
Dazu am Rand: »Dies Raunen muß klar werden«.

33

1. Aus: »Wozu Dichter?«: »Was den Menschen in seinem Wesen bedroht, ist die Meinung, dieses Durchsetzen des Herstellens lasse sich ohne Gefahr wagen, wenn nur daneben noch andere Interessen, vielleicht solche eines Glaubens, in Geltung bleiben. Als ob es für das Wesensverhältnis, in das der Mensch durch das technische Wollen zum Ganzen des Seienden versetzt ist, noch in einem Nebenbau einen abgesonderten Aufenthalt geben könnte, der mehr zu bieten vermöchte als zeitweilige Auswege in die Selbsttäuschungen, unter die auch die Flucht zu den griechischen Göttern gehört.«

34

1. Aus: »Wozu Dichter?« Holzwege, pp. 271 f. – Das Zitat ist philologisch nicht exakt.

35

1. Anspielung auf die Interpretation des Grafen Paul Yorck v. Wartenburg in »Sein und Zeit« (§ 77).

37

1. Im Buch unterstrichene Stellen.

2. »Das Eingehen in die Sage kennzeichnet ein Sagen, das einem zu Sagenden nachgeht, einzig um es zu sagen.«

38

1. Aus: »Wozu Dichter?« Im Buch unterstrichene, am Rand angestrichene und mit Ausrufezeichen versehene Stelle.

2. »Dieses Weltalter ist weder Verfall noch Untergang. Als Geschick beruht es im Sein und nimmt den Menschen in seinen Anspruch« (295; im Buch angestrichene und unterstrichene Stelle).

3. »Was sollen uns alle nur historisch ausgerechneten Geschichtsphilosophien, wenn sie nur mit dem Übersehbaren der historisch beigebrachten Stoffe blenden, Geschichte erklären, ohne je die Fundamente ihrer Erklärungsgründe aus dem Wesen der Geschichte und dieses aus dem Sein selbst zu denken?« (im Buch unterstrichene und angestrichene Stelle).

39

1. Zettel mit Hinweisen auf Stellen, denen J. kritisch gegenüberstand. Wir zitieren sie deshalb:
»Das Gedicht (Rilke, Späte Gedichte, p. 90, ohne Titel; Hrsg.) denkt das Sein des Seienden, die Natur, als das Wagnis. Jedes Seiende ist in ein Wagen gewagt. Als Gewagtes liegt es auf der Wage. Die Wage ist die Weise, wie das Sein je und je das Seiende wiegt, d. h. in der Bewegung des Wägens hält. Jedes Gewagte steht in der Gefahr. Nach der Art ihres Verhältnisses zur Wage lassen sich die Bereiche des Seienden unterscheiden. In der Hinsicht auf die Wage muß sich auch das Wesen des Engels verdeutlichen, gesetzt, daß er im ganzen Bereich das Seiende höheren Ranges ist« (288).

2. »Ein Hauch unseres Mundes wird das Gemälde der Welt, der Typus unserer Gedanken und Gefühle in des andern Seele. Von einem bewegten Lüftchen hängt alles ab, was Menschen je auf der Erde Menschliches dachten, wollten, taten, und tun werden; denn alle liefen wir noch in Wäldern umher, wenn

nicht dieser göttliche Odem uns umhaucht hätte und wie ein Zauberton auf unseren Lippen schwebte« (Herder, WW Suphan XIII, pp. 140f.).

3. Aus: »Der Spruch des Anaximander«: »Das bloße Absehen von späteren Vorstellungen führt zu nichts, wenn wir nicht vordem zusehen, wie es mit der Sache steht, die im Übersetzen von einer Sprache in die andere übersetzt werden soll. Die Sache ist aber hier die Sache des Denkens. Bei aller Sorgfalt für die philologisch geklärte Sprache müssen wir im Übersetzen zuerst auf die Sache denken. Darum können uns bei einem Versuch, den Spruch dieses frühen Denkers zu übersetzen, nur die Denker helfen. Wenn wir uns nach solcher Hilfe umsehen, suchen wir allerdings vergeblich.«
Mit Bleistift im Buch vermerkt: »richtig« und später: »auch die Philologen, weil Herbeischaffung des Wortgebrauchs und der Wortgeschichte«.

4. »Der Spruch des Denkens läßt sich nur in der Zwiesprache des Denkens mit seinem Gesprochenen übersetzen. Das Denken jedoch ist Dichten und zwar nicht nur eine Art der Dichtung im Sinne der Poesie oder des Gesanges. Das Denken des Seins ist die ursprüngliche Weise des Dichtens. In ihm kommt allem zuvor erst die Sprache zur Sprache, d. h. in ihr Wesen. Das Denken sagt das Diktat des Seins. Das Denken ist das ursprüngliche dictare. Das Denken ist die Urdichtung, die aller Poesie voraufgeht, aber auch dem Dichterischen der Kunst, insofern diese innerhalb des Bezirkes der Sprache ins Werk kommt. Alles Dichten in diesem weiteren und im engeren Sinne des Poetischen ist in seinem Grunde ein Denken. Das dichtende Wesen des Denkens verwahrt das Walten der Wahrheit des Seins. Weil sie als denkende dichtet, erscheint die Übersetzung, die sich den ältesten Spruch des Denkens sagen lassen möchte, notwendig gewaltsam« (302f.).

»Das Denken beginnt erst dann, wenn wir erfahren haben, daß die seit Jahrhunderten verherrlichte Vernunft die hartnäckigste Widersacherin des Denkens ist« (247). (Von J. 3-fach angestrichen und mit Ausrufezeichen versehen.)

»Man spricht so in jeder Sprache, die es bei allen wesentlichen Dingen nicht so genau nimmt, weil sie befürchtet, genau nehmen heiße am Ende: denken. Welche Angst ist heute größer als diejenige vor dem Denken?« (66).

40

---

1. George Orwell, Neunzehnhundertvierundachtzig. Ein utopischer Roman.

42

1. Bezieht sich auf den Aufsatz »Die Zeit des Weltbildes«.

2. »Noch unmöglicher ist es aber zu sagen, die neuzeitliche Erfassung des Seienden sei richtiger als die griechische.« – Von J. am Rand des Buches dazu vermerkt: »Grade das läßt sich sagen.«

3. Heidegger: »eine Art des Sehens und Befragens« (Holzwege, p. 71).

4. Diese und die folgenden Stellen werden bloß referiert und nicht einer Kritik unterzogen. Wir zitieren deshalb die betreffenden Passagen aus den »Holzwegen« nicht.

43

1. 3 Blätter, unter dem gleichen Titel, aber von J. nicht durchpaginiert. J. hat sie vermutlich während der Lektüre der »Holzwege« geschrieben.
Es ist ungewiß, auf welche Stelle sich J. bezieht. Vermutlich hatte er während der Lektüre zuweilen den Eindruck, gewisse Passagen wendeten sich gegen sein Denken, ohne daß H. dies expressis verbis sage. Vgl. dazu auch Nr. 109.

2. Kurt Reidemeister, Mathematik und Logik bei Platon, 1942.

3. Den Blättern liegt der Zeitungsausschnitt bei: »Holzwege«, National-Zeitung Nr. 18 (12. I.) 1950, gez. E. v. S. (= Ernst von Schenck).

46

1. Aus: Gerhard Krüger, Martin Heidegger und der Humanismus. Zur Auseinandersetzung mit den Schriften »Platons Lehre von der Wahrheit« und »Brief über den Humanismus«, in: Studia philosophica IX/1949, pp. 93–129, Zitat pp. 122f. – Zu dieser Stelle am Rand mit Bleistift vermerkt: »das ist wohl richtig«. (Das Blatt ist nicht vor 1950 geschrieben.)

47

1. Die Datierung stammt von Jaspers. Sie ist falsch. J. hielt im WS 1949/50 ein Seminar über Kants »Kritik der reinen Vernunft«, an dem auch der Student Wolfgang Scheumer teilnahm.

2. Kritik der Urteilskraft.

3. Augustinus, Confessiones I, 1: »Unruhig ist unser Herz . . .«.

4. Das Referat Scheumer ist nicht erhalten.

48

1. Mappe, in die 10 Blätter eingelegt sind (= Nr. 48–54). Auf dem Deckblatt: »Heidegger«.

49

1. Herbert Cysarz, Weltwende im zeitgenössischen Roman, in: Universitas, 7. Jg. H. 4, April 1952, pp. 345–355.

51

1. In: Gestalt und Gedanke. Ein Jahrbuch. Hrsg. von der Bayerischen Akademie der Schönen Künste, München 1951.

2. Heidegger: »dem nur vorstellenden«.

52

1. Hannah Arendt (1906–1975), Schülerin von Heidegger und Jaspers, in den späten Lebensjahren wohl die vertrauteste Freundin des Hauses.

53

1. Vgl. Heidegger, Über den Humanismus, Frankfurt a. M. 1949, pp. 27f.: »Weil Marx, indem er die Entfremdung erfährt, in eine wesentliche Dimension der Geschichte hineinreicht, deshalb ist die marxistische Anschauung von der Geschichte der übrigen Historie überlegen. ... Man mag zu den Lehren des Kommunismus und zu deren Begründung in verschiedener Weise Stellung nehmen, seinsgeschichtlich steht fest, daß sich in ihm eine elementare Erfahrung dessen ausspricht, was weltgeschichtlich ist.«

54

1. 4 Blätter, wovon bei J. 3 durchpaginiert; hier alle als eine Nummer.

2. Heidegger: »Allein dieses ...«.

3. Heidegger: »Aber dieses Sichzeigende, das Aussehen (das εἶδος, die ἰδέα) kennzeichnet ...«.

4. pp. 131f.

55

1. Löwith, Heideggers »Kehre«, in: Die Neue Rundschau, 62. Jg./1951, Heft 4, p. 59.

56

1. Gemeint ist der Aufsatz »Heideggers ›Kehre‹«, in: Die Neue Rundschau, 62. Jg./1951, Heft 4, pp. 48–79.

57

1. Merkur, VI. Jg./1952 (Juli), pp. 601–611.

2. Vgl. a. a. O., 605.

3. Vgl. a. a. O., 602ff.

4. »Das dichtend Gesagte und das denkend Gesagte sind niemals das gleiche. Aber das eine und das andere kann in verschiedenen Weisen dasselbe sagen. Dies glückt allerdings nur dann, wenn die Kluft zwischen Dichten und Denken rein und entschieden klafft. Es geschieht, so oft das Dichten ein hohes und das Denken ein tiefes ist« (607).

5. »Gedächtnis, das gesammelte Andenken an das Zu-Denkende, ist der Quellgrund des Dichtens. Demnach beruht das Wesen der Dichtung im Denken« (606).

6. »Daß jedoch das bisherige Denken im Vorstellen und das Vorstellen in der Re-Präsentation beruht, dies hat seine lange Herkunft. Sie verbirgt sich in einem unscheinbaren Ereignis: Das Sein des Seienden erscheint am Anfang der Geschichte des Abendlandes, erscheint für ihren ganzen Verlauf als Präsenz, als Anwesen« (610).

7. »Doch was heißt ...: Sein des Seienden? Die Antwort auf diese bisher nie gestellte, weil allzu einfache Frage lautet: Sein des Seienden heißt: Anwesen des Anwesenden, Präsenz des Präsenten. Die Antwort ist ein Sprung ins Dunkle« (609).

58

1. Bezieht sich vermutlich auf den Aufsatz »Was heißt Denken?«.

2. Anspielung auf den Passus: »Diesem Geringen gemäß ist das Dingen selbst gering und das je weilige Ding ring, unscheinbar fügsam seinem Wesen. Ring ist das Ding: der Krug und die Bank, der Steg und der Pflug. Ding ist aber auch nach seiner Weise der Baum und der Teich, der Bach und der Berg. Dinge sind, je weilig in ihrer Weise dingend, Reiher und Reh, Pferd und Stier. Dinge sind, je weilig nach ihrer Weise dingend, Spiegel und Spange, Buch und Bild, Krone und Kreuz« (Heidegger, Vorträge und Aufsätze, Pfullingen 1954, p. 181; Jaspers' Quelle: Gestalt und Gedanke. Ein Jahrbuch. Hrsg. von der Bayerischen Akademie der Schönen Künste, München 1951, pp. 128–148; Zitat p. 148).

1. 4 Din A4 Blätter, die J. in eine Mappe eingelegt hat, auf der steht: »Heidegger«.
Es handelt sich um Notizen zu einem Brief, den J. am 24. VII. 1952 an Heidegger geschickt hat. Er war die immer wieder hinausgezögerte Antwort auf die beiden Briefe von Heidegger vom 8. April und vom 12. Mai 1950.

2. Vgl. dazu Philosophische Autobiographie, erw. Neuausgabe, München 1977, p. 100.

3. Der Bruder von Frau Jaspers, Ernst Mayer, war Arzt.

4. Wilhelmine Drescher promovierte bei Jaspers (Die dialektische Bewegung des Geistes in Hegels Phänomenologie, 1937) und hörte 1937/38 in Freiburg bei Heidegger, von wo aus sie regelmäßig nach Heidelberg berichtete. – Zu ihren eigenen Erinnerungen an Jaspers vgl. W. Drescher, Erinnerungen an Karl Jaspers in Heidelberg, Meisenheim am Glan 1975.

5. S. dazu den Bericht in den »Heidelberger Neuesten Nachrichten« Nr. 150 (1. VII.) 1933. – Abgedruckt in: Guido Schneeberger, Nachlese zu Heidegger. Dokumente zu seinem Leben und Denken, Bern 1962, Nr. 69.
Heideggers Heidelberger Rede »Die Universität im neuen Reich« war nicht identisch mit der Freiburger Rektoratsrede.

6. Hier folgt ein durchgestrichener Passus, der Stellen aus dem Brief von Heidegger an Jaspers vom 8. IV. 1950 wiedergibt:

»›Die Sache des Bösen ist nicht zu Ende‹
Stalin
Jede Schrift Gegenangriff –
das klingt wie Worte des Marxismus, ohne gleichzeitig klare Argumente
›nicht in der Sphäre des Politischen‹ –
›längst durch andere Seinsverhältnisse überspielt‹
das Politische führe ›ein Scheindasein‹
›um so einfacher die Sachen werden, um so schwieriger ist es, sie gemäß zu denken‹
›verbirgt sich ein Advent‹«

Zum Zusammenhang der Stellen bei Heidegger:
Die Sache des Bösen sei nicht zu Ende, sondern nun erst in ein Weltstadium getreten. Stalin brauche keinen Krieg mehr zu erklären; er gewinne jeden Tag eine Schlacht. Es gebe jetzt kein Ausweichen mehr. Jedes Wort und

jede Schrift sei ein Gegenangriff, wenn auch nicht in der Sphäre des Politischen, die selber längst durch andere Seinsverhältnisse überspielt sei und nur noch ein Scheindasein führe.

Für den schönen Vorschlag einer brieflichen Auseinandersetzung gelte die alte Geschichte: je einfacher die Sachen werden, desto schwieriger werde es, sie zu denken und zu sagen.

In der gegenwärtigen Heimatlosigkeit ereigne sich nicht nichts. Darin verberge sich ein Advent, dessen fernste Winke wir vielleicht erfahren.

7. Anspielungen auf den Brief Heideggers vom 12. V. 1950, in dem steht: »Mußten Sie nicht versuchen, die innere Systematik Ihrer Philosophie in ihrem Auf- und Ausbau rein *aus* der Grunderfahrung der Kommunikation darzustellen? Mir scheint, das Eigentliche wird noch zu sehr durch eine traditionelle Schematik der Vorstellungen und Unterscheidungen verdeckt. Es handelt sich aber nicht darum, das ›Neue‹ Ihres Denkens aus dieser Grunderfahrung rein darzustellen, sondern dieses Denken so in ein schärferes Gepräge gegenüber dem Geläufigen zu bringen.«

8. Folgt ein durchgestrichener Satz: »Ich habe Ihre Briefe vor mir liegen, las sie noch einmal.«

9. Angespielt wird auf Heideggers »Anmerkungen zu Karl Jaspers' ›Psychologie der Weltanschauungen‹ (1919/21)«. In: Hans Saner (Hrsg.), Karl Jaspers in der Diskussion, München 1973, pp. 70–100. bes. 87.

10. Es folgt ein durchgestrichener Passus:
»Nun will ich endlich tun, was ich, durch Befangenheit, zögernd hinausschob und nicht eigentlich entschuldbar versäumte. Mein Impuls ist der gute Wille, entspringt aus einem Bewußtsein der Verpflichtung gegen Sie, die aus einer untilgbaren fernen Vergangenheit stammt.
Dabei denke ich auch an die Chance, daß mein Fahrzeug, das stecken blieb durch meine Befangenheit in der Ratlosigkeit des Nichtantwortenkönnens, wieder in Gang käme.«

62

---

1. Ausgeschnittener Passus.

2. M. Heidegger, Der Feldweg, Frankfurt a. M. 1949.

64

1. Kann nicht mit Sicherheit als Entwurf zu einem der bestehenden Briefe bezeichnet werden. Vielleicht ein Stück Text für die geplante briefliche Auseinandersetzung, zu der es dann nie kam.

65

1. Eingelegte Briefe: Kurt Rossmann an K. J., 18. IV. 1953; K. J. an Kurt Rossmann, 1. V. 1953.

66

1. Frau Jaspers. Der erste Teil der Notiz gibt offenbar ein Urteil von Gertrud Jaspers wieder.

67

1. Hier ein Brief eingelegt von Erna Dugend, der Schwester von K. J., vom 12. V. 1953 über einen Vortrag von Heidegger in Oldenburg.

68

1. Vgl. dazu: Karl Jaspers, Philosophische Autobiographie, erweiterte Neuausgabe, München 1977, p. 97.

72

1. Vgl. H. Kuhn, Heideggers »Holzwege«, in: Archiv für Philosophie 4/1952, pp. 253–269.

73

1. Blatt und Zettel, hier als eine Nummer (73) aufgeführt.

2. Martin Heideggers Einfluß auf die Wissenschaften. Aus Anlaß seines sechzigsten Geburtstages verfaßt von Carlos Astrada, Kurt Bauch, Ludwig Binswanger, Robert Heiss, Hans Kunz, Erich Ruprecht, Wolfgang Schadewaldt, Heinz-Horst Schrey, Emil Staiger, Wilhelm Szilasi, Carl Friedrich von Weizsäcker. Bern 1949.

3. Die Stelle bei Szilasi, auf die angespielt wird, lautet: »In Platons Dialog Timaios sagt der ägyptische Priester ... von den Griechen: Ihr Griechen seid doch für immer Kinder; wird man je einen erwachsenen Griechen sehen? Wir wollen die Grazie dieser Vorhaltung nicht durch Prüfung belasten. Allenfalls dürfen wir mit Rührung bekennen: einen haben wir unter uns« (87).

76

1. Nicht Entwurf zu einem der hinterlassenen Briefe. Die Anrede ist literarische Form der geplanten Auseinandersetzung.

77

1. Zwei zusammengehörende Blätter.

2. Vgl. Holzwege, pp. 313 ff.

3. »Was im Wort ›der Brauch‹ eigentlich zu denken bleibt, davon nennt vermutlich τὸ χρεών eine Spur, die im Geschick des Seins, das sich weltgeschichtlich als die abendländische Metaphysik entfaltet, alsbald verschwindet« (340).

4. »Erst wenn wir das Ungedachte der Seinsvergessenheit als das zu Denkende geschichtlich erfahren und das lang Erfahrene am längsten aus dem Geschick des Seins gedacht haben, mag das frühe Wort vielleicht im späten Andenken ansprechen« (337).

5. »Die Vergessenheit des Seins gehört in das durch sie selbst verhüllte Wesen des Seins. Sie gehört so wesentlich in das Geschick des Seins, daß die Frühe

dieses Geschickes als die Enthüllung des Anwesenden in seinem Anwesen beginnt. Das sagt: die Geschichte des Seins beginnt mit der Seinsvergessenheit, damit, daß das Sein mit seinem Wesen, mit dem Unterschied zum Seienden, an sich hält. Der Unterschied entfällt. Er bleibt vergessen. . . .
Die Vergessenheit des Unterschiedes, mit der das Geschick des Seins beginnt, um in ihm sich zu vollenden, ist gleichwohl kein Mangel, sondern das reichste und weiteste Ereignis, in dem die abendländische Weltgeschichte zum Austrag kommt. Es ist das Ereignis der Metaphysik« (336).

6. »Die Unverborgenheit des Seienden, die ihm gewährte Helle, verdunkelt das Licht des Seins.
Das Sein entzieht sich, indem es sich in das Seiende entbirgt« (310).

7. »Das frühe Zeichen des Ansichthaltens ist die Ἀ-λήθεια. Indem sie Un-Verborgenheit des Seienden bringt, stiftet sie erst Verborgenheit des Seins« (311).

8. »Sie [die Wirrnis; Hrsg.] kommt aus dem Abgrund des Verhältnisses, worein das Sein das Wesen des abendländischen Menschen ereignet hat. . . . Wohl könnte . . . der Versuch, unablässig auf die Wirrnis zu achten und ihre zähe Gewalt zu einem Austrag zu bringen, einmal zu einem Anlaß werden, der ein anderes Geschick des Seins auslöst« (309).

9. Die früher bereits zitierte Stelle, die Denken als Dichten auslegt.

10. »Nicht Parmenides hat das Sein logisch ausgelegt, wohl dagegen hat die Logik, der Metaphysik entsprungen und sie zugleich beherrschend, dahin geführt, daß der in den frühen Grundworten geborgene Wesensreichtum des Seins verschüttet blieb« (325).

11. »Doch die bloße Erläuterung des Wortes bringt uns nicht zur Sache des Wortes im Spruch, wenn wir nicht schon . . . aus der Sache denken« (331). – Dazu die Glosse: »›Sache‹ und ›Zur-Sprache-kommen‹ als *letzte* Voraussetzung.«

12. »In der Frühe des Geschickes kommt das Seiende . . . zur Sprache« (325).

13. »Demgemäß bedeutet γένεσις keineswegs das Genetische im Sinne der neuzeitlich vorgestellten Entwicklung; φθορά meint nicht die Gegenerscheinung zur Entwicklung, als da sind Rückbildung, Schrumpfung und Verkümmerung. Vielmehr sind γένεσις und φθορά aus der φύσις und innerhalb dieser zu denken: als Weisen des sich lichtenden Auf- und Untergehens. Wohl können wir γένεσις durch Entstehen übersetzen; aber wir müssen das Ent-stehen dabei denken als das Ent-gehen, das jedes

Entstehende der Verborgenheit ent-gehen und in das Unverborgene her-vor-gehen läßt. Wohl können wir φθορά durch Vergehen übersetzen; aber wir müssen das Ver-gehen dabei denken als das Gehen, das dem Unverborgenen wieder ent-steht und in das Verborgene weg- und abgeht« (315). – Unterstrichene, angestrichene und mit Fragezeichen versehene Stelle. Dazu Glosse: »Heideggers Erfindung, müßte philologisch belegt werden«.

14. Heidegger: das Selbe.

15. ». . . das Geschick des Abend-Landes hängt an der Übersetzung des Wortes ἐόν, vorausgesetzt, daß die Über*setzung* in der *Über*setzung zur Wahrheit dessen beruht, was im ἐόν zur Sprache gekommen« (318).

16. 300f.

17. »Das Altertum, das den Spruch des Anaximander bestimmt, gehört in die Frühe der Frühzeit des Abend-Landes. Wie aber, wenn das Frühe alles Späte, wenn gar das Früheste das Späteste noch und am weitesten überholte?« (301).

78

1. Rechtsphilosoph und Kirchenrechtslehrer, geb. 1902. Wurde 1927 Privatdozent in Heidelberg, dann Prof. an verschiedenen Universitäten. W. interpretierte antike und neuzeitliche Rechtsdenker, mit philosophischer Fragestellung, die oft von Heidegger angeregt war.

79

1. Die Abkürzung kann nicht mit Sicherheit gelesen werden. Könnte ein Kürzel sein für »vielleicht mit«.

81

1. Dieser ganze Text steht auf einer Mappe, in welche die Zettel und Blätter der folgenden 10 Nummern (82–91) eingelegt sind.

84

1. Gemeint ist ein Brief von Karl Löwith an Jean Wahl, den dieser in seinem Band »Poésie Pensée Perception«, Paris 1948, pp. 142f., veröffentlicht hat. Löwith hat später seine Kritik an Jaspers' Nietzsche-Interpretation dargelegt in: Karl Löwith, Nietzsches Philosophie der Ewigen Wiederkehr des Gleichen, Stuttgart 1956, pp. 219ff. Die angesprochene Stelle dem Sinn nach pp. 220 u. bis Schluß.
Jean Wahl, französischer Philosophie-Historiker, der auch auf verschiedenen Gebieten der Gegenwartsphilosophie gearbeitet hat, u. a. längere Zeit über Existenzphilosophie und über ihre Herkunft von Kierkegaard und Nietzsche.

89

1. Mit der Schere aus einem Manuskript herausgeschnittener Passus.

90

1. Mit der Schere aus einem Manuskript herausgeschnittener Passus.

91

1. 3 herausgeschnittene Zeilen einer Maschinen-Abschrift.

93

1. 2 Blätter in eine Mappe eingelegt, die mit »Heidegger« beschriftet ist. – Diese Mappe ist wiederum Teil einer ganzen Sammlung von Notizen, die in einer Karton-Mappe untergebracht sind. Diese ist betitelt »Heidegger. Notizen 1954, 1955«.

2. Tübingen 1953.

3. Es gibt in der Jaspers-Heidegger-Korrespondenz keinen ähnlich lautenden

Brief. Da J. die nicht abgeschickten Briefe meist als solche bezeichnet und in die Korrespondenz eingelegt hat, dieser Entwurf aber keinen Hinweis enthält und überdem von J. in die »Notizen« eingelegt worden ist, muß man ihn vermutlich eher als Konzept der geplanten brieflich-literarischen Auseinandersetzung sehen.

94

1. 3 Blätter, von J. paginiert 1 bis 3.

2. Kuhn: ». . . und erweitert sich erst zur abendländischen Geschichte und dann zur gegenwärtigen Weltgeschichte«.

3. Die Seitenzahlen im Text beziehen sich auf Heideggers »Holzwege«.

4. Kuhn: im voraus.

5. Kuhn: ihres.

6. Kuhn, p. 254.

7. Über den »Humanismus«. In: Platons Lehre von der Wahrheit. Mit einem Brief über den »Humanismus«, Bern 1947.

8. Eingelegtes Blatt, auf dem der bibliographische Hinweis steht: »Gerhard Krüger, Martin Heidegger und der Humanismus. Studia philosophica IX, 1949, 93–129.«

95

1. Pfullingen 1954.

2. Karl Jaspers/Rudolf Bultmann, Die Frage der Entmythologisierung, München 1954. – Und: Karl Jaspers, Schelling. Größe und Verhängnis, München 1955.

3. Der »Brief« ist wohl auf das Jahr 1955 zu datieren. J. hat ihn nicht abgeschickt oder jedenfalls kein Doppel zurückbehalten. Da es keine Antwort von Heidegger auf ihn gibt und auch keinen Dank für die Büchersendung, ist vermutlich weder der Brief noch das Paket geschickt worden.

96

1. Gemeint ist eine Fassung des Heidegger-Kapitels aus der »Philosophischen Autobiographie«. Es entstand 1953.

98

1. 9 Blätter, in eine Mappe eingelegt, die den Titel trägt: »Beda Allemann, Hölderlin und Heidegger, Atlantisverlag 1953« (das Buch ist in Zürich/Freiburg i. Br. 1954 erschienen). Die ersten 5 Blätter sind von J. durchgehend paginiert. Wir führen alle 9 Blätter als Nr. 98 auf.

2. Merkur 53 (VI. Jg./1952, 7. H.) enthält Heideggers Aufsatz »Was heißt Denken?« (pp. 601–611).

3. Vermutlich Anspielung auf den Schluß-Abschnitt von »Wissenschaft als Beruf«. Vgl. Max Weber, Gesammelte Aufsätze zur Wissenschaftslehre, Tübingen 1922, p. 554:

   »Es ist das Schicksal unserer Zeit, mit der ihr eigenen Rationalisierung und Intellektualisierung, vor allem: Entzauberung der Welt, daß gerade die letzten und sublimsten Werte zurückgetreten sind aus der Öffentlichkeit, entweder in das hinterweltliche Reich mystischen Lebens oder in die Brüderlichkeit unmittelbarer Beziehungen der Einzelnen zueinander. Es ist weder zufällig, daß unsere höchste Kunst eine intime und keine monumentale ist, noch daß heute nur innerhalb der kleinsten Gemeinschaftskreise, von Mensch zu Mensch, im pianissimo, jenes Etwas pulsiert, das dem entspricht, was früher als prophetisches Pneuma in stürmischem Feuer durch die großen Gemeinden ging und sie zusammenschweißte. Versuchen wir, monumentale Kunstgesinnung zu erzwingen und zu ›erfinden‹, dann entsteht ein so jämmerliches Mißgebilde wie in den vielen Denkmälern der letzten 20 Jahre. Versucht man religiöse Neubildungen zu ergrübeln ohne neue, echte Prophetie, so entsteht im innerlichen Sinn etwas Ähnliches, was noch übler wirken muß. Und die Kathederprophetie wird vollends nur fanatische Sekten, aber nie eine echte Gemeinschaft schaffen. Wer dies Schicksal der Zeit nicht männlich ertragen kann, dem muß man sagen: Er kehre lieber, schweigend, ohne die übliche öffentliche Renegatenreklame, sondern schlicht und einfach, in die weit und erbarmend geöffneten Arme der alten Kirche zurück.«

   Eine Passage über die keinesfalls erlaubte Professoren-Prophetie aus der Abhandlung »Der Sinn der ›Wertfreiheit‹ der soziologischen und ökonomischen Wissenschaften« (Gesammelte Aufsätze zur Wissenschaftslehre, a. a. O., 454f.) wird dann von J. wiederum glossiert: »›was man aushalten kann‹«.

4. Seinsgeschichte?

5. Die Übereinstimmung der Sache mit dem Verstand.

6. Heidegger legt an der genannten Stelle dar, wie das »In-der-Welt-sein« »auf dem Wege einer ontologisch unangemessenen Auslegung unsichtbar wird« (p. 59).

7. Bei J. Verschreiber: wohl aber besser.

8. Beda Allemann, Hölderlin und Heidegger, Zürich/Freiburg i. Br. 1954.

9. Heidegger, Kant und das Problem der Metaphysik, Frankfurt a. M., 2. Aufl. 1951.

10. Merkur, a. a. O., 604f.

11. Vgl. Heidegger, Erläuterungen zu Hölderlins Dichtungen, Frankfurt a. M., 2. Aufl. 1951, p. 71: »Das Wort ›das ewige Herz‹ ist einmalig in Hölderlins gesamter Dichtung.«

99

1. Dieser Text entspricht keinem der Briefe an Heidegger.

100

1. Heidegger, Holzwege, p. 195: »Inmitten der Wissenschaften denken, heißt: an ihnen vorbeigehen, ohne sie zu verachten.«

101

1. Max Müller, Crise de la Métaphysique. Situation de la philosophie au XXe siècle, Paris 1953. – Da es sich bei den Zitaten um freie Übersetzungen handelt, verzichten wir auf die Seitenangaben im französischen Original.

102

1. Offenbar Entwurf einer Antwort auf die Anfrage, ob J. an einer Diskussion über Heidegger teilnehme.

2. In den Jahren 1949/50, 1952/53.

104

1. Bleistiftnotiz auf einem Zettel.

105

1. Hannah Arendt.

2. Anspielung auf einen Brief von Heidegger an J. vom 20. XII. 1931, in dem H. mitteilt, daß er sich nach dem »zweifelhaften« Erfolg von »Sein und Zeit« zurückziehe in die »Rolle eines Aufsehers in einer Galerie«, der dafür sorge, daß »die wenigen großen Werke der Überlieferung für die zufällig zulaufenden Beschauer eine einigermaßen ordentliche Beleuchtung haben«.

106

1. S. Kant, Kritik der reinen Vernunft, A 58/B 83.

109

1. Martin Heidegger, Über »Die Linie«. In: Freundschaftliche Begegnungen. Festschrift für Ernst Jünger zum 60. Geburtstag, Frankfurt a. M. 1955, pp. 9ff. – Bezieht sich auf die Stelle p. 37: »Wer heute das metaphysische Fragen im Ganzen seiner Art und Geschichte deutlicher zu durchschauen und zu befolgen meint, sollte, wo er sich doch so überlegen gern in hellen Räumen bewegt, eines Tages darüber nachdenken, woher er denn das Licht zu einem klareren Sehen genommen hat. Das Groteske ist kaum mehr zu überbieten, daß man meine Denkversuche als Zertrümmerung der Metaphysik ausruft und sich gleichzeitig mit Hilfe jener Versuche auf Denkwegen und in Vorstellungen aufhält, die man jener angeblichen Zertrümmerung entnommen – ich sage nicht, zu verdanken – hat. Es braucht hier keinen Dank, aber eine Besinnung.«

112

1. 3 Blätter, von J. durchgehend paginiert.

2. Emil Lask, 1875–1915, seit 1910 Prof. der Philosophie in Heidelberg. War mit Frau Jaspers befreundet.

3. Friedrich Alfred Schmid Noerr, 1877–1969, von 1910–1918 Dozent für Philosophie und Ästhetik in Heidelberg, wo er dann als freier Schriftsteller lebte.

4. Zu Lukács und Bloch vgl. auch Jaspers, Heidelberger Erinnerungen, in: Heidelberger Jahrbücher V. Berlin, Göttingen, Heidelberg 1961, pp. 1–10, bes. p. 5.

5. Neben Max und Alfred Weber gehörten dazu Eberhard Gothein, Emil Lederer, Karl Mannheim, Carl Brinkmann und später Edgar Salin.

6. Kreis von Gelehrten, die sich im Hause Weber zu den sogenannten »Jours« trafen. J. war gelegentlich dabei.

7. Eberhard Gothein, 1853–1923, Historiker, Nationalökonom und Soziologe, seit 1904 Prof. in Heidelberg.

8. Ausbruch des Ersten Weltkrieges.

9. Studien zur Geschichte der Dialektik, Zürich/New York 1945.

10. Goldmann, pp. 241 ff.

11. Goldmann, p. 242. Sinngemäßes Zitat.

12. Ibid.

13. Ibid.

14. Goldmann: Untergrund.

15. Goldmann: eine geschichtliche Darstellung.

16. Goldmann, pp. 242 f.

17. Goldmann, p. 243.

18. Ibid.

19. Ibid.

20. Ibid.

21. Goldmann: sinnverwirklichende lebendige Tat.

22. Goldmann, pp. 243 f.

23. Georg v. Lukács, Die Seele und die Formen, Berlin 1911.

24. Goldmann, p. 244.

25. Georg v. Lukács, Geschichte und Klassenbewußtsein. Studien über marxistische Dialektik, Berlin 1923.

26. Goldmann, p. 245 Anm.

113

1. Aus dem koorigierten Typoskript zum »Nachwort (1955) zu meiner ›Philosophie‹ (1931)« herausgenommen, dort also nicht abgedruckt.

2. Ludwig Klages, Der Geist als Widersacher der Seele, 3 Bde. in vieren, Leipzig 1929 ff.

114

1. Frühere Fassung des Kapitel-Anfangs »Heidegger« aus der »Philosophischen Autobiographie« (vgl. dazu erweiterte Fassung, München 1977, Serie Piper 150, p. 92), von J. durchgestrichen, aber dann in die »Notizen« gelegt.

115

1. Die Nrn. 115–120 sind bei der Ausarbeitung des Kapitels »Heidegger« der »Philosophischen Autobiographie« geschrieben worden. Es handelt sich um herausgeschnittene Sätze oder größere nicht aufgenommene Partien.
   Als erste liegt vor eine Mappe, die 6 Blätter und 8 Zettel enthält. Auf dem Umschlag steht:
   »Heidegger und ich
   Reste aus Schilpp
   Zu Heidegger-Mappe legen«.
   Sie umfaßt die Nr. 115–118. Wir drucken hier die 6 ersten Zettel als Nr. 115. – Der ganze Komplex ist vom Hrsg. hier eingefügt worden.

2. Von der Wahrheit. Philosophische Logik, 1. Band, München 1947.

116

1. Einzelnes Blatt. Paginiert 11. Mit Bleistift darüber geschrieben: »fällt weg«.

2. Heidegger wurde 1922 auf ein Extraordinariat nach Marburg berufen. Dort lehrte Nicolai Hartmann.

117

1. 2 Blätter, paginiert 26, 27. Über die Seiten 26 und 27 mit Bleistift: »fällt weg«.

2. Bei J.: eine.

118

1. 3 Zettel, wovon einer auf ein Blatt aufgeklebt. Hier als eine Nummer.

2. Von J. durchgestrichen.

3. Ganzer Passus durchgestrichen.

119

1. Gesonderte Mappe. Aufschrift: »Mein Verhältnis zu Heidegger«. Enthält 2 Blätter mit fortlaufendem Text, von J. 1, 2 paginiert.

2. Jaspers: »ich mich erst«.

3. Jaspers: »das«.

120

1. Abschließende Notiz zum Heidegger-Kapitel in der »Philosophischen Autobiographie«. Das Urteil von Frau Jaspers (= »Trudelein«) und das einiger Freunde bewog damals J., auf eine Publikation zu verzichten.

122

1. 2 Blätter, von J. 1, 2 paginiert.

2. Gemeint ist der bereits zitierte Aufsatz Heideggers »Über ›Die Linie‹«. S. dazu Anm. zu Nr. 109.

3. Psychologie der Weltanschauungen. – Heidegger hat sie eingehend studiert und kritisiert. Vgl. dazu seine »Anmerkungen zu Karl Jaspers' ›Psychologie der Weltanschauungen‹ (1919/21)«. In: Hans Saner (Hrsg.), Karl Jaspers in der Diskussion, München 1973, pp. 70–100.

123

1. Zitiert nach: Cicero, Von dem Redner. Drei Gespräche. Übersetzt und erläutert von Fr. Carl Wolff, Altona 1801, p. 330.

2. Wolff: sind wir beide.

124

1. Zwei Blätter. Titelvorschläge für die geplante Auseinandersetzung.

125

1. Gemeint ist Kants Schrift »Verkündigung des nahen Abschlusses eines Traktats zum ewigen Frieden in der Philosophie«. – J. zitiert den Text der Philosophischen Bibliothek (Ed. K. Vorländer) Bd. 46 d.

2. Kant: »wenn man sich einander«.

3. Kant: »innigst aufgenommen«.

130

1. 2 Blätter, von J. 1, 2 paginiert.

2. Gemeint ist der Vortrag »Vom Wesen des Grundes«, der erschienen ist in: Festschrift, Edmund Husserl zum 70. Geburtstag gewidmet, Halle 1929, pp. 71–100 (= Jahrbuch für Philosophie und phänomenologische Forschung, Ergänzungsband).

3. Aufreißen?

4. Anspielung auf Berichte von Wilhelmine Drescher, wonach Heidegger im Kolleg den Hitlergruß beibehalten wollte, als der Verzicht auf ihn möglich war. Vgl. Nr. 61 und Anm. 4 von Nr. 61.

132

1. Beilage: »Auseinandersetzung mit dem Existentialismus« (= Bericht aus der Stuttgarter Zeitung, 28. XI. 1956 v. Kurt Roschmann über eine Wochenendtagung der Katholischen Akademie Hohenheim zum Thema »Existentialismus und Christentum«).
Rezension aus dem spanischen Kultur-Index von K. Löwith, Heidegger, pensador de un tiempo indigente, Madrid 1956.

133

1. Jürgen Habermas, Besprechung der 3. Aufl. von Jaspers' »Philosophie«, in: Deutsche Universitätszeitung 1956, Heft 23/24.
– J. bekam diese Kritik im Juni 1957 zugeschickt. So ist wohl auch die Datierung des Blattes anzusetzen.
Der Schluß-Abschnitt bei Habermas lautet:

»Zum Schluß genügen wir der Chronistenpflicht, wenn wir einen Satz zitieren, der vielleicht eine Antwort bereit hält auf eine Frage, die in letzter Zeit häufiger sich stellte: warum Jaspers in seiner Polemik gegen Schelling (und Bultmann) dort, wo er offensichtlich einen bestimmten Dritten – nämlich Heidegger – meint, diesen Dritten nicht nennt. Jaspers sagt: ›Philosophische Polemik, die einer Persönlichkeit gilt, bedeutet Neigung, Achtung, Ehrung für sie, wenn sie auch noch so scharf ausfällt. Dagegen ist eine Polemik, die sich gegen einen Autor wendet, ohne seinen Namen zu nennen, entweder gehörig, sofern es sich um eine unpersönliche und verbreitete Sache handelt, oder sie ist der Ausdruck von Mißachtung, die dem Angegriffenen das Gewicht abspricht‹ (Philosophie I, XLVII).«

2. Karl Jaspers und Rudolf Bultmann, Die Frage der Entmythologisierung, München 1954, pp. 12–15, 49f.

3. Schelling. Größe und Verhängnis, München 1955, pp. 94f.

4. Vgl. Nietzsche, Ecce homo. Warum ich so weise bin, 7.

5. Dem Blatt beigelegt: Die unter 1. genannte Kritik von Habermas.

134

1. Nietzsche, Ecce homo: Warum ich so weise bin, 7.

137

1. 3 Blätter, von J. durchgehend paginiert.

139

1. Titelvorschlag für das Heidegger-Buch. – Vgl. dazu die Nr. 124.

140

1. Von J. zusammengestellte Mappe, welche die Nr. 140–145 umfaßt, die zu ganz verschiedenen Zeiten geschrieben worden sind. Die Mappe ist sicher nicht vor 1957 zusammengestellt worden.
2. Vermutlich: Climacus von Kierkegaard.
3. Vgl. die schon zitierte Stelle in Anm. 2 von Nr. 21.

142

1. Gemeint ist die Habilitationsschrift von Heidegger: »Die Kategorien- und Bedeutungslehre des Duns Scotus«.

144

1. Aus einem Notizblock herausgerissener Zettel, mit Bleistift beschrieben. Gleiches Material wie die Nr. 44 und 45.

145

1. 2 Folio-Blätter (145 f.), wie J. sie bis zum 2. Weltkrieg verwendete. Vermutlich in den dreißiger Jahren angelegte Notizen zum Problem der philosophischen Polemik. – Von J. hier eingelegt.

2. Mit Bleistift hinzugesetzter Vermerk. – Vgl. Karl Jaspers. Hrsg. von P. A. Schilpp, Stuttgart 1957, pp. 752ff.

146

1. Kommunikation.

148

1. Hinweis auf die Kleinoktav-Ausgabe, die J. benutzte.

2. Bei Nietzsche: »So griff ich David Strauß an, genauer den *Erfolg* eines altersschwachen Buchs bei der deutschen ›Bildung‹,
– ich ertappte diese Bildung dabei auf der Tat . . . So griff ich Wagnern an, genauer die Falschheit, die Instinkt-Halbschlächtigkeit unserer ›Cultur‹, welche die Raffinirten mit den Reichen, die Späten mit den Großen verwechselt« (a. a. O.).

3. Nietzsche: ». . . angreifen ist bei mir . . .«

4. Ibid.

150

1. Über die Zusammenhänge gibt ein Brief Aufschluß, den J. an die Redaktion der ZEIT richtete:

Basel, den 2. Dezember 1949

Sehr geehrte Redaktion!
In der Zeit vom 1. Dezember 1949 rezensiert Paul Hühnerfeld mein Buch

»Vom Ursprung und Ziel der Geschichte«. Er spricht von zwei Schwächen ...« die zweite ist noch bedenklicher; sie besteht in einem wütenden Ausfall auf Heidegger (ohne den Namen zu nennen) und bezeichnet sein Denken als Denken mit dürftigem Gehalt.« Ich erkläre, daß ich in diesem Buche nirgends von Heidegger gesprochen habe.

Aber wie ist ein solches, offenbar gutgläubiges Mißverständnis möglich? Die angezogene Stelle war für mich schwer zu finden, da nur die Worte »Denken mit dürftigem Gehalt« zitiert waren. Der Absatz, in dem sie stehen, charakterisiert eine Haltung des Nein zum Zeitalter, die verbunden ist mit gesteigertem Gründungsbewußtsein. Solche Schilderung erwächst aus Beobachtungen, ergänzt sie durch Phantasie, läßt aus, was nicht dazu paßt und ist dann ihrem Sinne nach keine Gattung, unter die ein Mensch fällt, sondern ein Idealtypus, an dem sich einzelne Menschen messen lassen und jeder sich selbst messen kann, wie weit er dem Typus entspricht, wie weit nicht. Als Erfahrungen für solche Schematisierung lagen heute Erscheinungen des Redens und Schreibens vor allem des Nationalsozialismus, aber auch des sogenannten Existentialismus vor, zumal bei Nachredenden. Der Rezensent hat ein idealtypisches Schema verwechselt mit der Beurteilung einer Persönlichkeit. Er hat gegen meinen Sinn die Anwendung meiner Sätze auf Heidegger vollzogen.

Will ich mit Heidegger – von dem hier überhaupt nicht die Rede war – öffentlich eine kritische Auseinandersetzung suchen, dann werde ich es auch offen tun. Meine Beziehung zu diesem bedeutenden Denker, bisher und seit langem in der Hauptsache eine private, kann durch eine solche Äußerung nicht verwirrt werden. Aber eine Berichtigung scheint mir notwendig zur Verhinderung falscher Gerüchte.

Karl Jaspers

Paul Hühnerfelds Rezension war unter dem Titel »Philosophen prägen das Bild der Zeit« erschienen. – Jaspers' Brief wurde am 22. XII. 1949 unter dem Titel »Heidegger war nicht gemeint« abgedruckt.

Die Stelle, die Hühnerfeld als Heidegger-Kritik auslegte, lautet:

»Die Frage aber nach der Bedeutung des Ganzen der Geschichte läßt die endgiltige Antwort ausbleiben. Doch die Frage schon und die kritisch sich steigernden Versuche einer Antwort helfen uns gegen die Kurzschlüsse des schnellen Scheinwissens, das sogleich wieder verschwindet, – gegen die Neigung zum bloßen Schlechtmachen des eigenen Zeitalters, das sich so leicht verunglimpfen läßt, – gegen die totalen Bankrotterklärungen, die heute schon fast altmodisch wirken, – gegen die Ansprüche, das ganz Neue, Gründende zu bringen, das uns nunmehr rettet und das der gesamten Entwicklung von Plato bis Hegel oder Nietzsche als Überwindung entgegengestellt wird. Der Bedeutung des eigenen Denkens wird dann eine wunderliche Steigerung bei dürftigem Gehalt gegeben (in Mimikry einer extremen, aber begründeten Bewußtseinsverfassung bei Nietzsche). Die pompöse Gebärde des Nein und das Beschwören des Nichts ist aber keine eigene Wirklichkeit. Aus der Sensation des Bekämpfens kann man nur so lange ein geistiges Scheinleben führen, bis das Kapital vergeudet ist« (Vom Ursprung und Ziel der Geschichte, München 1949, p. 289).

151

1. Hermann Glockner, Die europäische Philosophie von den Anfängen bis zur Gegenwart, Stuttgart 1958.

152

1. Der zweite Wortteil ist nicht lesbar. Vielleicht: Inbeziehungsgeschichte, Inbeziehungsetzen.

153

1. Dazu Anm. 2 von Nr. 21.

155

1. 2 Blätter. Sie sind wahrscheinlich vor 1959 (70. Geburtstag Heideggers) geschrieben worden. Der dann abgeschickte Brief hat mit diesem Entwurf nichts mehr zu tun.

157

1. 2 Blätter, von J. 1, 2 paginiert.

160

1. Ab Nr. 160 von J. alle Blätter in eine Flügelmappe gelegt, die den Titel trägt:
   »Heidegger-Notizen
   ab Juni 61
   Das Meiste gelegentlich Lektüre seines ›Nietzsche‹«.

161

1. Vgl. Heidegger, Nietzsche I, Pfullingen 1961, Motto und p. 410.

2. Heidegger, Nietzsche I, p. 318:
   »Die Heraushebung solcher Ausblicke in wesentliche Zusammenhänge wird sich im Verfolg der weiteren Darstellung von Nietzsches Wiederkunftslehre notwendig steigern, und zwar so, daß die verschiedenen Ausblicke auf eine Mitte zusammenlaufen. Dies ist zu bedenken, wenn die Darstellung nicht als eine bloße Vorführung von Nietzsches Meinungen und Ansichten mißverstanden werden soll. Durch ein ständiges Hinausdenken in weitere Zusammenhänge werden schon die Grundzüge dessen herausgehoben, was nachher Nietzsches metaphysische Grundstellung erkennen läßt.«

3. Heidegger, Nietzsche I, p. 325:
   »Auch dieser Einblick läßt nur dann das Wesentliche erblicken, wenn er nicht bloßer Bericht bleibt, sondern Auslegung ist.«

4. Heidegger, Nietzsche I, p. 310.

5. Bei J. fehlt »selbst«.

6. Bei J. »ist«.

7. Bei J. »folgt«.

162

1. Vgl. dazu Anm. 2 zu Nr. 21.

163

1. 2 Blätter, von J. 1, 2 paginiert.

2. Vgl. Karl Jaspers, Philosophische Autobiographie. Erweiterte Neuausgabe, München 1977, p. 100.

3. Vermutlich Abkürzung für »Bescheidung«.

164

1. Gustav Radbruch (1878–1949), ord. Prof. für Strafrecht an der Universität Heidelberg von 1926–1933 und von 1945–1948. Radbruch verlor 1933 als Sozialist seine Professur.

2. Erich Frank (1883–1949), wurde an der Universität Marburg 1928 der Nachfolger von Heidegger. War mit J. nahe befreundet, bei dem er sich 1923 habilitiert hatte.

3. Parteigenosse. H. trat offiziell am 1. Mai 1933 in die Partei ein.

4. Vgl. den Bericht über Heideggers Heidelberger-Rede »Die Universität im neuen Reich«, in: Guido Schneeberger, Nachlese zu Heidegger. Dokumente zu seinem Leben und Denken, Bern 1962, Nr. 69.

165

1. 3 Blätter, von J. 1–3 paginiert.

2. Vgl. dazu: Karl Jaspers, Philosophische Autobiographie. Erweiterte Neuausgabe, München 1977, pp. 100f.

3. Arnold von Salis (1881–1958), ord. Prof. für Archäologie an der Universität Heidelberg von 1928–1940; war Dekan der Philosophischen Fakultät vom Oktober 1932 bis Oktober 1933.

4. Karl Jaspers, Die Idee der Universität, Berlin und Heidelberg 1946.

5. Vgl. den Bericht über die »Idee der Universität« (1923) in: Philosophische Autobiographie, a. a. O., 97.

6. Heidegger, Die Selbstbehauptung der Universität, Breslau 1933. J. hat in einem Brief vom 23. VIII. 1933 an Heidegger diese Rede wie folgt charakterisiert:
»Der große Zug Ihres Ansatzes im früheren Griechentum hat mich wieder wie eine neue und sogleich wie selbstverständliche Wahrheit berührt. Sie kommen darin mit Nietzsche überein, aber mit dem Unterschied, daß man hoffen darf, daß Sie einmal philosophisch interpretierend verwirklichen, was Sie sagen. Ihre Rede hat dadurch eine glaubwürdige Substanz. Ich spreche nicht von Stil und Dichtigkeit, die – soweit ich sehe – diese Rede zum bisher einzigen Dokument eines gegenwärtigen akademischen Willens macht, das bleiben wird. Mein Vertrauen zu Ihrem Philosophieren, das ich seit dem Frühjahr und unseren damaligen Gesprächen in neuer Stärke habe, wird nicht gestört durch Eigenschaften dieser Rede, die zeitgemäß sind, durch etwas darin, das mich ein wenig forciert anmutet und durch Sätze, die mir auch wohl einen hohlen Klang zu haben scheinen. Alles in allem bin ich froh, daß jemand so sprechen kann, daß er an die echten Grenzen und Ursprünge rührt.«

166

1. 2 Blätter, von J. 1, 2 paginiert.

2. Albert Leo Schlageter, wurde durch ein französisches Kriegsgericht zum Tode verurteilt und 1923 hingerichtet. – Vgl. dazu: G. Schneeberger, Nachlese zu Heidegger. Dokumente zu seinem Leben und Denken, Bern 1962, Nr. 42–44.

167

1. In einigen Passagen sehr schwer lesbares Blatt.

2. Hanns Johst, (geb. 1890) expressionistischer Dichter; im Dritten Reich Präsident der Reichsschrifttumskammer.

169

1. 2 Blätter, von J. 1, 2 paginiert.

171

1. 2 Blätter, von J. 1, 2 paginiert.

2. Bei J. »läßt«.

172

1. Gemeint ist der Aufsatz »Über ›Die Linie‹«, der erstmals in der Festschrift für Ernst Jünger, »Freundschaftliche Begegnungen«, erschienen ist (Frankfurt a. M. 1955). – J. benutzte die Ausgabe: Heidegger, Zur Seinsfrage, Frankfurt a. M. 1956.

2. Vgl. dazu Anm. zu Nr. 109.

3. Im Handexemplar steht am Rand links:
»Ist Löwith gemeint?« – rechts: »denkt H. an mich? wer? Plagiat Vorwurf«.

174

1. 4 Blätter, von J. 1–4 paginiert.

2. Nietzsche, WW (Großoktav) XII, p. 398.

3. Nietzsche, Die fröhliche Wissenschaft, IV. Buch, Nr. 324: »Das Leben ... geheimnisvoller – von jenem Tage an, wo der große Befreier über mich kam, jener Gedanke, daß das Leben ein Experiment des Erkennenden sein dürfte –«

4. »selbst« fehlt bei J.

5. Heidegger, Nietzsche I, p. 410.

6. Zu Bäumlers Arbeiten über Nietzsche vgl. K. Löwith, Nietzsches Philosophie der ewigen Wiederkehr des Gleichen, Stuttgart 1956, p. 242, Anm. 21.

7. Daß es problematisch ist, Bäumler und Löwith in einem Zug zu nennen, zeigt Löwiths Kritik an Bäumler im genannten Werk, pp. 210ff.

8. In diesem Abschnitt, auf der Höhe von »Bäumler« und »Löwith«, am linken Rand: »Hildebrandt (?): ein System wie das des Leibniz«. (Kurt Hildebrandt, Psychiater, dann Prof. der Philosophie, schrieb verschiedene Werke über Nietzsche.)

176

1. 3 Blätter, von J. 1–3 paginiert. Auf Blatt 1 mit Bleistift das Datum gesetzt »22/6 61«.

180

1. 2 Blätter, von J. 1, 2 paginiert.

2. Variante: »... bis in den Wahnsinn zeitlich ...«

3. Zu Wundts Willensaktualitäten (= Willenshandlungen) s. W. Wundt, Grundriß der Psychologie, 6. verbesserte Aufl., Leipzig 1904, pp. 219ff. – W. Wundt, Ethik. Eine Untersuchung der Tatsachen und Gesetze des sittlichen Lebens, 2 Bde., 3. umgearbeitete Aufl., Stuttgart 1903, bes. Bd. 2, pp. 31ff.

4. Eduard von Hartmann, Philosophie des Unbewußten. 10. erw. Aufl. in drei Teilen, Leipzig o. J.

181

1. 2 Blätter, von J. 1, 2 paginiert.

2. Zu den Kritiken Löwiths an Jaspers' Nietzsche-Interpretation s.
 – ZS f. Sozialforschung. Hrsg. v. Institut f. Sozialforschung, Frankfurt a. M. 6/1937, pp. 405 ff.
 – Zur neuesten Nietzsche-Forschung. In: Theologische Rundschau. Neue Folge 10/1938, pp. 187, 195 ff.
 – Zur Geschichte der Nietzsche-Deutung (1894–1954). In: Nietzsches Philosophie der ewigen Wiederkehr des Gleichen, Stuttgart 1956, pp. 219 ff.

183

1. Petrus Damiani (1007–1072), Kardinalbischof von Ostia. Bekämpfte die Profanwissenschaften und die Dialektik, sofern sie gegen die geoffenbarte Wahrheit aufzutreten versuchten.

185

1. J. hat hier zwei Aufsätze von Löwith im Blick:
 a. Der okkasionelle Dezisionismus von C. Schmitt. In: K. L.: Gesammelte Abhandlungen. Zur Kritik der geschichtlichen Existenz, Stuttgart 1960, pp. 93–126; zu Heidegger: pp. 117–126.
 b. M. Heidegger und F. Rosenzweig, ein Nachtrag zu ›Sein und Zeit‹. In: K. L.: Gesammelte Abhandlungen, a. a. O., pp. 68–92.
 Die umfangreichere Schrift Löwiths »Denker in dürftiger Zeit« hat J. (in der 2. Aufl. von 1960) nur angelesen.

186

1. Einzelnes Blatt, Maschinenschrift mit vielen handschriftlichen Korrekturen. Vermutlich aus einem Manuskript ausgesondert. In eine Mappe eingelegt, die den Titel trägt:
»Für:
Heideggers und meine Geschichtsauffassung
zu vergleichen«.

188

1. 4 Blätter, von J. 1–4 paginiert.

2. »ihn« fehlt bei J. – Der Zusatz in Klammern ist von J. aus dem vorangehenden Satz übernommen.

3. Umschreibung; bei H.: ». . . das läßt sich nie vom Seienden her beweisen«.

189

1. Vermutlich beziehen sich diese Äußerungen auf einen Radiovortrag Heideggers, jedenfalls nicht auf ein direktes Gespräch.

192

1. Karl Jaspers, Allgemeine Psychopathologie, 9. Aufl., Berlin, Heidelberg, New York 1973, p. 649:
»In dem Strom existenzerhellenden Denkens seit Kierkegaard und Nietzsche hat Heidegger versucht, ein festes Wissensgebilde zu schaffen, das er als Fundamentalontologie bezeichnet und in der Verzweigung der ›Existentialien‹ (in Analogie zu den ›Kategorien‹ der vorhandenen Gegenständlichkeiten) sich entfalten läßt. Solche Existentialien, wie In-der-Welt-Sein, Stimmung, Angst, Sorge, sollen das Ontische treffen, das die Voraussetzung dafür ist, daß wir und wie wir erleben und uns verhalten, sei es den Ursprüngen nahe, eigentlich, sei es in verdeckender, verwässerter, abgeleiteter Weise des durchschnittlichen uneigentlichen ›Man‹.

Unbeschadet des Wertes seiner konkreten Ausführungen halte ich den Versuch im Prinzip für einen *philosophischen* Irrweg. Denn er führt den Mitgehenden statt zum Philosophieren zum Wissen eines Totalentwurfs des Menschseins. Dieses Denkgebilde wird kein Hilfsmittel der geschichtlich wirklichen Existenz des einzelnen (zur Steigerung und Bewährung seiner verläßlichen Lebenspraxis), sondern selber wieder ein Mittel der Verschleierung, das um so verhängnisvoller wird, als mit Sätzen größter Existenznähe gerade die wirkliche Existenz verfehlt und unernst werden kann.
Was uns hier interessiert, ist aber, daß solche Ontologie des Daseins *in der Psychologie anzuwenden* höchstens den Wert einer Theorie (mit der Frage, was durch sie etwa an empirischer Erkenntnis herauszubringen sei) oder einer jeweiligen Konstruktion für einzelne verständliche Zusammenhänge haben kann, nicht aber den einer psychologischen Strukturlehre des Menschen, die unser gesamtes psychopathologisches Wissen aufzunehmen, zu durchleuchten und zu ordnen vermöchte ...
Psychologie macht Seelisches zum Gegenstand, zu einem Vorhandenen. Aber Ontologie tut dies faktisch auch, und zwar in dem Maße ihrer begrifflichen Verfestigung und um so verkehrender, wenn sie selber die Ungegenständlichkeit zum Prinzip gemacht hat. Je mehr in der Ontologie nicht die Methode erhellenden Spiegelns, appellierenden Eindringens in die Freiheit, begrifflich unfixierbaren Schwebens im Gedankenvollzug ›ironischen‹ Kreisens, sondern das Aufzeigen, Darstellen, Strukturieren herrscht, desto mehr wird die Lehre zum Vorhandenen.
Die Schriften der Autoren, die *diese Ontologie in der Psychopathologie anwendeten*, scheinen mir zwar immer wieder philosophisch Wesentliches zu berühren, dieses aber als objektiviert und gewußt und wie ein Erkanntes zu behandeln, womit die Philosophie verloren und durchweg eine wirkliche Erkenntnis nicht erworben ist. Mir scheint manchmal ein kurzatmiges Theologisieren und Philosophieren zu geschehen, das sich in einem vermeintlich Erkannten mißversteht. Was ich dabei vermisse, ist der Mangel an entschiedenem Reagieren auf die Gedanken und Methoden, welche das Menschsein philosophisch verdecken, es zerstören, ja ausschließen, kurz auf den ›Teufel‹ in der Psychologie« (vgl. dazu auch p. 650).

2. Heidegger, Nietzsche, 1. Bd., Pfullingen 1961, pp. 31 f.:
»Die zweite Auffassung von Nietzsches Wiederkunftslehre ist diejenige von Karl Jaspers. Zwar geht Jaspers ausführlicher auf Nietzsches Lehre ein, und er sieht, daß hier ein entscheidender Gedanke Nietzsches vorliegt. Aber Jaspers bringt diesen Gedanken trotz der Rede vom Sein nicht in den Bereich der Grundfrage der abendländischen Philosophie und damit auch nicht in den wirklichen Zusammenhang mit der Lehre vom Willen zur Macht. Für Bäumler ist die Lehre von der ewigen Wiederkehr mit der politischen Auslegung Nietzsches unvereinbar; für Jaspers ist es nicht möglich, die Lehre als sachhaltige Frage ernst zu nehmen, weil es nach ihm in der

Philosophie keine Wahrheit des Begriffes und des begrifflichen Wissens gibt.«

193

1. Bei J. »denen«.

196

1. 4 Blätter, von J. 1–4 paginiert.

2. Bei J. »auszusprechen«.

3. Bei J. »in eine«.

4. Bei J. »ihn nie rein«.

5. Vgl. dazu Karl Jaspers, Philosophische Autobiographie. Erweiterte Neuausgabe, München 1977, pp. 106ff.

197

1. Terminus technicus aus der Augenheilkunde. Ein Skotom ist der das erhalten gebliebene Sehfeld umgebende blinde Teil. Gemeint ist hier: das wie durch eine Röhre verengte Gesichtsfeld. (Ich verdanke die Korrektur dieser Anmerkung Herrn Dr. med. H. Bernigau, Lima.)

199

1. Heidegger, Die ewige Wiederkehr des Gleichen und der Wille zur Macht. In: H.: Nietzsche II, pp. 7ff.

200

1. Nietzsche. – Vgl. dazu Heidegger, Die ewige Wiederkehr des Gleichen und der Wille zur Macht. In: Nietzsche II, pp. 7ff.

2. Brief an Lou Salomé vom Nov. 1882. – In: Friedrich Nietzsches Gesammelte Briefe, Bd. V, 2. Teil, Leipzig 1909, Br. 350, p. 503:

»Ich habe mich noch nie über einen Menschen getäuscht: und in Ihnen ist jener Drang nach einer heiligen Selbstsucht, welche der Drang nach Gehorsam gegen das Höchste ist. Sie haben ihn wohl zuerst durch irgendwelchen Fluch verwechselt mit seinem Gegensatz, der Selbstsucht und Ausbeutelust der Katze, nichts als das Leben wollend. Denken Sie, jener Katzen-Egoismus, der nichts mehr lieben kann, jenes Lebensgefühl im Nichts, zu dem Sie sich bekennen (Dinge, die man hat, um sie zu überwinden, um *sich* zu überwinden) sind genau das mir ganz Widerwärtige am Menschen: schlimmer als irgend etwas Böses: eingerechnet die Erkenntnis als plaisir neben anderen plaisirs. – Wenn Sie allem Erbärmlichen in Ihrer Natur die Zügel schießen lassen: wer kann dann noch mit Ihnen umgehn!«

202

1. Vielleicht »Verl*e*genheit«.

203

1. 2 Blätter, von J. 1, 2 paginiert.

206

1. 2 Blätter, von J. 1, 2 paginiert.

209

1. 3 Blätter, von J. 1–3 paginiert.

210

1. 2 Blätter, von J. 1, 2 paginiert.

2. J. hat ein Exemplar dieser Rezension, die erst 1973 gedruckt worden ist, im Juni 1921 erhalten. Tatsächlich weist dieses Typoskript kaum Lesespuren auf.

3. Dazu Karl Jaspers, Philosophische Autobiographie. Erweiterte Neuausgabe, München 1977, pp. 98 f.

4. Vgl. Philosophische Autobiographie, a. a. O., 100.

5. 1922 erschien die 2. Aufl. der »Psychologie der Weltanschauungen«. Sie war ein durchgesehener, aber nur unwesentlich veränderter Abdruck der 1. Aufl. – J. hat sich in ein Handexemplar notiert: »Die neue Auflage unverändert. Ich kann das Buch nicht bearbeiten, ohne es neu zu schreiben.« – Vgl. auch das Vorwort zur 3. Aufl. von 1925.

6. Siehe dazu Vorwort, pp. 16f.

211

1. Eingelegt bibliographische Hinweise auf Werke von Heidegger, die J. zur damaligen Zeit offenbar nicht besaß:
   Die Kategorien- und Bedeutungslehre des Duns Scotus,
   Vom Wesen des Grundes, 3. um ein Vorwort vermehrte Aufl.,
   Erläuterungen zu Hölderlins Dichtungen,
   Was heißt Denken?
   Vom Wesen und Begriff der Physis. Aristoteles Physik B 1.
   In der Handschrift von Jakob Lanz geschrieben, der bis März 1962 Assistent bei J. war.

218

1. Titel der Mappe, in die 2 Blätter eingelegt sind, von J. mit 4 und 4a paginiert. Sie sind vermutlich einem anderen Manuskript entnommen.

2. Ausspruch von Emil Lask gegenüber J.

219

1. 2 Blätter, von J. 1, 2 paginiert.

2. Vgl. dazu Jaspers, Schelling. Größe und Verhängnis, München 1955, pp. 230f.

3. Paul Cajus Graf Hoensbroech (1852–1923), trat aus dem Jesuitenorden aus und rechtfertigte diesen Schritt in vielen polemischen Schriften.

220

1. 2 Blätter, von J. 1, 2 paginiert.

2. S. dazu Anm. 2 von Nr. 21.

3. Vgl. dazu Guido Schneeberger, Nachlese zu Heidegger. Dokumente zu seinem Leben und Denken, Bern 1962, Nr. 114.

222

1. Besondere Unter-Mappe, die den Titel trägt »Notizen zu Heidegger-Kritik«. Sie enthält 11 Din A4 Blätter und 4 Notiz-Zettel, was in unserer Zählung den Nrn. 222–231 entspricht.
Die Nr. 222 umfaßt 3 Blätter, von J. 1–3 paginiert.

2. S. Heidegger, Nietzsche I, Pfullingen 1961, pp. 9, 474.

3. S. Heidegger, Einführung in die Metaphysik, Tübingen, 2. Aufl. 1958, p. 152: »Was heute vollends als Philosophie des Nationalsozialismus herumgeboten wird, aber mit der inneren Wahrheit und Größe dieser Bewegung (nämlich mit der Begegnung der planetarisch bestimmten Technik und des neuzeitlichen Menschen) nicht das Geringste zu tun hat, das macht seine Fischzüge in diesen trüben Gewässern der ›Werte‹ und der ›Ganzheiten‹.«

225

1. Vgl. Heidegger, Anmerkungen zu Karl Jaspers' »Psychologie der Weltanchauungen«. – In: Karl Jaspers in der Diskussion, hrsg. v. H. Saner, München 1973, pp. 77, 99.

231

1. 4 Notiz-Zettel, bei uns durch Zwischenstriche getrennt, aber unter eine Nummer gefaßt, obwohl sie nicht alle zu gleicher Zeit geschrieben worden sind. Der erste stammt vermutlich aus den fünfziger Jahren.

232

1. Von J. hier eingelegte Mappe mit beschriftetem Titelblatt. Sie umfaßt 8 Folioblätter und einen Zettel. Wir fassen alle Texte unter einer Nummer zusammen und markieren die Neueinsätze jeweils durch einen Zwischenstrich.

2. Zu den toten (abgeschlossenen) Kapiteln.

3. Kommunikation.

4. Vermutlich Anspielung auf Eduard von Hartmann, Geschichte der Metaphysik, 2 Bde., Leipzig 1899f.

5. Joachim von Fiore (1145–1202), Bibelexeget und Geschichtstheologe, der eine Lehre von den Weltaltern in Analogie zur Trinitätslehre entwickelte und dabei ein Zeitalter des Vaters, des Sohnes und des Heiligen Geistes annahm.

6. Von »Frage der Substanz ...« bis »Distanz« bei J. durchgestrichen.

7. Die letzten drei Abschnitte bei J. durchgestrichen.

8. Von »Daher notwendig ...« bis »... die Transzendenz« bei J. durchgestrichen.

9. Ganzer Abschnitt bei J. durchgestrichen.

233

1. Mappe »Notizen für Heidegger Buch«. In sie sind 3 Mappen (I–III) eingelegt, deren erste betitelt ist:

   »Sprache
   Reden und Schweigen
   Rückgängigmachen«.

   In diese Mappe I sind wiederum 2 Untermappen eingelegt. Mappe I, 1 umfaßt 3 Blätter zum Titel »Sprache«. Sie werden hier unter einer Nummer aufgeführt (233).

2. Anspielung auf Psalm 39, 6 (in der Übersetzung Kautzsch, die J. benutzte):
   »... mein Leben ist wie nichts vor dir.
   Nur ein Hauch ist jeder Mensch ...«

3. Jaspers' Umschreibung der Glaubenshaltung, die Jeremia 45, 5 zugrundeliegt:
   »Führwahr, was ich aufgebaut habe, reiße ich nieder, und was ich eingepflanzt habe, reiße ich aus, und da verlangst du für dich Großes? Verlange nicht!« (Trad. Kautzsch).

4. Vermutlich Umschreibung von 5. Mose 6, 4.

5. Joh. 1, 1.

234

1. Mappe I, 2, (vgl. Anm. zu Nr. 233), beschriftet:

   »Reden und Schweigen
   Rückgängigmachen
   Darin viel zu: Seinsspekulation«.

   Umfaßt 4 Blätter, die vermutlich in den fünfziger Jahren geschrieben worden sind, vielleicht ursprünglich für Bd. II der »Weltgeschichte der Philosophie« (= Weltgeschichte der philosophischen Gehalte). Die Blätter sind von J. an dieser Stelle eingelegt worden. – Obwohl sie nicht durchgehend paginiert sind, führen wir sie unter einer Nummer auf.

2. Die Nachsokratiker, in Auswahl übersetzt und hrsg. von Wilhelm Nestle, 2. Bd., Jena 1923.

3. Augustinus, De doctrina christiana (Über die christliche Lehre) I, 6:

   »Und daher darf Gott nicht einmal der Unaussprechliche genannt werden, weil ja schon dadurch, daß er so genannt wird, etwas von ihm gesagt wird. Und es entsteht dadurch wirklich ein gewisser Widerspruch der Worte, weil, wenn unaussprechlich ist, was nicht gesagt werden kann, es nichts Unaussprechliches geben kann, das auch nur unaussprechlich genannt werden könnte. Diesen Widerspruch soll man eher mit Stillschweigen zudecken als mit Worten ausgleichen.«

235

1. Mappe II (vgl. Anm. 233), ohne Titel, umfaßt 6 Blätter, vermutlich aus der Zeit von 1962. Sie sind thematisch nur lose verbunden. Wir gruppieren sie nach Ermessen. Diese Nummer entspricht einem Blatt.

236

1. 2 Blätter über das Jahr 1933, in eine Nummer aufgenommen.

237

1. 2 Blätter, von J. 1, 2 paginiert.

238

1. Einzelnes Blatt.

2. Gesamtgehalte?

240

1. 2 Blätter, von J. 1, 2 paginiert.

241

1. Die Anspielung bezieht sich auf ein Gutachten über Eduard Baumgarten, das Heidegger am 16. XII. 1933 an die Dozentenschaft Göttingen richtete. Zum Wortlaut des Gutachtens s. Vorwort, pp. 14f.; zur Bedeutung des Gutachtens a. a. O., 14ff.

2. S. dazu Anm. 4 zu Nr. 21.

242

1. Dazu Heidegger, Nietzsche I. Pfullingen 1961, pp. 9, 474.

2. Gemeint ist: Karl Balmer, Aber Herr Heidegger! Zur Freiburger Rektoratsrede Martin Heideggers. Mit einem Vorwort von F. Eymann, Basel 1933.

3. Eingelegter bibliographischer Hinweis: »Zu Polemik
   Otfried Müller — Heimeran
   Eumeniden Anhang
   Seite 1–8«.

243

1. Anspielung auf: Heinrich Ott, Denken und Sein. Der Weg Martin Heideggers und der Weg der Theologie, Zollikon 1959.

2. Fritz Buri, Theologie zwischen – oder mit Jaspers und Heidegger. In: Schweizerische Theologische Umschau, 30. Jg./1960, Nr. 2, pp. 83–94.

244

1. 2 Notiz-Zettel, durch Querstrich getrennt. Der erste ist vermutlich aus einem Brief-Entwurf an Hannah Arendt herausgeschnitten worden.

2. Bezieht sich wahrscheinlich auf: Eric Voegelin, Wissenschaft, Politik und Gnosis, München 1959. – Ein Exemplar mit vielen Anstreichungen befand sich in Jaspers' Bibliothek.

246

1. Bei J. »sich zu zeigen«.

247

1. Bei J. hier irrtümlich »fragt« wiederholt.

249

1. Eingelegter bibliographischer Hinweis:
   »Eugen Rosenstock – Huessy
   ›Zurück in das Wagnis der Sprache‹
   Auseinandersetzung mit Heidegger«.

250

1. 2 Blätter, von J. 1, 2 paginiert.

251

1. Hier von J. eingelegter Hinweis:
»Gerhard Noller, Sein und Existenz
Die Überwindung des Subjekt-Objekt-Schemas in der Philosophie Heideggers und in der Theologie der Entmythologisierung 1962.«

252

1. 2 Blätter, von J. 1, 2 paginiert.

Zu Jaspers' Heidegger-Lektüre

Beim Tod von Jaspers waren alle erhältlichen Werke Heideggers in der Bibliothek vorhanden.

Wir führen sie hier in der Reihenfolge auf:

1. Dedikations-Exemplare
2. Andere Lese-Exemplare.

   Die Werke, die keinerlei Lese-Spuren zeigen, werden nicht aufgeführt.

Verwendete Abkürzungen: t. = teilweise
g. = gelesen
U. = Unterstreichungen
G. = Glossen

1. *Dedikations-Exemplare:*

Besprechung von: Ernst Cassirer, Philosophie der symbolischen Formen. 2. Teil: Das mythische Denken.
Sonderabdruck aus »Deutsche Literaturzeitung« 1928, Heft 21.
Widmung: »Mit herzl. Gruß
8. II. (?) 28«
g.

Kant und das Problem der Metaphysik. Bonn 1929.
Widmung: »Mit herzlichem Gruß
Martin Heidegger.«
t. g. U. G.

Was ist Metaphysik? Bonn 1929.
Widmung: »Karl Jaspers
in herzlicher Freundschaft
Weihnachten 1929 Martin Heidegger«
g.

Vom Wesen des Grundes. Sonderdruck aus Festschrift Husserl, Halle 1929.
Widmung: »Mit herzlichem Gruß
14. IV. 29. Ihr Martin Heidegger.«
g.

Edmund Husserl zum siebzigsten Geburtstag.
In: Akademische Mitteilungen. 14. Mai 1929.
Widmung: »Mit herzlichem Gruß
M. H.«
g.

Die Selbstbehauptung der deutschen Universität. Breslau o. J. (1933)
Widmung: »Mit freundlichem Gruß
Heidegger«
g. U.

Mein Leben. Autobiographische Skizze des jungen Nietzsche (von H. herausgegeben). Frankfurt/Main 1936.
Widmung: »Mit herzlichem Gruß
Ihr
Mai 36. Martin Heidegger«

Hölderlin und das Wesen der Dichtung. München 1937.
Widmung: »Mit herzlichem Gruß: Dank
M. Heidegger.«

Hölderlins Hymne »Wie wenn am Feiertage ...« Halle o. J. (1941).
Widmung: »Mit einem herzlichen Gruß
Ihr
Martin Heidegger«

Platons Lehre von der Wahrheit.
Sonderdruck aus dem Werk:
Geistige Überlieferung. Das zweite Jahrbuch, Berlin 1942.
Widmung: »mit herzlichem Gruß
M. Heidegger
9. X. 42.«
g. U. G.
Bemerkung p. 124:
»H. behandelt Plato wie einen Mann mit ›Lehren‹ – genau so wie Zeller –, ganz unplatonische Stimmung, keine Dialektik, – keine Bewegung im wirklichen Nachvollzug, – irgend ein Phantasma – nihil – tritt an die Stelle von Existenz-Transzendenz, – Plato falsch charakterisiert.
Etwas lächerliche Totalbehauptungen!«

Vom Wesen der Wahrheit. Frankfurt/Main 1943.
Widmung: »Die verspätete Gabe zum sechzigsten Geburtstag mit einem herzlichen Gruß
Dez. 1943 Martin Heidegger«
g. G.

Was ist Metaphysik? Frankfurt/Main 1953.
Widmung: »Mit einem herzlichen Gruß
Weihnachten 1943 Martin Heidegger«

Erläuterungen zu Hölderlins Dichtungen. Frankfurt/Main o. J. (1944).
Widmung: »Mit einem herzlichen Gruß
Weihnachten 1943 Martin Heidegger«
t. g. U.

Holzwege. Frankfurt/Main 1950.
Widmung: »Karl Jaspers
mit herzlichem Gruß
Martin Heidegger
12. XII. 49«
Der Ursprung des Kunstwerkes: t. g. U.
Die Zeit des Weltbildes: g. U. G.
Hegels Begriff der Erfahrung: t. g. U.
Nietzsches Wort »Gott ist tot«: g. U. G.
Wozu Dichter?: g. U. G.
Der Spruch des Anaximander: g. U. G.

1. Leerblatt: »Merkwürdige Koinzidenz mit mir, ohne Einfluß, wenn H. diese Schriften nicht nach Lektüre meiner seit 45 ergänzt hat. Das Letztere ist doch unwahrscheinlich.«
Letztes Leerblatt: »Wie setzt sich diese Denkungsart in Praxis um? In welche Praxis? Welchen Bezug hat sie auf ihren Ursprung und ihre Folgen in dem existentiellen ›Zustand‹ des wählenden Menschen?«

Der Feldweg. Frankfurt/Main 1949.
Widmung: »Karl Jaspers
herzlich grüßend
Martin Heidegger
Dez. 1949.«
g.

Gelassenheit. Pfullingen 1959.
Widmung: »Für
Karl Jaspers
mit Dank und Gruß
Martin Heidegger
Dez. 1959«

g.: Rede auf Conradin Kreutzer.

2. *Lese-Exemplare*
Anmerkungen zu Karl Jaspers' »Psychologie der Weltanschauungen« (1919/21)
Typoskript
t. g.

Dazu legte Jaspers 1964 folgende Notiz an:
»Diese Anmerkungen schickte mir damals Heidegger. Ich habe sie in jener Zeit kaum gelesen, diese Weise der Kritik interessierte mich nicht. Das Lesen wurde durch die schlechte Schreibmaschine erschwert. Ich habe nach wenigen Seiten aufgehört.
Dies lag nicht auf dem Wege, auf dem ich suchte und mich bemühte.
Mein Nichtreagieren, so denke ich heute, muß H. damals getroffen haben. Beklagt hat er sich nicht, auch nicht indirekt. Aber mir scheint jetzt, daß damit eine ›Entfremdung‹ von ihm her eintrat, weil ich auf seinem Denkwege nicht mitging.«

Sein und Zeit. Erste Hälfte. Halle 1927.
t. g. U. G.

Andenken.
Sonderdruck aus Hölderlin-Gedenkschrift. Tübingen 1943. (Durchschlag einer Masch. Abschrift)
g.

Platons Lehre von der Wahrheit. Mit einem Brief über den »Humanismus«. Bern 1947.
Über den Humanismus: t. g. U.

Vom Wesen der Wahrheit. Frankfurt/Main 1949.
t. g. U. G.

Über den Humanismus. Frankfurt/Main 1949.
g. U. G.

Das Ding.
In: Gestalt und Gedanke. Ein Jahrbuch. München 1951.
g.

Was heißt Denken?
In: Merkur. VI. Jg., 7. Heft, Juli 1952.
g. U. G.

Einführung in die Metaphysik. Tübingen 1953.
g. U. G.

Vorträge und Aufsätze. Pfullingen 1954.
Die Frage nach der Technik: t. g. U. G.
Wissenschaft und Besinnung: g. U. G.
Überwindung der Metaphysik: g. U. G.

Wer ist Nietzsches Zarathustra? g. U. G.
Was heißt Denken? g. U.
Bauen Wohnen Denken? t. g.
Das Ding: t. g. U.
Moira: g. U. G.
Aletheia: g. U. G.

Aus der Erfahrung des Denkens. Pfullingen 1954.
g.

Was ist das – die Philosophie? Pfullingen 1956.
g. U.
Bemerkung am Schluß:
»Verkennen der Möglichkeiten einer
öffentlichen Diskussion als ›Gespräch‹ –«

Zur Seinsfrage. Frankfurt/Main 1956.
g. U. G.

Der Satz vom Grund. Pfullingen 1957.
Vorlesung: g. U.

Unterwegs zur Sprache. Pfullingen 1959.
Aus einem Gespräch von der Sprache: g. U.

Nietzsche. 2 Bände. Pfullingen 1961.
t. g. U. G.

Guido Schneeberger: Ergänzungen zu einer Heidegger-Bibliographie. Bern 1960.
t. g. U.

Guido Schneeberger: Nachlese zu Heidegger. Dokumente zu seinem Leben und Denken. Bern 1962.
t. g. U. G.

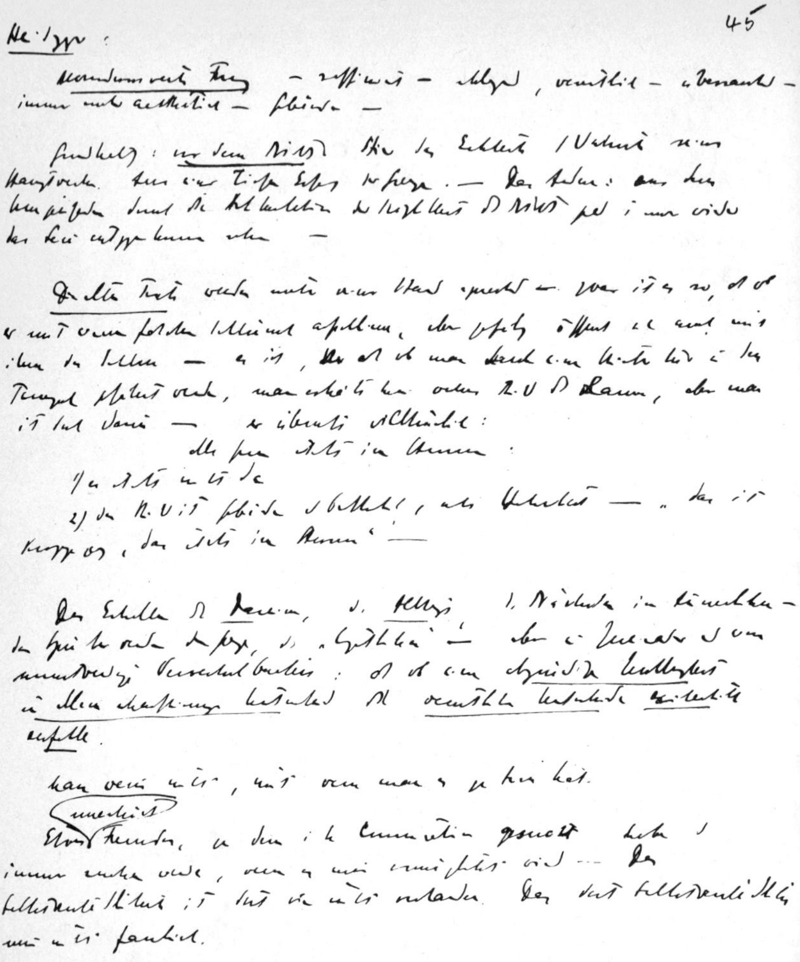

Nr. 17; ca. 1950. – Charakterisierung von Heideggers Grundhaltung: »Unter den Zeitgenossen der erregendste Denker – durch nichts –«

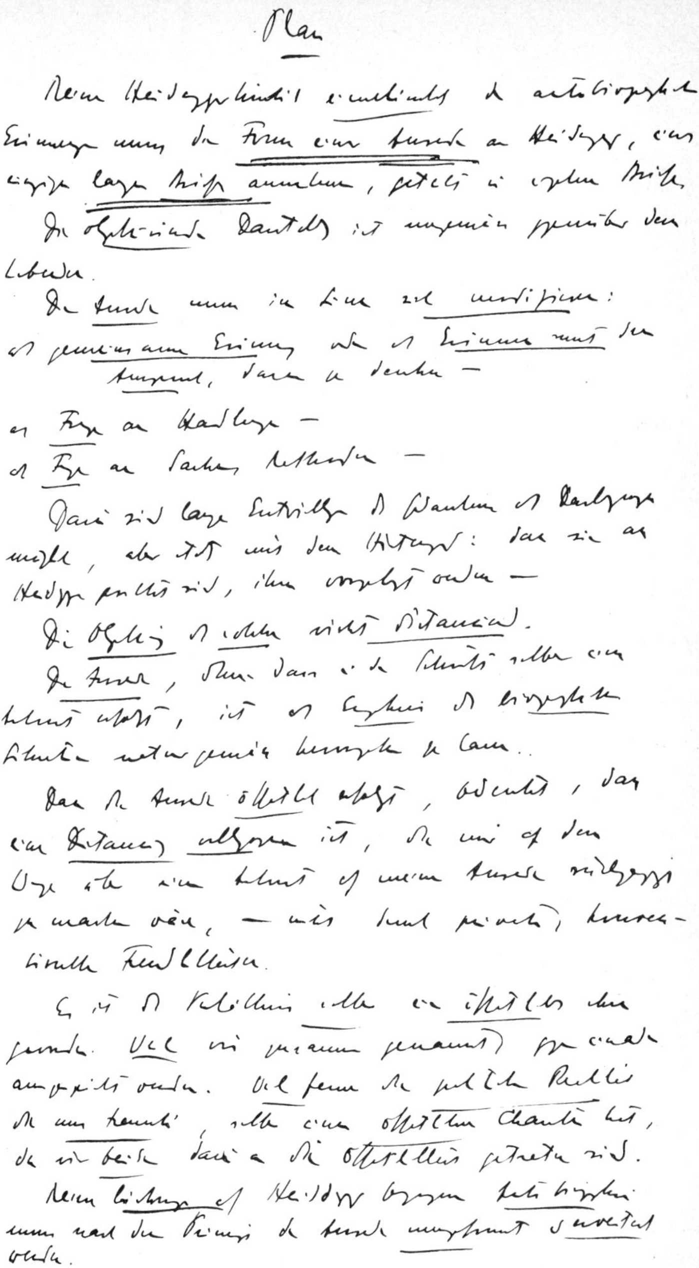
Plan

67

Nr. 96; 1955. – Plan, die Heidegger-Kritik in Briefform zu schreiben.

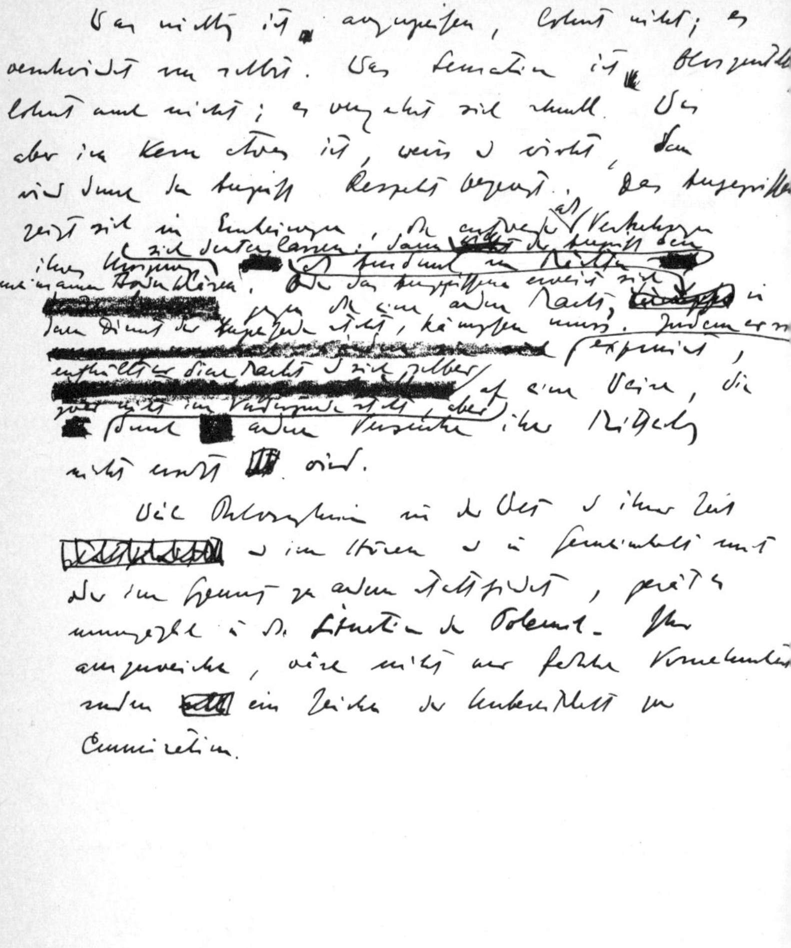

Nr. 136; vermutlich 1957. – Grundsätzliche Überlegungen zum Problem der Polemik: »Was nichtig ist anzugreifen, lohnt nicht . . .«

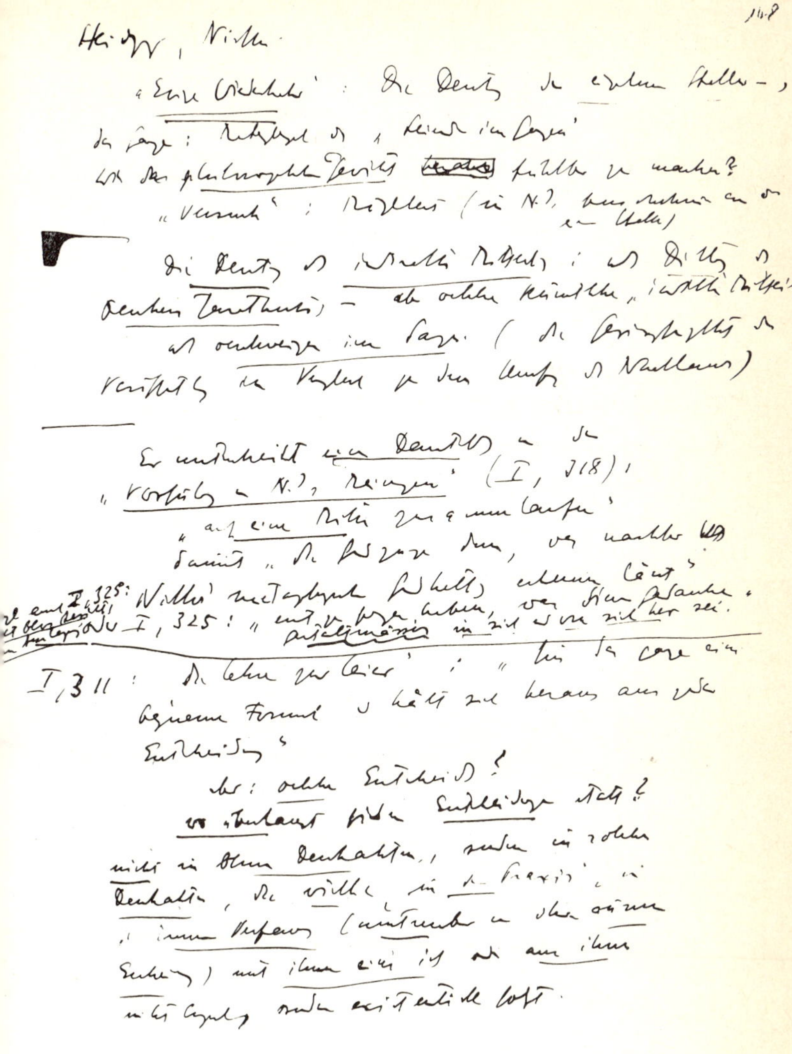

Nr. 161; 1961. – Notizen zu Heideggers Nietzsche-Deutung.

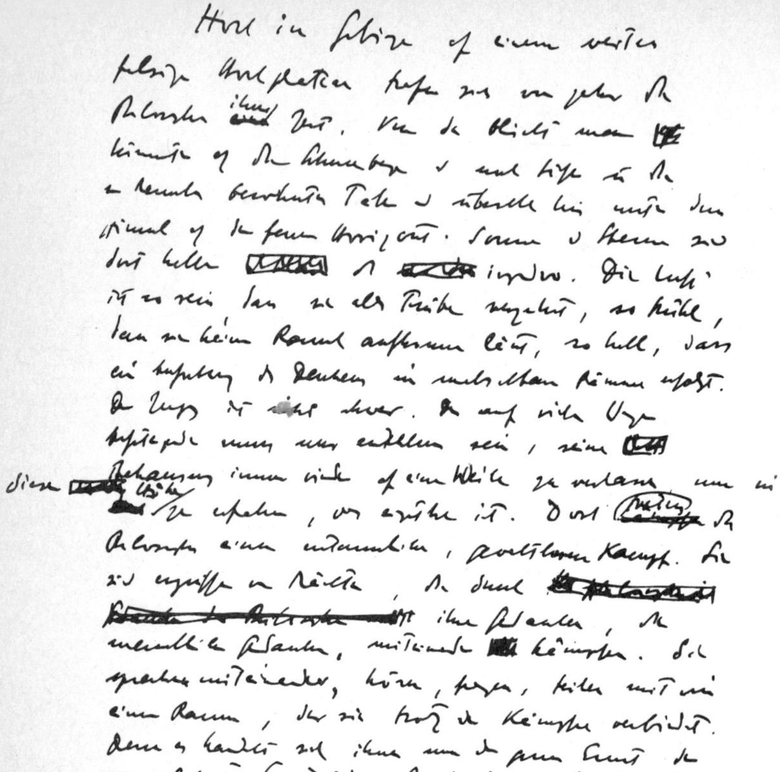

Nr. 252, Seite 1, letzte Notiz, 1964. – Das Gleichnis von der Kommunikation der Philosophen.

Namenregister

Die gewöhnlichen Zahlen verweisen auf die Nummern der Notizen; die kursiv gedruckten auf die Anmerkungen.

Sachregister

Die gewöhnlichen Zahlen verweisen auf die Nummern der Notizen; die kursiv gedruckten auf die Anmerkungen.
Verwendete Abkürzungen: H. = Heidegger; J. = Jaspers.